U0928183

老梁说天下 2

好 书 不 老, 精 彩 依 旧

听老梁说天下，聆听他那犀利的民生反映，品味他那睿智的文人担当。

这里有他最犀利的新闻评论：打车软件、养老困境、穷富二代……最热辣的明星话题：中国好声音、明星父子、草根选秀……最另类的读书心得：明宫三案、清宫传奇、民国四才女……

梁宏达和姜妍做客《星光大道》

梁宏达做客《非常网络》节目现场

梁宏达在《直通春晚》评委席

老梁说天下 2

犀利的民生反映·睿智的文人担当

这里有他最犀利的新闻评论：打车软件、养老困境、穷富二代……
最热辣的明星话题：中国好声音、明星父子、草根选秀……最另类的读书心得：明宫三案、清宫传奇、民国四才女……

梁宏达◎著

中国工人出版社

图书在版编目（CIP）数据

老梁说天下2：犀利的民生反映，睿智的文人担当/ 梁宏达著.—北京：中国工人出版社，2014.7

ISBN 978-7-5008-5826-3

Ⅰ.①老… Ⅱ.①梁… Ⅲ.①时事评论 - 中国 - 文集 Ⅳ.①D609.9-53

中国版本图书馆CIP数据核字（2014）第115589号

老梁说天下2

出 版 人	李庆堂
责任编辑	葛忠雨　刘冠华
责任印制	黄　丽
出版发行	中国工人出版社
地　　址	北京市东城区鼓楼外大街45号　邮编：100120
网　　址	http://www.wp-china.com
电　　话	（010）62350006（总编室）（010）62005039（营销出版部） （010）62379038（社科文艺分社）
发行热线	（010）62005049　（010）62005042（传真）
经　　销	各地书店
印　　刷	北京市密东印刷有限公司
开　　本	710毫米×1000毫米　1/16
印　　张	19　　**彩　插** 0.5
字　　数	280千字
版　　次	2014年7月第1版　2014年7月第1次印刷
定　　价	38.00元

目 录
CONTENTS

时评：百姓的声音，时代的脉动

献计献策

把脉民生

读史：自古功名亦苦辛，行藏终欲付何人

晚清三杰

民国才女

时评：

百姓的声音，时代的脉动

献计献策

把脉民生

热点热议

穷富二代

献计献策

金融：把脉“钱荒”百姓别慌

2013 年，恐怕没有比“钱荒”这两个字，更能刺激中国经济界的了。之前，有些银行每年也曾发生过缺钱的状况，这个时候央行就会施以援手增发货币。可是 2013 年央行明确表态不会这样做。支撑这种行为的背后，是新一届政府的经济理念。可能银行出现“钱荒”，对很多人来说不是很好理解的事。咱们先来了解一下什么是钱荒。

要讲透这个概念，我们先说一下什么是“银行拆借”。其实所谓的银行拆借，就是指银行之间相互借钱的一种行为。在当下的金融市场，银行之间相互借钱，已经成为了一种普遍现象。在一般情况下，规模较大的商业银行资金较为充足，往往是借出的一方；而一些规模较小的商业银行，往往因为流动资金短缺成了借入的一方。可是随着银行业月末考核的到来，各银行之间的拆借行为正悄悄发生变化。

作为拆出方的有些大银行，现在感觉整个经济状况有点儿“趋于保守”，于是对资金严格控制。这么一来的话，一方面，原来的供应渠道一下子少了，导致拆借利率短时间内提得过高；另一方面，即使拆借利率高了，还不一定能拿到资金。

可能有的人看了这个还是不理解，以前都讲“流动性过剩”，怎么银行还缺钱呢？这是什么原因呢？简单地说，这也是一种“季节性”的现象。因为这种“钱荒”不是真正的钱荒——市场上钱多得是。这是因为在每年的6月底和12月底这两个时段，上边来考核银行的存贷比。什么叫存贷比呢？比方说，银行存款利率可能是百分之三点几，但是贷款利率都是百分之七以上，这两者之间有个存贷差。这就是说你存款我支付利息出去的钱少，但我贷款收回的钱多，银行不就挣钱了吗！银行就是愿意多往外出贷款，把存款都贷出去，它赚得才多。可是这样的话，银行要没有一定存款保证，万一出现“挤兑”，这银行不就“黄”了吗？所以每年到这个时候，政府得考核一下，看银行存款和贷款的比例是多少，是不是在合理范围之内。银行前面把钱都贷出去了，这阵儿为了应对考核，是不是得把钱弄回来？再加上这个时候还得上缴准备金、财政税款之类的，都是银行往外拿钱。所以在这种情况下，银行就出现了“结构性钱荒”。

过去的金融机构，都不太习惯于市场化背景下的这种利率。然而实际上，在市场化的背景下，这种状况将来可能是一种大趋势。在这种状况下，央行也有意识地让商业银行逐步适应未来利率市场化背景下的流动性管理。

央行专家表示，目前市场上所谓的“钱荒”，其实只是一种“结构性短缺”，金融市场的运行是比较平稳的，整体流动性也较为充裕。值得指出的是，截至2013年5月底，我国货币供应总量高达104万亿元，存款的准备金率也处于较高水平。因此整个金融体系并不缺钱。有专家认为，随着季节性与阶段性因素的消退，银行资金短缺的问题会在7月后逐步得到缓解。

有人说那我存在银行里的钱是不是要“够呛”啊？那您可放心，你的财产安全是绝对没有问题的。而且我觉得这个事对普通老百姓来说，不仅不是坏事，反而是件好事。我经常听到身边的人说，有些银行的客户经理都给他打电话了，说你们有钱存到我们这儿来吧，利率多高多高；

还有的说，买我们银行理财产品吧，我们现在给你年化利率到 5%、6%。我们都知道年利率超过 5%，那就算高得不得了。所以有不少人就犹豫，这理财产品我买不买呢？买这合适不合适呢？我要放到它那儿风险多大呢？在确定风险不大的情况下，在“钱荒”这段时间，正是你买银行理财产品的好机会。

有人说这不是乘人之危吗——银行缺钱呢！那可不是，你看银行为了把钱揽回来，什么招都使了，送大米的、送豆油的，送加油卡、送手机卡的，还有你存一万块钱就给你返 50 块钱的，等等。趁这个时候，你可以和银行讨价还价，考虑买一下理财产品。

有的人说银行每年既然都是要考核，也要上缴财政税款，那怎么 2013 年比往年情况都严重呢？原来每年到这个时候，央行就开始援助各家银行，怕出现金融链条崩溃的现象，可是 2013 年央行没管。

2013 年 6 月 19 日，国务院常务会议指出，在稳定经济增长、促进结构转型等方面，金融机构一直发挥着重要作用。虽然当下的经济形势总体平稳，但依然面临诸多困难和挑战。因此会议强调，在保证经济稳定的前提下，各金融机构应该优化资源配置，在保持合理货币总量的同时，应当把稳健的货币政策坚持住、发挥好，并充分把信贷资金引入到实体经济当中，促进实体经济的发展。要保证社会的货币总量，要维护原来的现状，这就意味着央行“无为而治”，不会给下面的银行增发货币了。

现在市场上很多人把央行比喻成“央妈”，我看这个比喻不是没有道理。央行跟商业银行之间的关系，的确就像小孩跟他妈去要钱似的。当然这个钱如果是用来吃饭、上学交学费，肯定是应该给的，但是你不能拿去网吧打游戏了，然后回来还跟你妈要钱。如果是这样的话，恐怕紧一紧是有必要的。从央行所传递出的这个态度来看，未来货币政策还会保持一个稳健和中性的基调，既不明显收缩，也不是很充裕。保持这么一个货币环境，才能够更有利于商业银行把资金用到刀刃上去。

为什么现在我们的政府不管了呢？因为“钱荒”不是真正的钱荒，我们说钱荒是什么概念？缺钱了，这叫钱荒。就像以前我们说的“民工荒”，不是真正民工少，而是结构性问题。现在的“钱荒”也是这个问题。我们在前面提到，钱荒不是钱真正少了，我们市场上钱多得是。现在我们增发货币的总量是104万亿，大约是GDP的两倍。这就是我们说的结构性钱荒，也就是说这钱没有放在最需要的地方。那么，银行的钱都放到哪儿去了呢？这也是老百姓关注的一个焦点问题。

本来银行该把钱贷给需要钱的实体，比方说，我这个工厂从银行贷款，然后盘活经济，最后再还银行。可是后来银行发现，贷款给企业，利率有点儿低，挣钱太慢；而两个银行之间相互拆借，利率很低，然后拿这个钱投到杠杆投资市场上去，这个来钱快。我何必贷给实体经济呢？所以，银行的钱没有真正投到需要的实体当中去，反而在金融体系里“空转”。因为钱本身是生不出来钱的，它必须得通过实际的劳动才能够最终转化成财富。如果钱都在金融体系运转，那么对社会经济发展没有什么好处，这是一个不正确的趋向。也就是说，你不能像过去那样，一方面不断地扩大信贷、扩大货币供给；另一方面指望从中央银行拿到便宜的资金，来支持这样的扩张。如果政策不进行这样的一个警示，有可能出现系统性风险。

银行现在除了我前面说的把手伸得太长问题，还有就是疯狂开发理财产品。我觉得中国的金融业过去有一些陋习，如大量放贷——不管想要贷款的地方是先进产能还是落后产能，是需要转型的地方还是不需要转型的地方，反正就是拼命放贷。再有，不太乐于跟实体经济发生联系，爱玩虚拟。这个钱通过各种票据来回，我买你的，你买我的，互相赚钱，钱生钱。这些都不是好习惯。

钱没有放在合适的地方，而放在了不恰当的地方，这就叫“结构性钱荒”。现在新一届政府提出来“用好增量，盘活存量”，这个概念的目的是什么呢？就是想让银行把钱真正地用于支援实体经济建设。我们是要“搞活经济”，不能再“刺激经济”了。所以用好增量，就是要把增发货币，都用到刀刃上；盘活存量，就是把你用到那些不正常地方的钱拿回来，直接支援实体经济建设。所以，目前中央政府的政策是不再增发货币，而是逼银行把这些钱放置到正确用途上去。

根据“盘活存量”这一点，有人提出，这就是新一届政府的经济理念。这些经济理念，是对以“政府的手”来刺激经济行为的一种纠偏。这其实就是政府减少干预，不通过政府硬性投资的方式来刺激经济，而让市场发挥它自身的“净化功能”和“资源配置功能”。前段时间日本提出“安倍经济学”，安倍经济学恰好和我们相反，安倍试图通过政府大把地花钱，大把地印钱来提振日本经济。这在一定历史阶段发挥作用了，但现在来看就不起作用了，尤其对日本这个成熟、发达的市场经济国家不起作用了。

“安倍经济学”成功带动了人们对经济复苏的期待，改变了民众对经济前景的悲观预期，尤其是改变了经营者的经营情绪。这点值得肯定。可是日本阴晴不定的动荡股市，似乎给“安倍经济学”泼了一盆冷水。据相关报道，日本大型企业在日元贬值中确实获得了巨大的经济利益，可是对于国内依靠进口原材料的中小企业来说，日元贬值让它们苦不堪言，有近 7 成的企业面临成本困境。当然也有被上游企业压价的可能，比如以前能卖 100 万的机器，因为日元贬值只卖 90 万了，所以生产方只能拼命压低成本。即便在周边国家眼里，这一举措也是备受诟病的。因为随着日元贬值，周边地区的出口将会受到影响。

有人说安倍晋三的这个不叫“安倍经济学”，它无非就是“伯南克主义”加上“凯恩斯主义”。这什么意思呢？伯南克是美联储主席，大把地印美钞。印美钞有他的道理啊，美钞是世界硬通货币，所以这等于美国经济感冒了，全世界跟着吃药。“凯恩斯主义”是什么呢？就是政府主导一切，利用政府行政资源的优势来发展经济。所以一般各个政府部门都喜欢凯恩斯，觉得凯恩斯扩大了政府的行政权力。从历史上来看，一个国家刚刚建立，经济刚刚发展，凯恩斯主义会发挥作用，但随着时间推移，它里面的弊端也就出现了。

凯恩斯最大的贡献就在于，当你总需求不足的时候，加大这个货币供应量，就使得这个总需求相对充足起来。这样会导致一个“怪圈”——我们不印票子，总需求就起不来；我们印多了以后，它又会导致通货膨胀。所以说，这个平衡点是越来越难以把握了。

那现在中国的这个经济理念的核心是什么呢？其实就是一点点远离凯恩斯主义。政府以前也是推崇凯恩斯经济学的，可这些年一点点向另一种方向转化。什么方向？“韦伯经济学”。“韦伯经济学”有一个“活”的理念，就是你的制度什么样、你的意识形态什么样、你的理念什么样，会反过来决定你选择什么样的经济制度。比方说西方国家推崇自由、平等，尊崇这些价值，它就会选择相应的市场经济。这其实跟我们这些年的经济政策有一些地方暗合了。我们现在也强调要让老百姓活得有尊严，我们也强调保护人权，加强民生保障，强调自由、平等、民主，这也要求我们市场这块给予一种活跃的自由竞争态势。也就是说，我们现在的这种价值选择，决定了我们也要选择更为开放的市场经济体系。

新一届政府执政以来的经济理念，就是建立更加开放的市场经济体系。它包括两个方面：一是市场归市场，社会归社会，政府跟市场要划清边界，政府管好自己应该管好的事。二是把过去政府审批权限从1700多项减少三分之一。从一定程度来讲，这两项举措吻合了中国当前经济改革过程当中的实际状况。

当然，这些政策在执行过程当中会遇到一定“阵痛”。我们首先要正视中国经济可能增速放缓。现在中国经济发展已经到什么程度了呢？就是应该把增速放缓一下，好好治理一下我们改革过程当中的一些结构性问题。所以现在让政府跟市场分开，这就是“忍痛”，让市场经济自由去发展。所以说，新一届政府的核心理念，就是在政府和市场之间怎样确定一个恰当的距离。

2013年6月25日，央行发布消息称，针对当下银行资金局部紧张的局面，央行已向部分符合要求的金融机构提供了流动性资金支持，而一些自身储备较为充足的银行也开始发挥调节作用。受此影响，银行之间的拆借率已连续多个交易日出现回落。央行强调，会始终贯彻 2013 年 6 月 19 日国务院常务会议的要求，继续实施稳健的货币政策，根据市场的实际情况，来适时调节银行流动性，规范市场交易行为。

当然，在改革进入深水区的时候，这注定是一种阵痛，而且执行下去也很难。这次央行不用增发货币的方式来刺激经济，而是要搞活经济。得到这个消息之后，我是感到挺欣喜。

医疗：给医保治治病

2014 年 2 月 8 日，国务院医改办下发了《关于加快推进城乡居民大病保险工作的通知》。这个通知里面做了明确的硬性规定，就是截至 2014 年 6 月底，全国各个省市、自治区，如果已经推行了大病保险工程试点的，要扩大试点范围；如果没有推行的，要马上启动试点。这个通知的目的究竟是什么呢？就是要减轻人民群众的医疗负担，保证不会有人因为大病一下子就致贫或者因为大病返贫。所以这项通知，对于广大弱势群体来说，是一个绝对的好消息。

对于很多人来说，大病保险这个概念相对有点儿陌生，我们先来看一下什么是大病保险。其实简单来说，大病保险就是“二次报销”。什么叫二次报销呢？现在好多人都参加了医保，都知道医保有一个报销比例。比方说给你报百分之多少，而且有的报销是封顶的。医保对于城镇职工、城镇居民，还有新农合农村参保的，都有个封顶。比方说最高给你报 10 万，最高给你报 12 万。可问题是，现在的大病医疗花费是相当高的，那可不是这十万八万能解决的。一场需要动手术的大病，比方说什么尿毒症、白血病，还有一些长期的慢性病，像糖尿病、心血管疾病，往往都需要不断治疗。这一下总体花费就不止这点儿钱了。很多家庭，因为大病医疗保险报销比例有限，剩下的都要自己负担，而自己挣不了那些钱，结果得了一场病全家都受罪，陷入了贫困。还有的本来原先日子过得挺好的，因为一场病，又回到贫困的状态当中。所以为了解决这个问题，我们开始推行大病保险。比方说你这病花了 50 万，医保能给你报 10 万，那么你还需要 40 万。现在有了这个大病保险，对于这剩下的 40 万，再给你解决至少 50%，你个人可能就承担不到 20 万了。对于弱势群体来说，这钱真是救命钱，非常重要。那么这个大病保险照顾了哪些人呢？我首先给大家说说，现在的医保体系覆盖了哪些人群。

我们说公务员、事业单位工作人员，他们进入的是公费医疗系统；其次是城镇职工医疗保险；最后是城镇居民医疗保险和新型农村合作医疗保险。城镇职工医疗保险，主要覆盖城镇居民中有工作的，比方说企业员工、公司员工，等等；城镇居民医疗保险，主要覆盖人群是城镇里没工作的。新型农村合作医疗保险主要覆盖对象是农村人。新农合公费医疗报销比例在 90% 以上，一般医疗保险大致报销比例也就是在 50%~60%。假如说报 50%，剩下的 50% 就很费劲儿了。城镇职工情况好一点儿，因为有的时候单位还进一步给你上个商业保险，或者是团购某种商业保险；而且有工作的人，单位还能给你提供点儿帮助。城镇居民和农村人这些没有固定工作的弱势群体，一旦出了健康问题，大头都得自己担着。所以一场大病，就可能会让他们陷入赤贫。因此，这次大病保险工作覆盖的主要就是最后这两类人，也就是城镇居民医疗保险和新农合医疗保险覆盖群体。

这个政策好在哪儿呢？第一点，用不着个人拿钱。这个钱从哪儿来呢？从医保节约资金及统筹资金里出，不用老百姓再多掏一分钱。所以，这个政策对弱势群体好处非常大，一场病下来，医疗费用的大头儿由大病医保给你解决了。那么它是通过什么形式解决的呢？难道就只是这么往外拿钱吗？还不全是。它的运作跟原先的医保不一样，原先的医保基本上就是国家管，这回其实是商业机构来管——等于是国家用医保基金作为支付方式购买商业保险，然后给看大病的这些人解决问题。这里边有一点我觉得非常合理，就是这些弱势群体确实需要照顾，我们构建社会主义和谐社会，是不能把弱势群体抛在一边的。第二点，我们原来的医保资金这些年确实有节余，中央着眼于照顾弱势群体，减轻他们的医疗费用，把医保资金节余的部分用起来，这是好事儿。可是如果你把它们都用起来，那就需要提高现在所有医保的报销比例，因为参保人多，只能给每个人提高报销比例百分之几，就几个点。这几个点落实到报销上，可能就几十块钱、几百块钱的事，大家感觉不明显。俗话说“好钢用在刀刃上”，那就用到大病上来。每个人多花个七八十块钱、一百多块钱可能不当回事儿，如果我们把这些钱集中起来，放到一个特别需要救助的人身上，一下子就发挥了很大的作用。这也是保险的一个基本概念，就是集中大家的力量，帮助最需要的人。

所以，这个政策对于弱势群体来说，我认为是非常管用的。要执行好这个政策，现在有几个基础的问题需要注意。第一点，比方说你购买的商业保险，是哪家商业机构来给你管，这很重要。政府在挑选商业机构的时候，一定要兼顾其资质以及风险承受能力——这是一个基础。这时候就需要考验政府的眼光，也要考验这些商业保险机构的运营能力。这一点是不能被忽略的。第二点需要注意的是，大病保险主要照顾的是弱势群体，首先得区分什么是大病。有关大病的概念，现在争论得也都很激烈。大家共同认可的大病，一般是说一次性治疗花费很多的病和长期以来积累花费比较多的慢性病，这些基本上就属于大病范围。但它的边缘到底在哪呢？现在还缺乏一个最科学的界定。比如有些特别罕见的疾病，可能治疗一次都得上百万，但是往往因为它罕见而大病目录里没有将其没有囊括进来，这部分人也是我们应该照顾的。所以，当务之急，是要对大病的目录做一下具体甄别，也就是说哪种病应该归进来，尽可能把更多的弱势群体纳入保障范围。第三点就是我们对医保资金管理问题，一定要慎之又慎。有人说医保资金不安全吗，都是国家管。还真不是！这就是我下面要说到的医保资金里面非常重要的一个问题——骗保问题。

骗医保的最主要原因在于我们医保管理上有漏洞。比方说现在的医保报销，都有个人账户。你要把个人账户上的钱花没了，就需要再自付一定比例，这样就可以进入统筹基金的范畴。统筹基金是扣除个人账户剩下来的医保资金，这部分是全民参保的钱，也就是大家的资产。就是说你花个人账户那一块是花自己的，花统筹基金这一块是花所有人的。所以有很多人采用什么样的办法呢？把自己个人账户的钱快速花光，然后再自付一点儿——一般比例都不高，有时候甚至只有几十块钱或几百块钱，然后再开药就花统筹基金的。个人账户加上自付的，一年加起来也就不到 2000 块钱，然后再开药或再住院，花的钱都是统筹基金的。这也就变成了一个人有医保卡，全家都能跟着受益，都能占统筹基金的便宜。这是我们管理当中的漏洞，而具体骗保的行为更是花样百出。

下面我介绍几种情况，基本都跟医院有直接关系。

第一种是“私留社保卡”。按规定来讲，医院是不能把患者的社保卡留下来的，可是有的医院就想出歪主意。比方说某个患者来看了一次病，然后医院就通知患者，说你这个病一次性花费超过 1000 元了，我们需要用你的社保卡往上报，然后就把患者的社保卡留下来。其实根本就没这规定，这是骗患者的。留到医院干吗呢？每次往上报这个医保的报销，不都得通过这社保卡吗？你得刷这个卡。他把你一次来看病花费的诊疗费用，分成好多次来报销。比如你明明看了 1 次病，他说你看了 6 次——看 6 次那不等于有 6 次的诊疗费用吗？现在有的地方，提高了药师服务费，比方一次要 62 块钱挂号费，60 块钱医保给你出，2 块钱你自己出。原本诊疗费这块儿你只花了 62 块钱，医保报销上报 60 块钱。而医院怎么办呢？他把你花的钱分成 6 次报销，这样一来，6 乘以 6 他能报 360 块钱。多出的 300 块钱哪去了？医院个别人得了。

第二种方式，是“虚开药物”。比较突出的是，医院往往跟卖保健品的部门互相勾结。比方说卖保健品的在报纸上登广告，说我们这个保健品有疗效，而且医院能给报。有的人想反正能报销，那我买吧！怎么买？有人给你打电话告诉你，我能送货上门，但是你得把医保卡给我。人家到医院那儿刷，医院里边有人把这个保健品改成医院常开的中草药什么的给你开出来，其实这药根本没开，然后他把保健品给你送去了。你医保卡花的是买保健品的费用，这个费用没进入医院的那块也报了，然后就由医院和保健品公司两方面把这笔钱分了。这也是比较常见的“骗保”方式。

第三种更加常见——“假住院”。明明他这人没住院，你拿他医保来，然后住院的这些费用就报销了。有的甚至根本没发生什么费用，医院填什么是什么，最后就给报了。报销的钱往往是假住院的人得了点儿，大头儿让医院给拿了。

广东以前发生过一个事，有关部门下去调查医保资金使用情况的时候，发现了这么一个奇怪现象：院方说一个老头儿、一个老太太在医院住了一个多月。这老头儿是因什么病住院的呢？子宫肌瘤！我们都知道子宫肌瘤是妇科病，老头儿哪有这样的病？老太太住是因为男科方面的泌尿疾病，女性根本就不可能有这种病的。为什么会出现这种情况呢？这个老头、老太太都是挺穷的，医院告诉这老头儿、老太太，你们来住院吧！只需要你自己垫开始的 230 块钱，等到你住满了，这 230 块钱都退给你。你住院这些天，白给你吃，白给你喝，还白给你开药，你看好不好？这老头儿、老太太一看，天下还有这种好事儿？就去住院了，其实他们什么毛病都没有。自己先垫 230 块钱，然后这些天，好吃好喝又白开些药，假模假样地在那儿躺着，相当于疗养。到出院的时候，他这个医保卡的单子上面写了各种各样的治疗方式，这钱最后都骗到医院这儿来了。

第四种也是最常见的，是什么呢？“置换诊疗项目”。比方说医保里规定的有些药物和诊疗项目可以报销，如治疗足癣、脚癣。一开始是正常的药方和诊疗手段，到了医院之后他给你换了。换成什么了呢？比如说药罐治疗，或其他上档次的什么理疗之类的，花钱很多。但是他按照原来的诊疗项目来往上报，实际上医保里花的是高价的钱，这么一来这差价谁得了呢？自然是医院和大夫得了。

你会发现，刚才说的这些“骗医保”的种种形式，离不开医院的操作。因为我们医保管理确实存在一些漏洞，一些懂行的内部人士觉得有机可乘，就一下子抓住这个漏洞，把钱弄走了。所以说，看牢医保资金对于我们现在的医疗体制改革来说太重要了。

因为我们现行的医疗体制，无论从哪个角度改，核心问题都是解决老百姓“看病贵、看病难”问题。而现在解决“看病贵”问题主要是要靠保障，因为这个费用确实涨得比较快。如果医保这一块出现漏洞，就没有办法解决实际问题了，那么医改的措施再得力也没有用。中国人有那么一句老话，“篱牢犬不入”，所以要把篱笆扎得牢牢的。这就好比我们老百姓过日子，你在外面挣钱，但家里不该浪费的地方随便浪费，而且天天有小偷进来，你这日子也过不起来。所以我说大病保险试点的推行绝对是好事，它能照顾更多的弱势群体。但是大病保险如果在资金上供不上，或者商业保险在今后运作不合理的话，那么这个良好的政策未必能够实现它良好的初衷。

所以，我们一方面要对医保资金这一块加强监管，尤其是一定要对公立医院里边的运营加强监管。另一方面要对一些商业保险机构的资质调查清楚，对商业保险机构的运营状况有一个动态的监控，保证我们国家照顾弱势群体的大病保险这项政策，能够真抓实干地落到实处。我觉得这个做到了，将来我们社会很可能就不会再有“因病致贫”、“因病返贫”现象了。

养老：把碎片拼起来

大家都很清楚，目前中国事实上已经进入了老龄化社会，所以说养老问题，几乎是我们每个公民都非常关注的话题。自己到老了那一天，能够得到什么层次的养老金，目前的这种养老政策能够维持多久，会发生哪些积极的变化，这都是大家非常关注的。2014 年 2 月 7 日召开的国务院工作会议决定，合并原有的新型农村社会养老保险和城镇居民社会养老保险，建立城乡统一的基本养老保险制度。这个决定的象征意义非常大，它象征着政府已经开始着手解决具体的“养老碎片化”的问题。

有的人可能不清楚什么叫“养老碎片化”。简单地说，就是社会上不同地区、不同阶层的人，他们的养老政策都不一样。举个简单例子，比方说现在小区里面，有的退了休的老年人在一块儿聊天，经常问你开多少钱啊？我开三千多块钱。你开得不错呀！那你呢？我就 1000 多块钱！怎么那么低呢？没办法，我是企业退休的，你是在机关退休的。至于那些城镇的职工，或者说干脆就没有工作的，他们在养老这方面和我刚才说的这两个阶层相比就更是天壤之别了。要想说清楚这个“养老碎片化”，首先得说说我们现在有多少种养老保险的情况。

从大致的状况来看，我们可以把它分成三大类。第一类是国家全额拨款的机关事业单位。也就是国家给缴，然后退休金国家给。这是待遇最好的。第二类是用人单位和自己都缴的，这个叫城镇职工养老保险。这是现在最常见的形式，它分成社会统筹和个人账户，也叫统账结合。社会统筹就是你工资的 20% 企业给拿，这为社会统筹。个人账户是工资的 8%，自己得从工资里拿出往上缴。这就是社会统筹和个人账户结合，这是城镇职工养老保险。第三种是国家补贴和个人缴纳相结合的形式，主要针对的是农村老人和城镇无业居民。换句话说，就是国家补贴给你拿出一部分作为基础养老金，然后你个人再缴，多缴多得。前面提到的这个新型农村社会养老保险和城镇居民养老保险，就是我说的第三类。它们的特点是什么呢？这两种保险一个是 2009 年开始实行的，一个是 2011 年开始实行的。国家实行这两种保险的目的，是要把那些没有任何养老保险的人群，纳入到养老保险范围之内，体现我们政府对弱势群体的关怀。我们知道，农村原本没有固定的养老保险制度，那么通过新型农村社会养老保险，可以把他们纳入进来。

农村不就业的人群，他没有固定的养老保险；同样，城镇里也有没有职业的居民，这部分人也要纳入进来。所以 2011 年开始实行城镇居民养老保险。前一个叫“新农保”，后一个叫“城居保”，这都是简称。

“城居保”也是这样，就是国家先拿出一部分基础养老金，比如五十块钱，然后个人再缴，把这两部分加到一块儿，也实行“多缴多得”。有人说这是好事，这把城镇和农村的无业居民以及其他没有固定养老保险的人，都纳入进来了。好事是好事，但影响力毕竟有限。为什么说影响力有限呢？因为这是为了实现“广覆盖”，标准比较低。就是说国家给每个人拿的基础养老金，额度很少。有人做过这种调查，比方说新型农村社会养老保险，在2013年平均给每个人的钱大概是859块钱；那么参加城镇职工养老保险的是多少钱呢？一年下来总共大概是两万出头，两者之间的差距是24倍。也就是说，无论是“城居保”也好，还是“新农保”也好，它给每个居民的钱，很难解决其基本的生活，也就相当于个零花钱。在2009年搞试点的时候，比方说给每个人的基础养老金，在“城居保”和“新农保”上大概是50多块钱。这50多块钱，当时能买40多斤大米。现在提高到81块钱了，81块钱现在也就能买40斤大米。也就是说，这里面有个通货膨胀因素——养老金额度虽在往上走，但其实你的实际购买力可能还处在下降当中呢！所以很多人认为，无论是“城居保”还是“新农保”，也就是给这些城镇和农村的无业居民一点儿零花钱，不能解决他最根本的问题——你看这八十多块钱还不到低保的一半呢！

现在看看，农村到底有多少老人指着这个过日子？非常少。可发这些钱干吗用呢？买点儿大米，买点儿豆油，买点儿蔬菜，维持个基本生活需求。老人如果想过相对幸福一点儿的晚年生活，恐怕还离不开地方政府的单独补助，或者说人家自己儿女的赡养。

城镇也是如此。城镇居民养老保险保障的，往往是生活无着落的残障人士和一些没儿女管的老年人。所以，其人口覆盖率在城镇是很低的。这种情况下你就能看出来，城镇居民养老保险和新型农村养老保险，发放方式基本都一样，就是国家补贴加上个人账户，所以在基础环节的对接上没有任何障碍，那何必分成两套体系运行呢？所以李克强总理主持召开国务院工作会议，把两项制度合到一块儿，建立城乡统一的居民养老保险制度。这其实是长远目标。

事实上，我国关于养老制度的改革与探索从未止步。可是近年来，因为没有统一文件，所以各地养老保险制度和标准都因地而异。据统计，我国目前大约有两千多个养老保险统筹区，可很多地区仍然停留在县、区级别的统筹层次上。因此出现了“一地一策”，甚至“一地多策”的“碎片化”现象。由于养老制度不统一，各地在缴费、补贴以及享受待遇的标准上也就存在差异。我们以已经过了参保年龄的农民老张为例，按照2008年的养老保险政策，他如果在河南郑州参保，首先需要一次性缴纳7000多元，然后加上当地政府给予的2000元高龄补贴，老张每月可领取大约103元钱的养老金。如果老张在山东莱芜参保，他只需一次性缴纳720元，以后即可每月领取40元养老金。而在北京和广州情况又是大不一样。根据北京的政策规定，凡是符合条件的60岁以上老人，无须缴费，即可每月领取200元的福利养老补贴。在广州则可每月领取80元。专家表示，虽然各地确实应该考虑经济实力的因素来制定相应的养老政策，但是从长远来看，全国没有一个统一的制度性安排，确实缺乏合理性。因此，养老制度并轨势在必行。

建立城乡统一的居民养老保险制度，就是要着手解决现在“养老碎片化”的问题，也就是城乡不统一、各地区不统一、各阶层不统一的问题。所以，我们从这个事就能看出政府有这个决心了。比如以前，有正式职业的就有养老保险，没有正式职业或者灵活就业人群，就没有养老保险。现在国家开始把没有养老保险的人也纳入保障范围，通过国家补贴和个人账户的方式把它先实行起来，所以这是第一步。第二步就是想法做到公平。同样都是国家公民，为了体现社会公平，不能让各个阶层在养老保险这一块差距太大。所以第二步就是要整合不同类型的养老保险，尽量打破这种“碎片化”。现在这几大类形成的“碎片化”，不光存在于我上面说的类与类之间，每一个类别里面还有很多“小碎片化”现象。

这里面有两种现象，第一个像我刚才说的“新农保”。这个“新农保”虽然是一种制度，但是现在在农村里面，不光是“新农保”，还有各种各样与养老保险有关的。比方说计划生育补助保障、失地农民的养老保障，等等。类似这样小的保障政策还不少，它们跟着“新农保”之间互相交叉，有的时候极难对接，操作起来特别麻烦，所以有必要把它们统一到一块儿，这样也能减少浪费。这是我说的第一个，就是本身的“小碎片化”。第二个碎片化是什么呢？最近几年我们发现，有相当多的人退保了，甚至包括城镇职工保险都有退保现象。比方说有个农民工，他到广东打工，同时缴纳了保险。但他不是总在这儿打工，而是在各个城市间来回流动。你要统筹到省级这样一个层面还可以，但现在是城市统筹，从这个市到那个市，我这养老保险都很难带过去。所以很多人原来参保了，后来就不得不退保，有的压根儿就不参保。更严重的是，他打一阵儿工后可能就回家务农了，这个跨省之间就更加难以统筹。

所以这些“碎片化”问题，使很多人对养老保险不积极，也没有实现政府设置养老保险制度的良好初衷。这是“小碎片化”。“大碎片化”是指什么呢？就是现在大家广泛诟病的不公平。比方说机关事业单位“吃皇粮”，也不用缴养老金，完了到点儿还领退休金。而企业职工就得自己缴。就是这一点存在不公平。我们说“养老双轨制”是眼下国家需要着手解决的一个重大问题，其实大家都理解，这是历史沿革造成的。为什么说是历史沿革造成的？不是说一开始公务员和事业单位人员就占便宜。由于“文化大革命”期间，中国的退休制度基本上瘫痪了。所以到1978年的时候，一统计，发现有二百多万应该退休还没退休的人，这时候怎么办呢？机关单位的国家拿钱给发退休金，那会儿企业哪有什么私企，都是国企，职工都是国企职工。国企的利润先给退休人员发退休金，剩下的上缴国库。由于当时国企的钱也是国家的，公务员的这个养老金也是国家的，所以都由国家给发钱，就没有什么公平与不公平，都一样。再一个，当时在企业退休的人和在机关事业单位退休的人，养老金没有太大差别，所以那时候大家没有任何异议。可是后来到20世纪90年代的时候，我们知道，通过企业改制、减员增效等方式，企业建立了一套和机关事业单位完全不同的体制。大家被分成“社会人”、“企业人”、“国家机关的人”，分成不同类型了，而企业这块相对独立出来了。

所以1997年的时候，城镇职工养老保险制度确立了，社会统筹企业拿，个人账户个人拿，从此就跟国家财政这块儿完全脱钩了。而企业那边，职工缴养老保险这一块，是随市场的起伏波动来的，存在很多现实的困难。所以你会发现，尽管国家连续地给企业退休职工涨退休金，可是公务员和事业单位退休那些人的工资也在涨，而且涨得幅度可能比退休职工的还大。所以这些年来一点点造成双方的差距越来越大。这个事是历史遗留问题。眼下我们政府要在解决“养老双轨制”这方面做文章，也就是说要把两个往一块儿合。这个合并起来有很大难度。

真正的难点在哪呢？在于现在城镇居民城镇职工保险这块。为什么呢？首先一个难题在于，公务员这一块儿要求别降，那么相应地要实现公平，就得提高城镇职工的养老保险。一提高你的钱从哪儿来呢？这是个很大的问题。比方说现在我挣3000块钱，你挣5000块钱，那我的基本利益要求是什么呢？我也挣到5000块，跟你拉平，而不是把你也拉回3000块。所以在这种情况下，并轨的最大难题在于怎么解决普通城镇职工退休金提升的问题。现在这个职工退休金提升问题很难解决。为什么？就是没钱。首先我们从历史角度来讲，1997年，当时在实行城镇职工养老保险这个制度的时候，已经有一批退休的了。照理来讲退休的这些人，你领的退休金应该是你以前缴的钱，企业给你拿钱了，个人也拿钱了，统账结合嘛！可是这部分要退休的人之前什么也没缴，国家也给他退休金了，支付给他的退休金是用什么支付呢？是后来没退休的人缴的养老保险的钱给他。这些人等于什么也没缴就领了退休金了，这是不是一个大窟窿？到现在，为什么说整个养老保险资金出现问题呢？原来的欠账还没还完呢！这是一个问题——历史欠账。

第二个难题在于哪儿呢？我们实行计划生育这些年，人口红利逐年下降。假如说眼下由6个人养活一个退休的人，那么到后来可能就是两三个养活一个退休的——没有那么多职工了。这也就决定了养老金缴得会越来越少。那么这个问题怎么解决？延迟退休。为什么延迟退休年龄势在必行呢？因为延迟退休年龄后，你晚退休一年等于多缴一年养老保险，同时少领了一年养老保险。里外一算账，一年大概有几十亿到上百亿。所以现在有关养老制度并轨，最大的难题就在于钱的问题，钱到位了，这都不是个事儿。现在各个地方设置的壁垒，技术性手段我们都能解决，问题就是这笔钱从哪儿来。我倒觉得前一段时间大家探讨的那个措施是非常合理的，就是国企现在的利润应该拿到这上边来，为什么？国企是什么？我们说是共和国的长子，它的所有利润都应该上缴国库的。可是后来我们发现，在财税制度改革的时候，国企也要缴企业所得税。这一下他的利润变成税收了。就是说我把税收缴上，剩下的这些我可以自由支配了。你用国家垄断的资源挣了大钱了，回头你缴完税剩下的都归你支配，这合理吗？

因此要把国企的利润拿出来，因为国企本身获利的这个钱，理所当然应该用于国计民生的支出当中。把这部分钱充实到现在的保险体制下，我认为这个问题就能相应地得到解决。否则其他的途径解决不了实质性问题。比如，有的说延迟退休年龄，这只是杯水车薪；有的说养老金入市，中国的股市现在你怎么进呢？养老金再赔了怎么办？

所以我说，解决中国养老"碎片化"问题，主要是要解决养老资金的问题。这个养老资金必须由国家来支付，必须由政府通过自己的收入来支付。那么怎么解决这个问题呢？恐怕国企是突破这个瓶颈最大的一个障碍，也是最大的一个突破口。如果这个环节资金能解决了，可能我们所有人的养老形势就不会变得如此严峻。

环保：绕不开的雾霾

2013 年 10 月，华北地区甚至是华东、华南地区，都出现了雾霾，这是全国首次大范围出现雾霾状况。北京地区 2013 年开始颁布的有关各方面预警的措施，2014 年用上了，而且预警提升到了次严重的预警级别。

预警分成蓝色预警、黄色预警、橙色预警、红色预警，现在一下就到了第三级橙色预警。到橙色预警的时候，北京市要“四停”，即停产、停工、停放、停烧。而到了红色预警，就可能要单双号限行了。我想在这种情况下，很多人对雾霾的怨气是很大的。因为现在大家就一点已经达成共识了——雾霾不是大自然造成的，而是我们人为造成的，它是由重度污染带来的。如今，PM2.5 这个概念，几乎成了家喻户晓的一个名词了。

以往我们觉得，中国环保问题已经很严重了，可是很多人没有深刻体会。比方说某一条河流被污染了，我可以远离那个河流；比方说哪儿出现癌症村，出现重金属大米了，我们都可以有方法规避。但是雾霾等于把你推到了一个你躲都躲不开的角落。所以对雾霾的研究和治理，其实是解读中国当前环保问题的一个最重要的样本，甚至有可能由此解决中国环保长期以来解决不了的一些问题。

首先我们要解决的是什么呢？就是雾霾是怎么产生的。有人说，怎么产生不重要，抓紧时间治理吧！我认为非常重要，因为现在大家对雾霾产生的原因众说纷纭。我举个例子，主持《非诚勿扰》的孟非，他就质疑中国的雾霾。他说，“你看美国汽车拥有量远远高于中国，人家是轮子上的国家，人家怎么没有雾霾呢？怎么中国就有呢？”所以汽车尾气不是产生雾霾最重要的原因，甚至和雾霾没有多大关系。崔永元也说了，“环保部门发布的汽车尾气影响一会儿是 16%，一会儿是 20% 多，看得我都不信这个数据了。”崔永元做了一个挺有意思的比喻，说“大家开车对雾霾的影响，就好比一个居民在自己的小区里放一个屁的影响”。还有著名演员姚晨在她的微博上说，“2013 年国庆节的时候，汽车也限行了，北京车流量也很少了，可是雾霾依然把人呛得厉害”。所以说机动车对雾霾带来的影响几乎是没有的，得给机动车洗冤。我们当中有很多人可能会觉得少开一天车会减轻雾霾，但是按照刚才孟非、崔永元、姚晨的看法来看，机动车根本就不是造成雾霾的原因。

我个人觉得雾霾的产生，绝不是一方面的原因造成的，它是我们这些年来粗放式发展的恶果。它是多年污染、多种污染的一个总爆发。说白了，污染攒到一定程度爆发了。举个例子，我们长期抽烟、喝酒、打麻将，生活没有规律，暴饮暴食，结果造成你血糖高、血脂高、血压高，等等，你一下子就病倒了。你能说是哪个原因直接造成你有病的吗？不能。多种原因凑到一块造成你现在身体很糟糕。所以我说雾霾的产生，它是多年污染、多种污染累积之后的一个总爆发。其中最突出的是什么原因？就是我们对能源的消耗。改革开放之后，我国的钢铁、煤炭工业发展得都非常快，而且这些是能源动力产业，这些产业的消耗对整个社会的环境影响特别大。而且中国又是一个富煤、缺油、少气的国家。从能源清洁角度来讲，煤炭恐怕是最不清洁的能源，但是我们现在用煤炭的地方特别多。北京春节期间有大量的外地人走了，有不少的工作单位没人了。但大家春节之后回来时天气还冷着呢，还得继续烧煤。结果，二月下旬，雾霾就出来了。据统计，北京市有大小锅炉三千多台，每天都冒着烟。

我认为这个是最重要的一个原因。而且用煤的地方，绝不仅仅是我刚才说的这个。比方说河北重污染的城市非常多，它跟河北是钢铁生产大省有直接关系，而钢铁生产就需要消耗大量的煤。

雾霾的产生是多种原因造成的，但是能源消耗是核心中的核心原因。细数造成雾霾的产业，有钢铁、煤炭、石油、化工等，至少涉及十几个跟国民经济命脉密切相关的产业。

再往小了说，其原因甚至涉及我们每个人的生活。焚烧垃圾，尾气排废这都是造成雾霾的原因。我解释一下，为什么汽车是造成雾霾的原因之一。孟非说，美国那么多车，人家怎么没雾霾呢？第一，美国综合治理的确实比中国好得多；第二，与汽车的质量和燃油的质量有很大关系。中国国内好多的“黄标车”的质量就不合格，而我们用的油和发达国家的油不是一点儿区别都没有。油品当中含有污染大气的东西，它被焚烧之后施放出来的汽车尾气，绝对是造成雾霾的一个原因。

我认为孟非、崔永元、姚晨的评价，并不完全客观，但他们为什么这么说呢？我想这里有个利益问题。比方说我要不开车，那政府要限制私家车我就乐坏了，反正我也不开车；农民就不会管你工业烧不烧煤，你让我烧秸秆就行。所以每个人看问题往往都是站在自己的利益立场上。在北京生活我知道，假如说对汽车尾号限行，对于天天要在外边跑的人来讲，往往会给我生活带来很大的不方便，所以就愿意挑那些对自己有利的言论。

事实上我可以这么说，汽车尾气确实是造成雾霾的一个很重要的原因。研究表明，机动车尾气污染与成品油质量息息相关，其中油品中的硫含量，几乎决定了机动车排放的所有污染物水平。无论是PM2.5、氮氧化物、一氧化碳，都会随着硫含量的增加而增加。但它和能源消耗相比，并不是最重要的。但是，汽车生产和使用的过程当中，对能源是不是一种消耗呢？它也同样是啊！那么这个过程当中，有的人就说，为什么我们要分清楚雾霾是怎么产生的呢？因为这直接关系到治理雾霾过程当中，政府所要担的责任和每个老百姓要担的责任。

现在就出现这样一种状况，比方说政府限行，比方说政府有这样或那样治理雾霾的措施，要是触动一些人的利益，这些人往往会说这是政府犯的错，凭什么让我们埋单呢？这不合理，我不同意机动车限行。其实这绝对不正确，为什么呢？

一个是，我们每个人既是雾霾的受害者，同时也是雾霾直接或者间接的制造者。我举个例子，当初发展煤炭工业、发展钢铁工业，很多人由于发展这一系列的工业解决就业了，有的还发家致富了，那么你已经得到了发展当中的好处，现在发展的副作用来了，你难道一点儿责任都不承担吗？这是不对的。

另外一个，我们每个人都说自己要为环境保护作出贡献，但是让你少开一天车你都不愿意，现在我们把责任分清的前提下，就需要全社会所有的人共同为减轻雾霾作贡献，它绝对不是政府一家的事。如果大家都觉得这事就该政府干，雾霾永远不可能治理好。你看西方国家无一例外都有过这样的经历，像英国、美国。1952年，英国有个著名的“伦敦烟雾事件”，死了好多人，当时是整个英国经济结构不合理，烧煤的产业太多。而且那一次烟雾事件，确实是有好多老百姓自己在家里烧煤、取暖。英国政府当时也提倡清洁能源，但还是没有多少人意识到这问题，结果酿成这么一次大祸。美国也是洛杉矶出现“光化学烟雾污染事件”之后才开始在汽车这块儿加大治理的。而且美国人也开始接受这种观念——我在市区少开了一天车，能够在一定程度上缓解这个情况。这种接受需要有一个过程。

我们为什么要说把雾霾产生的原因给分析清楚了呢？就是让全社会所有人意识到雾霾是和自己有直接关系的——我不仅是雾霾的受害者，我其实也是雾霾直接或者间接制造者。如果不达成这样的共识，那就容易对政府实施的一些治理雾霾的政策产生抵触心理。现在就有一些环保主义者，我觉得挺可笑。他们天天喊着保护环境，你让他不坐电梯他不干，少开一天车他不干，不去享受这样或那样的化工产品他也不干，这样你算是什么环保主义者？

当然，有一点大家要明确，我刚才说分清责任，讲清原则，绝对不是给政府推脱责任，因为我们眼下发展经济产生雾霾，跟对能源片面依赖有直接关系。那么在这种情况下，政府部门应该用什么样的思维来提高自己的管理和治理能力呢？

我认为有几点要注意。首先，在发展的产业结构上，对那种能源低消耗的环保型企业要优先发展。而什么企业是最优先的呢？如果我们能够通过这种企业减轻雾霾，这就应该优先发展。我举个例子，2013 年 10 月哈尔滨那次雾霾，有的专家就提出来，说这是什么原因造成的呢？周围这儿不是郊区嘛？农民烧秸秆，一烧秸秆不仅产生大量烟雾，造成污染，它把一个郊区的地表都给烧热了。这样一来，哈尔滨市区里的雾霾散不出去了，可以说农民烧秸秆是一个原因。这秸秆放在那儿怎么办？只能把它烧了，最后埋进地里，来年做肥料。你要不让他烧，耽误他好多事。所以最重要的是什么？不是不让农民烧秸秆，而是想办法把这秸秆通过沼气或者其他的方式，转化成一种清洁能源。应该在农村大力扶植这样的企业，来解决这个问题，对这样的企业还应该给予税收等诸多方面的减免和优惠政策。也就是说，你不能光想办法“堵”，你还得赶紧发展清洁能源方面的产业。这个是非常重要的。

第二点，我们对环境保护重视的历史，跟很多西方发达国家几乎是同步的。1972 年，中国回归联合国后参加的第一个国际大会，就是在瑞典首都斯德哥尔摩召开的环境保护大会。然后 1973 年，国内的大会里边也提到了环境保护。1979 年，我们就制定了《环境保护法》的试行草案。1989 年《环境保护法》正式实施。按这个步骤来看，我们搞环保已经都三四十年了，可是跟同样起步的一些西方国家比，我们跟人家差得很多。我们必须得意识到，在立法层面和执法层面，《环境保护法》没有发挥多大的作用。一个重要的原因是，《环境保护法》从 1989 年到现在，20 多年过去了，没有太大的改动，它的惩罚力度不够。所以一直有专家呼吁，我们应该制定一部高质量的、有威慑力的、“长牙齿”的《环境保护法》。

第三点更加重要，眼下你想要让这些官员重视环保，能够把这个任务担起来，很重要的一点，是我们要用环保的方式去考核他的政绩。这就是我们长久以来强调的“绿色”GDP。“绿色”GDP 的概念并不是不重视经济，经济发展的 GDP 依然在这儿，问题是你无论发展得多大，你的成绩里要减去两方面：一个是环境污染的代价，一个是能源消耗的代价。比如说你这儿建一个厂子，把周围青山绿水给污染了，这个代价有多少？得从你这个政绩里扣出来，从你 GDP 里扣出来；另外看你消耗多少能源，人家用 10 吨煤能干的事，你用 200 吨来干，你干的事比人家大也看不出你本事来。所以要把环境污染的总量能源消耗的总量从 GDP 里减出去，这种规划应该是合理的。

所以我们说，治理雾霾是一个长期持久的过程。在治理雾霾问题上，美国前前后后用了大概二三十年，英国也用了将近三十年。在这一方面，中国是“后发展国家”，可以借鉴“先发展国家”的一些经验，吸取它们的教训。如果我们把刚才我说这几个方面要做好的话，我相信中国的雾霾治理绝对用不了三十年。当然归根结底，我们每个人得监督完成治理雾霾的科学化的战略和布局，同时我们每个人又要积极配合政府，来完成对雾霾的治理。具体到我们每个人，像开车或者是其他的生活习惯方面，稍微向环保这方面靠拢一下，全社会形成一种合力，雾霾就有可能得到根本治理，青山、绿水回来的那一天，就会更早地到来。

教育：改革已进入“深水区”

“出国留学”在过去曾经是一个金光灿灿的词儿。能出国留学的，都是条件比较好的，而且还要看这个机会是不是垂青你。这些年来，随着中国跟国外的交流越来越多，社会也越来越开放，出国留学似乎不是什么稀罕的事儿了。而且我们也看到，过去出国留学回来，那是身价倍增，等于镀了金。但是眼下有很多“海归”回来之后，成了“海待”，在家待业呢，也不见得在就业领域就多有竞争力。

照理说，出国留学的价值现在已呈现一种“贬值”状态，但是这些年来有一个现象，不得不引起我们的重视。那就是出国留学越来越低龄化，而且形成了一种浪潮。一开始是参加工作以后出国深造、做访问学者，到后来变成了大学毕业之后到国外去读研、读博士，后来是高中毕业之后，索性到国外上大学的本科。现在有一种潮流，初中毕业之后索性到国外读高中。

留学低龄化说明什么问题呢？我说这个话题的出发点，来自于 2014 年春节的一次经历。就在大年三十儿晚上，我在北京有一些朋友，在一个酒店里边聚会吃年夜饭。结果在这个饭桌上，本来大家开始是叙旧，结果这饭没吃到一半呢，主题就转了，转成了低龄学生出国留学的话题。怎么转的呢？在座一位朋友的孩子当时上初三，面临着中考，这孩子想去美国、去英国留学。家里意见分成两派：孩子的母亲支持这个孩子，但是孩子的父亲不支持。围绕着父母双方不同的意见，我们在饭桌上展开了非常激烈的争论。

不支持孩子出国留学的认为，孩子这么小，出国后，即使孩子妈妈跟着陪读，也不一定能放心；而且将来这孩子回不回来？要在那边学了半天，学了些很洋化的东西回来，不接地气了，怎么办？我们更多人持这个观点，说不能这么早出去，等孩子能自立了，比方说高中毕业了，再送出去也不晚。

可是这孩子的母亲不这么认为，说我现在不想让他再遭这罪了，这么些年来，我的精力全用在孩子身上。不光孩子吃苦，我吃的苦也挺多，看着孩子每天做作业到晚上十一二点钟，休息时间都得去补课去，我都不忍心了。我妹妹在美国，你看人家那孩子无忧无虑的，多好！别让孩子遭这罪了。

双方就这个问题展开了特别激烈的讨论。吃完这顿饭之后，我自己在那儿想，这种事情在中国恐怕越来越多见了。为什么呢？以前出国留学需要相当的条件，现在情况发生了一些变化。虽然绝大多数人是不会把孩子送出国外的，但是现在把孩子送到国外的家庭，往往都具备两个条件：第一个是经济条件不错，能够支撑；第二个，是对孩子期望值的提高。这样的家庭往往对孩子的教育质量有特殊要求，比方说父母的素质相对比较高，希望孩子能够接受良好的教育。所以关注孩子出国留学的家庭，今后肯定越来越多；而类似于我们刚才的那种争论，也会越来越常见。

但是不管怎么说，几乎所有的家长都知道孩子出国留学的种种的弊端——比方说孩子太小，需要人照顾；孩子世界观还没有完全形成，到国外接受的文化可能跟国内对接不上。可是，当他们决定要把孩子送走的时候，这些理由都不重要了——只有一个原因，那就是对我们中国的教育太失望了。

这就回到我们开始说的话题，他们期望的是什么？就是两个，一个是考试制度，一个是教育质量。这两个是硬件。对考试制度的失望，不仅仅指高考，还包括小升初、中考，这一点跟过去相比发生了很大的变化。在我读书的时候，虽然也是一考定终身，千军万马过独木桥，但是那个时候，不是所有的家庭都关注高考，也不是所有家庭的孩子都要去高考——有的孩子念到初中毕业就上技校了。也就是说，孩子们还有别的不错的出路，不会像现在这样千军万马都挤到一块儿。

所以，在过去很长一段时间之内，这个考试制度并不是大家议论的一个焦点。可是这些年，这个情况发生了很大变化，首先是“公平”的概念发生了变化。由于社会稀缺的教育资源始终是稀缺的，比方说重点中学、重点大学，“211”、“985”这些大学，等等。原来是大家能不能上大学的问题，现在的竞争变成了能不能上好大学，能不能上好高中。也就是说，现在的优质教育资源，不仅没有得到“稀释”，反而越来越集中了。

而这种考试制度，决定了大家把心思都集中到优质教育资源上了。优质教育资源的稀缺，不仅抛弃掉了很多弱势群体，同时使强势群体的竞争也越来越激烈。假如有200个家庭，200个孩子，而这个重点中学就收100个孩子，你想想吧，他们之间得掐得多激烈。反过来，“小升初”的时候，不也是让考试吗？还得考察你奥数、特长等。中考的时候也如此，这能加分、那能加分，高考的时候也是这样。各种各样的竞争，变得越来越激烈。这种竞争压力压到了谁身上？除了家长以外，最主要是压到学生身上。所以这些学校无一例外地把升学率的压力压在了学生身上。

孩子们早晨五六点钟起来奔学校，那书包沉得、大得都不像话。现在的中国，这孩子太累。这个累是怎么来的？不是说他真学了一些特有用的东西累的，不是说他是为了提高技能累的，其实他就是围着分数转呢，就是为了考试这点儿分数累的。老师教的东西，一遍一遍地抄，反复地回嚼，追求的就是在标准化考试中一定要答对。很多知识都是重复学习，而且学的知识百分之百就是用来应付考试。中国孩子考试都很厉害，但是实际操作能力呢？跟发达国家孩子比，有很大的距离。

所以，这就决定了中国的孩子太累，而累完了之后，又没有获得相应的技能。素质教育喊了这么多年，在地方上迟迟推进不下去，为什么呢？你那个指挥棒在那儿，让人家怎么推进素质教育？如果都按照素质教育的要求搞，这个学校的升学率就可能下降，一下降老师的工资就降低了，校长的政绩就受影响了，他们肯定不干。

而且在高度强调应试教育的背景下，孩子学习的内容是受限制的，一个非常明显的表现就是，孩子为考试记的东西是很多，很扎实，可是他的想象力、他的创造力会受到很大程度地压制。罗素说，你的孩子怀疑了你，你的教育就成功了。中国的教育是，孩子，你别怀疑，书本上是什么就是什么。它不给孩子探讨空间，不允许你有一点儿质疑。你想在这种教育下，孩子怎么可能有想象力、有创造力呢？孩子受了很大的罪，在学校受了很大的委屈，最终还没有收获技能，你说对孩子期望值很高的家庭能不能接受？他很难接受。所以我说，从考试制度一直到教育质量，很多家长对这个是不满意的。要改变这种情况的话，就必须从小学阶段开始还小孩一个无忧无虑的童年，给他们一个快乐的童年，给他们一个没有沉重书包的童年。

很多了解国外教育形态的家庭，到国外一看，人家跟我们完全不一样，他们充分培养孩子的想象力、创造力和自由的天性，基础考核的东西不像中国这么严格，所以孩子个人空间很大。这么一对比，很多人想，我干脆把孩子送出去吧。

当然，这个失望远远不止我刚才说的硬件方面的，还有更多软件方面的。我举个例子你就明白了。比方有的老师教学生说，“科学技术是第一生产力。”有的学生就争辩两句，“那科学还可能带来污染呢，它不完全是推动社会的生产力。”老师马上训斥学生怎么能提这问题呢？我教你什么就是什么！他就是让学生听话，他培养的就是听话的学生。这样一种思维，有的时候把学生整个的创造力都压制住了。甚至有的学校，在各个班级里指派几个积极分子，让他们充当“密探”——当老师不在课堂的时候，你给我看着，哪些同学说话、打闹、打小抄了。而且有的学校里，老师该讲的不讲，到校外补课，学生不交补课费老师就不给你讲。还有，学校教书育人，有的地方只能重视教知识，根本不重视教育人。陶行知先生说："千教万教，教人求真；千学万学，学做真人。"我认为这两句话说到根儿上了。现在很多学校为了升学率，根本不管学生的道德教育和基本的人伦培养。高等教育有时候也不例外，很多高校的学生会干什么呢？想当学生会部长、主席，你就得钻营，你就得跟老师、辅导员搞好关系，底下互相排挤，拉帮结派。

钱理群先生曾说过一句话，反映当今的这种社会现象。他说："我们的一些大学，包括北京大学，正在培养一些'精致的利己主义者'。他们高智商，世俗，老到，善于表演，懂得配合，更善于利用体制达到自己的目的。这种人一旦掌握权力，比一般的贪官污吏危害更大。"所以很多学生会培养出来的学生干部，在社会上很吃得开，而这样的人是这个社会真正需要的人才吗？

面对不公平现象的时候，很多孩子说，"我站起来见义勇为吗？我说真话吗？"为什么说真话难呢？前些年的高等学校本科教学评估，很多学校为了功利目的，出现了很多弄虚作假的情况，使教育违背了教书育人的本质。你说你老师都在那造假，你怎么教育孩子玩儿真的？我认为这是很多家长对中国教育失望的重要方面，现在我们的政府已经充分认识到了这个问题。

十八届三中全会的决定里边特别提到，教育改革无论怎么改，四个字是最核心的——立德树人。什么叫立德树人？我把它理解成十二个字：不犯法、不缺德、有技能、心态好。现在我们的初中、高中教育，包括大学教育，认为只要你学习好了，别的啥我都不管了。基础的道德人伦教育，在很大程度上是缺失的。有很多孩子在他的个人世界里，只有分数以及由此延伸出来的一些功利。为什么药家鑫把人撞倒了，会掏出刀子来捅人？这个跟一些基本的伦理教育缺失是有直接关系的。本来独生子女就容易漠视他人利益，学校教育不能补上这种缺憾是非常危险的。2013 年 4 月，上海复旦大学投毒事件中，林森浩把室友黄洋杀害了，他自己都没觉得这是一个过错。这说明什么呢？说明我们平常的道德教化出现了非常大的问题。我们起码得有“人命关天”，“上天有好生之德”，“上天忌杀”等这些生命伦理方面的教育，但是现在在我们的小学课本、初中课本、高中课本里，看不到类似的描述。

所以我说不犯法、不缺德，是非常基础的立德教育。俗话说：“人心似铁，官法如炉。”什么情况是犯法？什么叫伤害他人利益？我们教育学生要实现个人价值，它没有我们传统文明当中的“仁、义、礼、智、信”这五个字更有穿透力和说服力。我认为这五个字几乎涵盖了基本的人伦教育。儒家文化以“仁”为核心，“仁”是什么？将“仁”翻译过来，就两个字——体贴，“仁”就是“己所不欲，勿施于人”。你自己不想遭受的待遇，你不能对别人随便施加。现在孩子性格非常强，我想怎么着就怎么着，往往不考虑别人的感受。在学校教育里，这是非常缺失的。

树人呢？你看“人”字，是一撇一捺。这一撇很重，这是技能。就说我们在这个社会上生存，肯定得有个技能，你得有安身立命的根本。但是这个技能要立住，要靠一捺撑着。这一捺是什么？我认为是一种心态——成功了我应该怎么处理，失败了我应该怎么处理。现在很多孩子的优势意识特别强，他容忍不了自己失败，哪怕微小的失败也接受不了。

所以，很多孩子的心态出现了非常大的问题。前不久发生了一件事，某个地方的高考状元在大学毕业之后觉得自己像别人那样生活没意思，应有自己的生活。可他又眼高手低，什么也干不了。结果大学毕业之后，他到各地流浪，乞讨为生。你说这不是很奇怪吗？我们在给学生教授各种知识技能的同时，要给他确立一个良好的心态。

就软件上来说，我们缺乏道德教育、法律教育，包括刚才我说的心理上的疏导。所以有很多独生子女，最后培养的脾气很古怪，很多家长都不能理解，这孩子怎么了？完了笼统地把它归到这是“90后”、“00后”的特点。事实不是那个样子，这完全是我们的教育出了问题。教育不可能脱离基础的人伦道德。无论这个孩子小时候多么有个性，他在长大成人的过程当中，都要走一遍上辈人走过的路，他会获得跟上辈人类似的人生体验。如果他压根儿就是反着来，那说明你的教育过程有问题，你没有按照正常的人伦教育去教育他。看看中国现在学校里出现的种种问题，你就会理解那些对孩子期望值高、具体条件不错的家庭，自己也会产生把孩子在初中的时候送出去的冲动。当然，这种送出去，我们必须说他有一定的盲目性。就是你把孩子送出去国外，情况也不见得能好到哪儿去。长此以往，这对中国未来的发展是不利的。

所以，我们说十八届三中全会报告里提到的“立德树人”，触及到了核心问题。应该怎么教育学生？不犯法、不缺德、有技能、心态好。做到这十二个字，我相信低龄留学现象自然而然就会减少。当然要做到这十二个字，不仅仅是整顿风气能解决的。它涉及很多问题，比如，教育去行政化的问题、教育公平的问题、教育资源配置的问题、考试制度改革的问题，它是一揽子工程。

所以，我们希望政府能够把十八届三中全会决定当中“立德树人”这四个字落实到具体行动上，来解决我们教育当中出现的种种令老百姓不满意的问题。这样的话，才有可能给中国教育带来一个真正的春天。

计生：“单独二胎”先开个口

最近这几年，有关计划生育政策的改革问题，成为人们热议的一个焦点，支持放开二胎的人越来越多。2013年11月15日，《中共中央关于全面深化改革若干重大问题的决定》中，明确提出要坚持计划生育的基本国策，但夫妻双方中有一个人是独生子女的家庭可以生两个孩子。媒体把这项决策解读为“单独二胎”政策。

首先得解释下这个“单独二胎”具体的内容。我们一般把夫妻双方都是独生子女的家庭称为“双独家庭”；相应的，夫妻两个人里面有一个是独生子女，另一个不是独生子女的家庭叫“单独家庭”。所谓的“单独二胎”就是指只要有一个人是独生子女，夫妻两人就可以生第二个孩子。当然我们得首先界定什么人算独生子女。有人说那还用说吗，爹妈就要了你一个。没那么简单。首先，我们说双胞胎不算独生子女。你别看他们是一胎生出来的，但你一下要了两个。因此，这孪生兄弟、孪生姐妹，或者是龙凤胎都不能算是独生子女。所以说，我们现在这个政策是“单独二孩”政策，不是“单独二胎”政策。所以，你如果生育了两个孩子，存在双胞胎或者多胞胎的情况，实际上就是多孩了。在这种情况下，就没有办法再生育第二胎了。

再一个，“单独家庭”独生子女，不仅不能有同父同母的兄弟姐妹，也不能有同父异母的，或者同母异父的。必须是爸妈就要了你一个，才叫独生子女。长久以来，我们总在议论这个“放开二胎”，其实少数民族地区很早就放开了二胎。另外一个，我们以前有一些相关的规定，也列出几种情况可以生二胎。像我们前面说的“双独家庭”就可以生二胎。另外还有一些细节方面的规定。比方说，如果你这孩子出生以后有非遗传性残疾，那么可上报，开个医学证明后要第二个孩子。再比方说，夫妻双方有一方不孕不育，因此领养了一个孩子，但过了一段时间，不孕不育被治好了，那在领养孩子之外，他们还可以生一个孩子。还有就是双方离婚了，两人另外成家，那么，对新家庭，如果其中只有一个人有孩子，另外一个人没孩子，就可以再要一个孩子。

有关二胎这方面的放开政策，以前已经出台好多了，但是没有像这次规定的范围大——两口子有一个人是独生子女，就可以要二胎。这是首次对放开二胎开了一个口子。在这是什么形势之下，政府做出这样的决定呢？

我国是世界上人口最多的国家，根据 2011 年第六次全国人口普查的数据，全国人口总数为 13.7 亿。人口的膨胀，无疑会带来资源短缺，以及环境、生态等问题。所以，我国要实行计划生育。自 1983 年实施计划生育政策以来，我国总体人口数量基本得到有效控制。但是我国的基本国情仍然是：人口多，人均资源少，资源环境压力大。我们的 18 亿亩土地的红线，也是基于这一基本国情划定的。那么，为何还要放开“单独二胎”呢？

科学上有一个名词叫“生育率”。生育率指什么呢？它指一个国家的育龄妇女平均生几个孩子。当生育率等于 2.1 的时候，指一个育龄妇女这辈子生 2.1 个孩子。我指的是平均值。这个时候这辈和上辈之间人口基本上是均衡的，不会有太大波动。为什么呢？育龄妇女生俩孩子，而她和她丈夫是两个人，于是，两个抵两个，没有变化。说怎么还加个 0.1 呢？你别忘了这人口里有早夭的，死亡的，等等，所以要把这个算进去。总的来说，当生育率达到 2.1 的时候，人口基本上是持平的。那么中国人的现在的生育率是多少呢？经过 30 年的计划生育政策，中国现在是 1.5 到 1.6 之间。如果一直这样保持下去的话，就意味着一辈人比一辈人少。在这种现实情况下，我们必须调整人口政策。

有的人说原来人多，计划生育正好让减少，这不就符合计划生育国策了吗？这话你要是提前十年、二十年说行，但现在情况发生了变化。什么变化呢？具体给大家解读一下。中国现在人口为 14 亿左右。随着生育率逐年下降，这个人口，尤其是劳动力人口数量越来越少。去年和前年相比，中国减少了三百多万劳动力。这就是说，如果现在继续坚持一对夫妇只生一个孩，那么中国制造业大国的地位就保不住了。前几年有的地方出现用工荒，就是因为劳动力人口越来越少。我们曾经管这种现象叫“人口红利的消失”。什么叫“人口红利”呢？比方说你这儿出生的人多，劳动力补充就多，劳动力价格就便宜，发展一些制造业就非常容易，而发展快速、需求也旺盛。这叫“供需两旺”。如此，这个社会就特别有活力。原来中国的人口是“金字塔型”的，这两年变成“陀螺型”的。再往后，很可能过个二三十年，中国人就成“倒金字塔型”的了，就是说人口红利迅速消失，经济学家管这个叫“刘易斯拐点”。而人口少了，劳动力价格就提升了，成本就提高了，经济发展就费劲儿了。尤其在我们国家缺乏核心技术竞争力情况下，人口增长出现拐点，以劳动力为主要就业方式的“制造业大国模式”有可能终止。现在我们就能看出来，目前西方国家已经把不少工厂挪走了，挪到印度、越南、菲律宾，因为那边人口红利正旺着呢，他们的劳动力价格很便宜。这就容易造成中国社会增长的内在动力不足。这是一个走势。

第二个走势，养老问题迫在眉睫。我们知道，中国目前 60 岁以上的老人将近两个亿。在未来，老人会越来越多，而新增加的人口在减少，这意味着什么？赡养老人的人少了。现在五个劳动力养活一个退休老人，用不了多长时间，就变成两个劳动力养活一个老人。你说这劳动力背负的负担得多大？具体到每个家庭，现在的家庭结构大多是 421 家庭（四个祖父母，两个父母，一个孩子），或者 8421 家庭，一个独生子女得养多少个老人？再一个是失独家庭问题。如果独生子女出事了，比方说残疾了或者死了，而这时候父母又错过了生育年龄——国家政策说可以生二胎，但生不了了，怎么办？眼下这个“单独二胎”政策在一定程度上就是为了缓解上述这种状况。二胎政策一点点放开了，养老的问题能够得到极大缓解，劳动力人口也提升上来。现在这个“单独二胎”政策就是为放开二胎缓冲一下。为什么要缓冲一下呢？如果一下子放开二胎，迎来生育高峰，那我们将面临幼儿园紧张、小学紧张、就业紧张，找对象紧张。现在的人口问题中很重要的一个就是性别比例不均衡，2012 年女孩和男孩性别比例达到 100 ∶ 117.7，出生 100 个女的同时出生 118 个男的，那这多出的 18 个男的就有可能找不到对象。如果猛然放开二胎政策这些问题都上来了，所以不能一下子都放开，先试行一下看看情况。有人说，要是这样的话，人口不也得增加吗？这不也够呛吗？我跟你说，不会有这么大风险。在中国，两口子当中有一个是独生子女这样情况的不到 2000 万人。这样的家庭里愿意要二胎的，他们才生，还有相当多不愿意生的。

计划生育政策搞了这么多年，低生育观念在城市已经深入人心了。有的人你让他生他都不生。把这个比例算上来，再加上已经没有生育能力的，有可能中国一年的新增加人口也就一两百万，不会超过三百万。

我国在 20 世纪 80 年代，就已经在部分地区开始试点允许生二胎方案。以山西翼城为例，1985 年开始实行试点政策时，翼城人口为 27.8 万人，而在 2000 年的人口普查中，当地人口数量只增加到了 30 万，人口增长率小于 25.5% 的全国平均值。类似的地区还有甘肃九泉、河北承德，湖北恩施等地。对此有专家认为，这样的数据，证明即使调整了生育政策，生育率也不会很快提高。

而这个比例不会对我们现在的社会带来太多的压力，而且仔细分析起来，符合二胎政策的，有三种情况：支持的，犹豫不决的，坚决不生的。支持生二胎的有他的理由：一个孩子太孤单了，性格方面可能会有一点自私。生两个的话，小孩有个伴，情况要好多了。还能解决这个独生子女教育问题，他们有谦有让的。再一个，将来我们老了，一个孩子养我们太费劲儿了，两个孩子能分担一下负担。现在的独生子女家庭就面临这个问题，老人有个病，一个孩子忙完工作又顾家，都跑不过来。像我这个年岁的人往往不会有这个问题，我们都有兄弟姐妹好几个。父母要有一点儿什么事啊，我要有事，我弟弟、姐姐还能忙活着，没问题。另外，从传统观念上来讲，多子多福。所以，对生二胎，这些人坚决支持。有条件就生二胎的，基本就是这样的心理。

犹豫不决的是什么情况呢？他们觉得养孩子太费劲儿了。现在养孩子不像过去，现在这孩子是“细养”、“精养”。过去，我们小时候在大街上随便跑着玩儿，现在车这么多，家长能放心吗？所以现在家里有个小孩，一个人都伺候不了，都得搭上老人或者再搭上一个保姆。有的说我们还得工作，还得干吗的，精力上真是不允许再要一个孩子。有人说让老人带，可老人带一个还行，俩孩子的话，这老人怎么带？没办法啊！所以有一些人很纠结，想要，可现实情况根本就不允许。因此，这一部分符合条件的人在犹豫。

还有第三类是什么情况呢？你让我生我都不生。比方说有的小两口，本来就不大想要孩子，想保持丁克家庭——自己还是孩子呢，自己还没玩儿够呢，我要什么孩子啊！还有的说，我要一个孩子就够了，我才不想多要呢。

有人给算了一下，现在在城市养一个孩子的费用，一个月光奶粉钱就要成百上千，然后再加上尿布、玩具什么的，一般来说，平平常常的家庭，一个月养一个孩子得 3000 块钱。孩子再大了呢？养一个孩子他都觉得费劲儿，所以你让他生二胎他都不会生。

我们把这些情况综合到一块儿看，就可以看出，放开单独二胎是很保险的过渡性政策，不会出现人口突然一下“井喷”的现象。先用这种方式试一试，看一看，应对一些情况。

有的人说，我就不能要啊！问他为什么不要，他说：我要是要了二胎了，我这两个孩子都不是独生子女了，将来他们没法要二胎了。这二十多年以后的事你都想到了，你可是真有远虑！你大可不必考虑下一辈再生育的事，关键是你现在是否符合二胎条件，何时要或者要不要，你得自己做一个决断。

把脉民生

一个老太太摔倒了，一个民族纠结了

2013年11月下旬，四川省达州市大川公安分局对一场已经拖了五个多月的民事纠纷案终于给出了处理结果。自称自己摔倒是因为三个小孩把她撞倒，从而造成骨折的蒋老太太以及她的儿子龚某某被处以行政拘留。这到底是怎么一回事呢？先来回顾一下事件的始末。

这个事发生在2013年的夏天。那天是6月15号，蒋老太太从自己家出来倒垃圾，结果在路上摔倒了。蒋老太太在摔倒的时候，旁边恰好有三个小朋友。其中的一个小朋友看到她摔倒了，就走过来要把她拉起来。谁知蒋老太太死死地抓住那个小朋友的手，起来后就跟别人说自己是被这个小朋友给撞倒的，不是自己摔倒的。但是那个小朋友说自己没有撞倒蒋老太太。后来，蒋老太太到医院检查，其大腿根部粉碎性骨折，医疗费花了两万多块钱。这个老太太的儿子龚某某，就带着老太太天天到三个孩子家长那里去闹，要求这三个小朋友的家长赔偿老太太的医疗费。

在此期间，派出所、司法所的人开始调查、调解，欲弄清楚事情原委。结果，双方都很难达成一致，这件事就一直拖到了11月16号。在拖延的这一段时间里，龚某某把蒋老太太背到其中一个小朋友家，放在那里就不管了，意思是说，除非对方赔偿，否则龚某就让老太太在他们家吃喝，让对方来抚养、照顾老太太。在这种情况下，被逼无奈的家长不得不将其交给司法所，让他们直接负责处理这件事。当时，司法所经过几番分析、协商后，作出了如下处理：老太太总共花了两万多医疗费，除去能报销的那一万块钱，剩下的那部分由三个小孩儿家和老太太家平分。这样一来，一家只需拿 2500 元。然而，这三个孩子的家长觉得冤，他们说自己的孩子没做坏事，而是在干好事，结果干了好事还得赔钱。所以，这三方家长不服这个调解结果。

到 2013 年 11 月 23 号，当时达川区所在的公安分局下边的南外派出所对此案进行了全面调查，找到了三位证人。他们证明这个老太太是自己摔倒的，跟那三个孩子没有任何关系。根据目击证人的证言以及其他证据，最后达川区的公安分局给出了对蒋老太太以及她的儿子龚某某处以行政拘留的结果。

对蒋老太太及其儿子龚某处以这样的处罚，是根据《中华人民共和国治安管理处罚法》相关规定做出的。警方认定这件事跟三个孩子没关系，人家是在做好事，但是龚某某却把老太太放在人家家里，这种行为已经涉嫌敲诈勒索。所以，警方才对他们处以行政拘留 10 天，并罚款 500 元的处罚。由于蒋老太太已满 70 周岁，按照我们国家相关法律的规定，这个拘留可以不执行。这件事情的处理结果出来后，在网上引起了一片热议。众人都在纷纷议论“老人倒了扶不扶”这个问题。

其实，“老人倒了扶不扶”这个问题并不是空穴来风，而是有一定来历的。近年来，扶摔倒老人反被诬陷赔钱的事情屡屡发生，好人难做的议论不时见诸报端。

比如，2008 年 8 月 21 日，郑州大学生李凯强自称骑车途中好心扶摔倒老人，反被老人一口咬定是被他撞伤。对此，双方各执一词。经过法院审理，李凯强二审被判赔款 2.1 万元。由于李凯强坚称自己是清白的，一时间，引发了公众和媒体的热议。

2011年8月16日，天津车主许云鹤自称在驾车途中发现一老人跨越马路护栏后摔倒，随后停车帮扶老人，并叫来120将其送往医院。不料事后老人一口咬定自己是被许云鹤撞伤的。双方各执一词，真假难辨，再度引发了一场关于社会道德滑坡的大讨论。

再比如，2011年8月26日，江苏南通司机尹宏斌在驾车途中搭救骑车侧翻的史老太，被老太指为肇事者。最后是大巴监控录像还了尹宏斌清白。由于此事有确凿证据证明尹宏斌救人反被诬，诬告者应该付出怎样的法律代价成为讨论的新焦点。

几年中同类事件的屡次发生，媒体对真相的追寻、对后果的探讨从未停歇。其实，这件事之所以会引发如此大的争议，是因为这关系到一个人、一个民族的道德问题。大家想一下，如果我们在路上看到有老人摔倒了，出于好心去帮扶一把，结果被扶起来的老人反咬一口，说是我们撞倒他的，甚至有些家庭困难的老人还要让我们赔偿医疗费，我们的心里会怎么想，我们的心情会是什么样的？这些无良老人们“狗咬吕洞宾，不识好人心”的举措只会让越来越多的人失望，从而再也不敢有任何善意的举动。所以，如果这样的人不遭到惩处的话，只会助长他们嚣张的气焰，助长社会的不良风气。那整个社会还有道德可言吗？文章开头说的那个案子，虽然判决下来了，龚某某被判刑事拘留，但是警察让他签字他不签，还硬说自己没有干坏事，说要继续上诉。有记者采访蒋老太太时，这蒋老太太哭天抹泪的，说自己是冤枉的，还说自己要是撒谎就天打五雷轰。

由此可见，这个事情到这里并没有结束。首先，我们是法制社会，一件事情的真相一定要有足够的证据来证明。有人说，这不是有目击证人和目击结果吗？是的，这些证据很重要，但更多的是要从法律角度来讲的，也就是说谁主张谁举证。这蒋老太太说她是被那三个小孩撞倒才造成骨折的，那这位老太太得拿出证据来。蒋老太太现在拿不出证据，而她儿子把她背到人家家后赖着不走，这就是敲诈勒索。所以最后这个结果完全是按照法律来判定的，是没有错误的。问题是，按照法律判定的就一定是事实和真相吗？老太太拿不出证据，是不是真的就意味着老太太是自己摔倒讹人的呢？那三个孩子是一点儿过错也没有吗？现在恐怕我们很难轻易地得出这样的结论。我们只能说最后判决的结果是老太太拿不出证据来。

我们说人心是非常复杂的，2006 年发生在南京的“彭宇案”却是个截然相反的例子。2007 年 1 月 12 日，冯少兰将彭宇送至南京市鼓楼区法院，指认彭宇将自己撞伤。一审期间彭宇未提发生碰撞，强调自己是助人，并将满腹委屈诉诸媒体。“彭宇案”随即成为各大网站论坛的热议话题。公众纷纷为彭宇好心助人反被诬陷的遭遇打抱不平，而老人及其家人也被推上了道德谴责的风口浪尖。然而六年后事实发生反转，不仅彭宇表示确实与冯少兰发生了碰撞，南京市市委常委、政法委书记刘志伟重提旧事时也指出，舆论和公众认知的彭宇案并非事实真相，事实确实是彭宇把老太太撞了。

当然，我们在这里举“彭宇案”这个例子并不是说蒋老太太占理，而是从司法上来讲，我们只能认定蒋老太太拿不出来这三个小孩把她撞倒的证据，而不能百分之百就认定这三个小孩就没撞她——我们不能简单地盖棺定论。

其实，这些事情的发生，无论从哪个角度来讲，都是道德和法律输了。为什么这么说呢？第一点，假如蒋老太太讹人这事是真的，这件事势必会对这三个孩子造成很大的影响。本来这三个孩子是看到老太太摔倒后，本着助人为乐的精神去把老太太扶起来的，结果老太太把孩子们讹了。无论最后处理结果是什么样，这些孩子们下次再见到老头儿、老太太老摔倒，在“扶”与“不扶”之间就会产生动摇，担心惹麻烦上身。如果都这样的话，整个社会人人自危，互相之间就没有信任感了，整个社会、民族的道德感将不复存在。不止如此，“彭宇案”后的数年间，我们从诸多媒体的报道中见到了太多老人倒地只有人来围观却无人施救的场面，而因为错过救护时间而失去生命的老人也不在少数。所以，这个事情无论结果如何，在道德上来讲，都会使一些人感到心寒。

还有更加严重的，如果这老太太真是讹人的话，那她在警察判案后依然指天发毒誓，这说明在这件事情上没有人在忏悔。而且，现在即使是分出来谁对谁错了，错的一方也拒不忏悔。作为老太太来讲，如果她讹人拒不认错，这个事情对道德的伤害更大，性质也更加恶劣，因为现在竟然有人做错了事还死不悔改——要错就错到底，用死不认账来维持自己虚伪的自尊心。可是，我们为什么会经常听到这种坏人赌咒发誓，他就不怕报应吗？他们不怕！毕竟破除迷信这么多年了。但是，通过这件事，它反映了大家这么一种开玩笑的心态——随便拿古时候一些东西来赌咒发誓，在他们看起来这不过就是个游戏。所以这件事过后，到现在无论谁对谁错，没有任何一方忏悔。我们只看到了惩罚，却没有看到来自心灵层面的忏悔，这能说是道德的胜利吗？所以，通过这件事情来看，道德是一败涂地的。

第二点，法律也输了。大家看看整个事件发展的过程，6 月 15 日发生的事到 11 月 23 日才得到解决。如果当时派出所和公安分局马上启动正规的调查，这件事当时就能解决清楚，就不会拖这么长的时间了。可是，事实是，这件事情拖延了 5 个多月的时间。在这期间，老太太和她儿子来回地找三个孩子家庭的麻烦，这三个家庭饱受拖累，苦不堪言。而且，经过司法部门调解、调解、再调解，结果却是老太太被抬到别人家里去了。这家人在实在无法忍受的情况下报了警。而且根据前边的调解，如果有些家庭觉得赔偿金额不高，如果有人有“多一事不如少一事”的心理的话，这些人岂不是就此“认罪”了？做了好事还掏钱，这又如何能体现出公平和正义呢？这件案件本来应该先拿到法庭审理清楚后再进入其他程序，结果这件案子是先进行调解。大家想啊，在调解过程当中，我们经常听到的是什么话吗？不都是“到法庭能怎么样，官司打赢后不也是赔这点儿钱”诸如此类的话语吗？所以，这才造就了当前百姓不愿意诉诸法律的现象。

第三点，在民间民事案件调解过程当中，上面说的“到法庭能怎么样，官司打赢后不也是赔这点儿钱”这类的话其实是有违公正的。因为我们国家的民事诉讼法明确规定，调解这种方式必须是在双方自愿的前提下才能使用；而且必须是在事实清楚的基础上，在是非明晰的情况下，才可以进行调解。像我们刚才说的这种情况，毫无疑问在调解过程当中双方都不自愿，都不情愿，这首先就违背了自愿原则。其次，这件事到现在为止，我们也不能说事实是多么清楚。在事实都不清楚的情况下，司法部门是无法进行调解的。再一个是要是非明晰，就是“谁的黑锅谁得背，谁占便宜谁吃亏”，这些都得弄清楚了！但是这件案子到最后也是在事实不太清楚的情况下进行的调解，这就等于是“葫芦僧判断葫芦案——一笔糊涂账”。这不仅伤害了一些人的权益，而且也不利于社会主义法制建设。

所以，归根结底来讲，我们的法律也输了，道德也输了。从这件事情的发生、发展到最后的结果来看，说明我们社会主义道德建设任重道远，还远远没有达到我们大家共同认同的理想目标。

“铁饭碗”该不该放

最近，在网上流传着一篇文章，名字叫《“80后”公务员辞职自述》。这位公务员来自上海市某市级机关，正准备辞职。因为他们工资7年没涨，职务7年也没升。眼看到了而立之年，他觉得自己前途无望，是一个彻头彻尾的“Loser”，所以决定辞职。

这篇文章之所以在网上引起了很大的反响，主要原因是和当前的大环境契合。自从《中共中央政治局关于改进工作作风、密切联系群众的八项规定》颁布以来，公务员工资以外的灰色收入得到很大程度的遏制。因此，有人猜测，难道新一轮公务员辞职“下海”浪潮又要来了吗？

说起公务员下海，其实不是什么新鲜事了。早在20世纪80年代的改革开放初期，以及20世纪90年代初小平同志“南巡讲话”之后，中国曾经就有过两次轰轰烈烈的“公务员下海潮”。“下海”是什么意思呢？顾名思义，就是那些抱着铁饭碗的人，如原先在机关、事业单位、国有企业单位工作的人，不要这铁饭碗了，离职了，到市场经济的大潮当中去经商，去创业，这个叫“下海”。当初“下海”的一个非常重要的动力是什么呢？就是体制内收入和体制外收入差距太大。在20世纪80年代，公务员一般一个月只有几十块钱的收入。那个时候正好是改革开放刚开始的时候。有一部分人虽然文化程度不高，但是他们胆子大，敢干，再加上当时市场经济刚起步，机会多，这些人就发财了。当时有很多待业青年，就是原本没职业的，一下海也发财了。还有一些人，敢于倒腾，或者是能够出力气。比如当时的服务员一个月都挣六七十块钱、七八十块钱；在工地上出大力的农民工，一天能挣五块钱——这都比公务员挣得多。所以，那个时候出现严重的脑力劳动和体力劳动“倒挂”的现象。在当时有句俗语，叫“搞原子弹的不如卖茶叶蛋的，拿手术刀的不如拿剃头刀的”。这使一些体制内的人感觉很不平衡。因为体制内确实有大量的精英，他们的文化水平也比较高，有一定的工作能力，看到文化水平没他好的人挣钱比他多，不甘心这样。所以当市场经济大潮来临的时候，这些不甘心的公务员不能忍受收入上的这种重大差距，就想“下海”，要自己创业。

在20世纪80年代，存款在一万元以上的家庭简直是凤毛麟角，因此“万元户”是一个令人羡慕的称号。那个时候物价水平也很低，而一个普通工人的工资只有28块左右。随着改革开放的到来，一部分农民和城市里的无业知青由于下海的缘故先富了起来。他们以“个体户”和“二道贩子”的身份赚得了市场经济的“第一桶金”。但和他们的一夜暴富相比，许多在机关、事业单位工作的知识分子的生活状态没有改变。因此，对这两类人收入差距的比较也成为当时的社会热点。

另外，“南巡讲话”后确立的市场经济也确实给“体制内”的很多人提供了机会。当时下海那一拨人有什么共同特点呢？这些人在机关、企事业单位级别不低，但深居闲职，没什么实际权力，所以他们才会主动跳出来。这些人都是谁呢？不知道大家是否还记得“武大三剑客”、“万通六君子”，冯仑、潘石屹等人，还有王功权、王石，他们都是在 20 世纪八九十年代下海的，捞到了人生的第一桶金。好多体制内出来的“下海”人，虽然斩断了体制内的工资待遇、级别关系，可是人脉资源并没有断，所以他们不能完全算草根。他们在下海的过程中多多少少都得到了当时体制上的一些好处。所以说，有的人认为“公务员下海”给市场经济撞开了一角，提供了多种可能性。

例如，我们刚才在文章开头提到的那位上海的“80 后”公务员，他说他之所以要辞职，是因为他的收入 7 年没涨，级别 7 年没升。可是，级别 7 年没升是有可能的，因为我们现在的公务员职务升降制度有明确规定——比方说一个人要是想升为副处长，那他至少要在科长的位置上干满 3 年。大家想想，现在那么多人考公务员，国考的时候人“海”了去了，那么每个职位上都可能囤积着大量的竞争人选。他竞争不上去，职务 7 年没提升，这是有可能的。可是他要说收入 7 年没涨，这是不可能的。因为从整个社会的发展状况来看，公务员的收入是稳中有升的，他不算是社会中收入上涨最快的那伙人，但也属于上涨幅度相对可以的。不信的话，大家可以问问，现在哪个行业的人会说他的收入 7 年以来没涨？恐怕这样的行业是凤毛麟角的，而且肯定不包括公务员。所以说这个“80 后”公务员要辞职，原因不会只是因为这些。

最近有个统计数字，河北省总共 30 多万公务员，从 2006 年到 2013 年的六七时间内，总共有 255 个人辞职。这就是说，辞职者平均一年不到 50 人。30 多万公务员，平均一年不到 50 人辞职，这比例得多低啊！这就说明，虽然有很多人在那儿喊公务员现在很苦，也有的人说工作压力大，等等，但真正下决心辞职的没几个。我们大家承认，有时候基层公务员压力是很大。其实，哪个人活得那么顺风顺水，谁一辈子没一点儿事呢？尤其在基层工作的很多人，除了公务员以外，有几个人会说自己活得很舒服的？每个人都会觉得自己挺辛苦的。这个就好比我们小时候分苹果，你一个我一个。有人说我这个小，你那个大，两人就开始争。

争了一会儿，有人就说互换吧，可有人就不干了。为什么？因为他就是那么一说，他只是在那儿较劲儿，要真让他放弃他倒不干了。这就像很多的基层公务员，整天喊着“哎呀，我不干了”，“没意思啊”，“我这收入这么低压力还大”，但是真让他辞职，他才不干呢！因为什么呢？一个是他舍不得眼前这点儿好处，第二个他真辞职了他干吗去啊？我们大多数人都看过赵本山演的电视连续剧《马大帅》。在那里边有个文化局的副局长，退休以后不知道干什么——他除了会当官，别的啥也不会。所以，有相当多的公务员，在体制内是个精英，但是他真下海去了，就什么都不会干了。

所以，最近这一段时间人们都在说“公务员要辞职下海”了，其实是雷声大、雨点小，根本就没有多少人辞职，甚至有些人连这个念头都没动过。因为公务员稳定。一个是工资收入到月就来，非常稳定，而且单位福利也不差。再一个，公务员职位稳定。现在找工作很难，弄不好私企老板就炒你鱿鱼，你就失业了。可公务员呢？在不违法犯罪的情况下，我们很少听说一个公务员被辞退。这就说明，一个人拿到了公务员这个职位，就是“铁饭碗”，就有保障了。人都是需要安全感的，都希望能够过得安全、有保障。公务员职位提供了这种安全感。眼下，公务员这个职位依然是大家热捧的，依然是很多人非常热衷的。而且，很多人是非常希望能进入到这个体制内的。近几年很火的电视剧《乡村爱情》里的谢永强毕业了想干吗？当时家里人都希望他到镇上当公务员。当时那种情况下，王小蒙家里有钱，开了豆腐工厂，可谢广坤仍觉得自己儿子跟她谈对象是谈“瞎”了，得跟村长的姑娘湘绣谈。《乡村爱情》里头反映的是活生生、赤裸裸的现实。

所以，公务员下海形成浪潮还早呢！但是，按中央政府现在提倡的“把权力关进制度的笼子里”的方式稳步推进的话，“公务员下海潮”会再次来到。为什么这么说呢？首先，我们来分析一下公务员职位的特点。公务员职位的特点是什么呢？评价体系特别单一。在一般老百姓看来，如果不给一个人升职，就没有什么能证明他干得好。如果说一个科长干多少年都没有被提副处，处长干多少年都没有被提副厅，厅长干多少年都没被提副部级，那怎么能说明他们干得好呢？也就是说，如果公务员对这个职位失去兴趣，对其职务厌倦，这肯定就是堵住了他获得利益和特权的渠道。如果把这两顶帽子——“利益”和“特权”给他摘了，那他可能对这个职位就没兴趣了。现在，“八项规定”规避了一些利益输送。如果能进一步制度化，把权力跟市场之间的这只黑手给斩断了，能够让权力完全地为人民服务——它多冒出一点儿都要受到制度的约束，那么公务员这个岗位的吸引力会大幅度减少。比如说，让这些公务员们失去一些如公车、公款吃喝、公款旅游等特权，同时加强反腐，把灰色收入给他斩断了，那么，很多抱着投机目的进入这个队伍的公务员们可能就会尽早辞职，下海挣钱。

第二点，确实有相当多的公务员压力是非常大的，尤其是基层公务员。因为基层的干部很难干，比方说拆迁工作，基层公务员往往顶在第一线，要面对社会尖锐矛盾。这样一来，基层的公务员们就会发现，自己的压力非常非常大。而上级领导把任务层层往下分，希望公务员用自己的智慧和自己的体力、能力去化解这些矛盾。四川庐州有一位副镇长，28岁，他就说要辞职。他说自己的收入不高，但是压力很大。所以，现在有的公务员想辞职——他甚至考虑的不是收入多少，而是工作压力大小。另外，在未来可能出现公务员下海潮的原因还有一点，那就是市场经济带来了丰厚的利益。如果不斩断权力和市场之间的利益输送关系，那么就会有人想办法把权力在市场里“变现”。

我们前面说过，1992年之后下海的“万通六君子”、“武大三剑客”等人虽然离开了体制，但是一样得到了体制的好处。我们经常看到有些官员干得好好的，突然间就下海了，而他下海后干的那些事情恰恰是他原先主管的业务范围。比方说，有个公务员原先在交通部门工作，后来他下海去做一些和交通有关的事情，比方说修路什么的。为什么会这样做呢？这是因为他们原来的人脉关系、权力会发挥很大作用，所以，《中华人民共和国公务员法》第一百零二条有严格的规定，辞职或者退休的干部，担任领导职务的，3 年以内不得从事与原工作业务直接相关的营利性活动；而普通公务员 2 年以内不能从事这个。然而，这个规定没有挡住公务员们下海经商，因为这项规定太宽泛了。什么叫“相关”的经营范围，文件里没有明确的规定，而且关于怎么惩罚的规定也比较空泛。所以，李克强总理提到，要放开多项政府审批权限，因为只要政府攥着审批权限，利益输送就不可避免，这对市场经济的破坏力度是非常大的。因此，如果特权没了，灰色收入没了，那么在未来在某一个时期有可能出现新一轮公务员下海的浪潮。

那么，“公务员下海”是好事还是坏事呢？只要能够像习近平总书记说的那样，“把权力关进制度的笼子里”，有各种制度斩断权力和市场之间的黑手，那么这种下海应该是一种好现象。为什么呢？因为“公务员下海”代表着“政府规模”的缩减，代表着“市场规模”的扩大。这就是我们现在改革的一个很重要的目的——“小政府、大社会”。李克强总理谈到，要真正实现市场的归市场，社会的归社会，政府只管自己该管的事。那么，“公务员下海”起码说明政府的规模在缩小。而且与公务员下海同步的是，国家对这个政府部门花钱的财政服务在减小。这都说明政府规模缩小是一件好事。而且，这也是我们政治体制改革和经济体制改革两个方面的晴雨表，直接体现了我们这一块的改革推进力度。

另外有一点，公务员是干吗的？我们首先要认定，公务员不是创造财富的，而是分配财富的。公务员本身不创造财富，所以公务员不应该成为这个社会收入最高的人群——无论是隐性的还是显性的。发达国家的精英往往都是去创造财富，做企业家，可是在发展中国家，包括中国在内，往往大量精英到了政府部门，去分配财富去了。这样的话，精英在创造财富这个环节减少，那么这个社会创造财富的能力就不够。这样的现象值得我们充分重视，就是说由于有大量的精英没有在创造财富部门，反而到了分配财富的部门，这对我们社会的影响是非常大的。这个社会要想健康发展的话，应该让大量体制内的精英从体制里走出来，来到体制外去进行财富的创造，这才是社会正常发展进步的动力。如果我们这个社会人人挤破脑袋，想到体制内当公务员，这说明我们这个社会的发展还存在着很大的弊病。所以，在斩断利益输送，斩断“下海套现”的前提下，越多的公务员下海，越说明我们的社会在进步；同时，也能说明我们的政治体制改革和经济体制改革在持续推进。

火车票价该不该涨

2013 年 3 月 21 日，交通运输部召开了一次新闻发布会，明确了“大部制”改革之后从铁道部里拆分出来的中国铁路总公司，拥有相对的自主经营权。

这是什么意思呢？一些专家是这样解读的：铁路总公司可以根据市场情况，主动地调整火车票的票价。很多人听到这样的解答，可能心里会“咯噔”一下子。通常情况下，一说调整价格，那准是要涨价。那么，火车票的价格，该不该涨呢？如果要涨，该怎么涨呢？这是很多人都关心的话题。

火车票的价格涨与否，和很多人的利益密切相关。但是，也有相当多的人表示，这件事和自身关系不大。比如，有的人可能就是春运的时候，买一张火车票回老家；平常的时候，不怎么坐火车。而有的人，可能常年要通过火车出行。当出现这种情况的时候——也就是在社会中，有一些人和这事利益密切相关，而有的人与此关系不大的时候，我们就会发现：不同的人，针对这件事会产生截然相反的看法。

所以，针对火车票价该不该涨这个问题，不同的人在媒体上发表了不同的看法，辩论得热火朝天。有人支持涨价，说这是市场经济行为；有的人说你铁路总公司的成本本身就是一滩浑水，凭什么涨价？各方各执一词，争议不断。

我们得先来说一说，对于火车票价是否该涨，这两方面的观点各有什么样的有价值的地方，又有怎样的偏颇之处呢？有一个现象特别值得大家警惕。每当有这种事情，比如某个部门要收费或者要提高价格，一定会有那么一类人站出来问，凭什么？涨什么价？这是一种特别讨巧的方式，为什么呢？因为这些人在替弱势群体呼吁某事，不管这合理不合理，都会有人拥护，都会有人认为他们有爱心。我们身边这样的人不少，比如他们平时高喊同情农民工，维护农民工的权益，但真在大街上遇到农民工兄弟，他也会躲得远远的。你说这算怎么回事儿？很虚伪。还有一些人，其所谓的支持弱势群体的角度是什么呢？其实就是从一个最普通的“生理反应”入手。比方说，这个事，多收你俩钱儿，就说太贵了，不该啊！当然，这是一种很正常的反应，市场经济就应该允许这样，得允许人家合理地收费，也得允许人家表达自己骂骂咧咧的心情。这是一种市场经济的博弈。所以，有人一听到涨价这样的事，就立刻跳起来，高喊不该涨价，说弱势群体、农民工如何如何的，这是非常偏颇的。它并不适合我们现在社会的发展，也不是一种科学的探讨方法。

还有一种人，是坚定的“市场派”。他们主张袖手旁观，意思是管这管那干吗，票价涨到那程度，没人买了，价格自然会降，根本不需要操心，由市场经济“无形的手”去调控好了。持这种看法的人现在大有市场，他们被称为坚定的“市场派”。

火车票是否应该涨价，一直都是备受争议的话题。“支涨派”人士认为，火车票相对较低的票价，让原本可以乘坐其他交通工具的乘客，最终都流向了铁路，大大增加了铁路运输的客流压力。而正是这种低价政策，让车票价格的“浮动空间”较大，倒卖车票也就成为了很多“黄牛党”的生财之道。还有部分学者认为，票价的上涨下跌应该遵循基本的市场规律。按照经济规律，上调一点儿票价，可能会缓解售票市场的困境。但是，这种观点遭到了众多网友的炮轰。反对者认为，这种观点只停留在了经济的层面，并没真正考虑到我国铁路运营的实际情况。

举个例子，我们从商家购买商品，在同等质量情况下我们当然更倾向于价格低廉的，价格贵的自然少有人问津。这个好解释，因为涨价最后就“涨死”了，没人去买你的了。然而，铁路的情况完全不是这样。它是由原铁道部拆分出来的铁路总公司，“仅此一家，别无分店”。它掌管着所有火车的运营，老百姓没有办法进行选择——你说我不选择这个，想通过别的铁路出行，这是不可能的。除了选择它，我们没有更多的选择。所以，持“市场派”观点的朋友，应该想到这一点。在一个竞争充分的市场经济环境当中，这些逻辑、理论都管用，可在不充分竞争的环境呢？也就是说，大家有没有考虑到我们现在的市场经济是不发达、不完善的呢？比方说选择权，其实在市场经济条件下，我们刚才说的这些规律还有一些基本的要求——就是当我们消费者进入一个公共消费领域的时候，除了这一家以外，还有别的竞争者。比如说，飞机票为什么打折？因为一个线路上，有多家航空公司在竞争，所以票价就打折了。也就是说，自由竞争得充分，不能独此一家。

目前，民航市场竞争非常激烈，各航空公司为提高航班的上座率，使出浑身解数，而打折则成为了最重要的手段。以国航、南航、海南航空从北京飞到南宁的线路为例，正常价格约为 2000 多元。可在旅游淡季，国航能打折到 1400 多元，南航为 1200 多元，而海南航空只要 720 多元——这比当时的火车票还要便宜。曾有航空公司为了吸引眼球，竟然推出了“零元机票”……与之相比，铁路系统从 1949 年成立至今，票价制定缺乏“随行就市”的灵活机制，暂时还没有形成多元竞争的运输格局。

所以，在这种情况下，你把市场经济的规则拿过来，希望它原封不动地来实现，这个是不可能的。那么火车票到底该不该涨价呢？这需要我们实事求是地看问题，也就是说，这得具体分析。现在火车票的票价是高还是低，怎么具体分析？很简单。1949 年以后，中国的火车票定价机制是如何执行的呢？它有这么一套机制：先是确定一个人乘座一公里多少钱，再根据这个车是普通快车还是特别快车等来调价。如果是特快，再加多少；如果是硬卧，加多少；如果是软卧，加多少。拿现在的票价为例，硬座的票价乘以 170%，那基本上就是硬卧的票价；硬座的票价乘以 270%，那就是软卧的票价。普快，特快，现在的动车等的票价是按照速度的变化往上涨的。新中国刚成立的时候，基础价大概是一公里一个人的价格不到一分钱。到了 1955 年，调整到一分七厘六左右，后来又调整到三分八厘六。到 1995 年的时候又调整了一回——因为长期以来铁路运营是亏损的，都是国家在补贴，1995 年国家把它调整到单人一公里价格五分八厘六。这个五分八厘六,一直到现在都没改变过。现在，我们又有动车以及高铁了。动车组出现的时候，票价做了一次调整。由于动车整个儿升级了，速度也快了，包括车厢条件也好了，它就开始涨价了，一人一公里大概是三毛到三毛五左右。所以我们当时刚坐动车的时候，明显感到价格比原先的普通快车贵多了——它和普通列车之间出现了明显的价格差异。到现在，我们再看一下中国铁路的票价就会发现，普通列车的票价有的时候低得可怜，而动车、高铁的价格却上去了，有的高铁价格甚至让人觉得“高不可攀”。这就造成了“高的高，低的低”这种情况。

这种高低差价差到什么地步呢？举个例子，从佳木斯到牡丹江之间一张硬座的票价是多少钱？我花 12 块钱买过，17 块钱也买过。如果我们根据这个票价来测算它的公里数的话，那这个票价实在是太便宜了。而且这种运营，我们可以肯定，一定会亏损。为什么？现在中国的铁路，首先是铁路的运力跟不上，运营成本居高不下。更重要的一点，大家都知道，现在的 15 块钱要跟 20 年前的 15 块钱比，那购买力得差多少？ 20 年前票价是 15 块钱，到现在还是 15 块钱，大家说这个合理吗？大家都允许自己兜里的钱往上涨，就不让人家的票价涨价？这是不讲理的。所以普通列车的票价实在是太低了，确实需要往上涨。而且，现在普通列车的服务质量也不行，整个都需要升级。但是，普通列车现在却成了被遗忘的角落，更多的人都去关注动车和高铁了。

相较于很多发达国家而言，我国铁路的车票价格，除了普通列车票价偏低外，现行高铁的票价，也是低于美国、英国和日本等发达国家的。以轨道交通较为发达的日本为例：一趟北京到上海的高铁二等座，售价为 500 多元；而同等距离的日本高速列车售价，约合人民币 800 多元。有调查显示，英国的票价更是贵得吓人。以全长17公里到40公里的乘车年票为例，英国的民众要为此支付合人民币1万多元。前铁道部部长盛光祖也曾表示，目前我国铁路的平均票价是偏低的，今后要按照企业经营，按照市场规律定价。

所以，我个人觉得，目前中国的火车票票价，主要是普通列车的票价低，应该往上提，而动车和高铁票价保持不动就行。为什么呢？因为普通列车的价格提上来后，大家就有更多选择了。如果它的价格和高铁、动车的价格差不多的话，大家更愿意多出一部分钱坐动车、坐高铁。另外我们知道高铁里面特等座、一等座、二等座，我们可以把二等座的价格适当往下活动，然后把一等座和特等座价格再提高点儿。这就像我们外出旅行时，有的坐头等舱，有的坐经济舱，有的到外面住宾馆，有的去住别墅的，这就是市场行为。所以说，我们得先保证普通列车这一块作为坚实的基础，然后再发展高端运力。像每年的春运过程当中，说挤啊、车厢条件不好的，大多数乘坐的都是普通列车，动车、高铁一般不会出现这种问题。

所以，目前中国这情况，就是普通列车这块儿应该在提升服务的前提下，把票价涨上来；而动车、高铁等这些高端的，可以暂时不动或者小有调整。即使是小有调整，也是动车和高铁的普通座再往下降降，高端座位价格可以再往上涨。这样的话，就是把市场行为有机地融合到目前铁路总公司的调价过程当中了。

当然，要说现在调价，具体该怎么调呢？首先得有两个近期目标和两个中长期目标，才能够满足我们现在的要求。两个近期目标是什么？第一个，现在铁路总公司不是行政单位了——即使是行政单位，也要有一个政府信息公开透明的问题——所以公司在调整价格之前必须得先公布现在的运营成本，包括人工成本、设备成本，等等。此外，我们要看货运，在铁路部门都有这样的情况，比方说，从甲地到乙地，就8个小时的车程，可是这个货从甲这边的货组发到乙这边的货组，得24小时，一天一宿——因为这前后的这些时间都耽误在车站了。这边装，那边卸，而且得按顺序来，效率非常低。在这种情况下，铁道部必须得先把它的成本搞清楚。所以说，这种运营成本、人力成本和基本的设备成本，要向社会公布，要接受相关部门的审议。第二个，即使是允许自主经营，火车票每一次涨价，也必须要有票价听证会，社会各界人士参与其中，共同决定该不该涨。之所以说这两个目标是近期目标，因为这是铁路总公司完全能做到的。

还有两个中长期目标，这对票价将来是否合理也是非常关键的。

第一，要合理地布局、区分铁路的不同档次。就像刚才说的高铁、动车和普通客车之间的区别，它们之间有一个很大的问题，就是太重视上面这块了，对普通列车这块不重视，导致普通列车服务质量普遍不行，硬件设施等方面也差劲儿。所以，铁道部应该加大力气完善这一块，把基础夯实，然后再去进一步完善动车和高铁。我们不能只把精力放在高端的那块儿。等到这个布局完善之后，它就会形成一种特别合理的市场价格选择——若是钱少，那你就去买普通列车票去，基本服务也能达到，不再是过去那种什么闷罐车、绿皮车，进去以后脏了吧唧的、喝开水都喝不上的情况；若是老百姓有钱，那就自由选择动车、高铁，这就形成了市场经济自由选择的价格浪潮。当然，它的前提是铁路要自我完善合理布局，这种档次才能拉开。

第二，现在铁路这一块既然成立铁路总公司，那就是政企分开的，就得允许存在竞争，允许各种资本能够进入铁路部门。简单地说，就是得让大量的民营资本进来，然后跟国营的铁路总公司形成充分的竞争。这样的话，整个铁路市场才能盘活，老百姓才能真正得到好处。所以，要想合理地进行铁路布局，就要引进民营资本，进行充分竞争。但是，要想实现这个目标，估计得有一个过程。而且，这个价格合理不合理，大家要有“技术含量”地进行探讨，不要动不动就把它上升到一个“理论高度”、“阶级高度”。此外，实事求是地讲，大家不要以为铁路价格调整一下，“春运”、“黄金周”的时候，就能解决一票难求的状况。调整价格的根本目的是让铁路的整体运力安排更顺畅、合理，让消费者能够接受，而不在于解决一票难求的问题，这跟我们今天探讨的话题是完全不同的。

第三，弱势群体也不用担心，为什么呢？因为现在相关部门明确做出了规定，不管怎样经营铁路公司，公司的公益性质是不能改变的。也就是说，铁路总公司依然是国家交通运输当中配合政府部门工作的有力帮手。虽然它有自主经营的部分，但也有公益的部分。其中包括学生的半价票，包括给残废军人等弱势群体的优惠，这些是不会动的。再怎么着，铁路的公益性也要在铁路部门改革的过程中有所保留。因此，大家可以放心，人民铁路它还得姓人民，不能完全扔到市场里去，也不会出现“有钱就坐得起，没钱就走着回去”这种情况。

英语热该降温了

2013 年“两会”期间，全国政协委员张树华提出，我国应该制定科学的外语教育战略。他指出，英语教育本来就是一种手段，可是现在却被一些部门和培训机构异化为唯一的目的，造成很多学生为学英语荒废了学业，也使汉语的教学遇到了前所未有的危机。英语热确实应该降降温了。

但是首先得强调一点，英语是现在世界上使用范围最广泛的语言。在中国当今改革开放的背景之下，和国际接轨这是个现实要求，所以外语起码是在校学生应该掌握的一个基本技能，这个无可厚非。可是如果我们仔细看看这个社会对英语的态度，你就会发现确实有些过了。

像以前，孩子一般都在六岁以上，或者上小学后年龄偏大一些才学英语。但是近几年，家长更重视一些，孩子学英语的年龄普遍偏低，最小的在两岁左右就开始学习英语了。大家普遍认为英语越早学越好，这样英语才能学得跟外国人那样棒。结果各种各样的少儿英语培训机构现在泛滥成灾。其实很长时间以来，学校三大主科是什么？语文、数学、外语，当然外语我们知道学的是英语。而且每个学期，外语考试都成为学生一个重点的、必须要过的项目。你看高考、中考，这外语都是非常非常重要的。而且说实在的，在小学、初中、高中这三个阶段，我们外语教学基本上只重视笔头的能力，口语和听力这方面的考查相对来说比较弱。所以造成很多学生学完英语后，一张嘴就是"中国式英语"，甚至带有各地方言。

等到大学，那更不用说了，四六级英语考试，你过不去都不行。这几年四六级英语考试总是出事，还经常漏题。各地方关于四六级英语考试作弊的事是层出不穷。等到考研的时候呢，情况怎么样呢？有句话这样说：考研就是考外语——外语具有一票否决权。我不管你是学什么专业的，你哪怕研究中医、古汉语、二十四史，外语也得考过去！你要过不去的话，就不能上研究生。等毕业了，到社会上这外语更重要。你看很多公司招聘，要求外语能力好的优先。有人做过统计，会外语的和不会外语的，外语好的和外语差的，工资标准能差出 20%。而研究生学历比本科毕业的工资，也就是高 10%，你说外语现在被重视到什么程度了？评职称，外语也得过，而且外语还具有一票否决权。

所以现在，中国社会对英语的重视已经到了泛滥成灾的程度了。2010 年 1 月，曾有四所高校自主招生，不约而同地不考语文，只考英语。消息一出便引起一片哗然。有网友感叹，英语热已经到了可以舍弃汉语的程度了，实在可怕。之所以考英语，是因为英语不好往往影响前途，不考语文是担心考太多科目会给考生带来负担。如此一来，中国的英语热已经达到了一个高峰。

为配合这种需求，社会上英语培训机构是名目繁多。少儿英语就不用说了，一到成年，什么新东方，新航道等英语培训机构的广告铺天盖地。后来为了应付托福，各种各样的短期培训班如雨后春笋似的出现。现在有人曾做过调查，全国有超过五万家以上的英语培训机构。这个行业带动了大概有 40 亿美元的产业，其中主要就是考试费、教材费和培训费。而实际上，有些人学外语根本就没有必要——英语不是他的必需技能，可是他也盲目地去学。现在我身边就有好多人，说我不能虚度光阴，得加强自己的素质，我学点儿什么呢？报外语班吧！有报华尔街、新东方的。你问他为什么学外语，说不知道，学这个总有用吧，他也不知道他要干什么。这说明了什么问题呢？第一，学外语的观念已经深入人心了；第二，有些人不知道自己未来是什么样的，就盲目地开始学这个去了

那么这种思维是怎么来的呢？要想针对现在英语过热的情况做出理性分析，就得分析一下这个英语热是怎么来的。在改革开放之前（准确地说就是恢复高考后，20 世纪 80 年代以前），我们听到的有关学习的口号，是“学好数理化，走遍天下都不怕”——数学、物理、化学，没有这外语。但不知道从什么时候开始，外语地位上来了。什么时候呢？1981 年我们国家公布了《关于自费出国留学的暂行规定》，其中就定下来要考托福。1981 年那一年，全国报考托福考试的有 258 个人。没过几年的工夫，到 1985 年就涨到了好几万人。当时“出国留学热”、“出国淘金热”都出现了。到 1986 年的时候，国家出台一项规定，外语要跟职称挂钩，就是说评中高级职称，必须得会外语。这样一来，英语在社会上热起来了。然后到 1987 年的时候，教育部规定，大学生必须通过四级英语考试；到 1989 年的时候，大学里开始出现六级英语考试。后来，直接把考研究生跟四六英语级考试挂起钩来了，英语通过不了不能上研究生。接下来 20 世纪 90 年代，有个电视剧叫《北京人在纽约》，把英语热也给推起来了。然后就是李阳的疯狂英语，接着新东方、华尔街等各种培训机构就上来了，成了今天这个局面。

有人说，英语热是现在社会的需要。其实，教育过程当中对英语教育的过度重视和社会上对英语的需求是互为因果的——鸡生蛋，蛋生鸡，你不好搞清楚到底哪个是原因，哪个是结果。学英语有两个功能，第一个是基础功能。我们可以通过学英语，打开看世界的窗口。我们可以直接阅读一些国外的科技经验、国外的一些新闻、一些先进的东西。第二个是实用功能。有些工作确实和英语是有联系的，比如你要出国求学，

或者是你要到国外生活，那肯定得学。再一个就是你要经常地使用英语，比如说开了家外贸公司，跟某个国家做生意，这你肯定要学。我就碰到过有些把外语学到一定程度，最后说外语比汉语都流利的人。这个就有点儿不像话了。

我就认识一个朋友，他学英语入迷到什么程度呢？有时候跟我说话——我们俩当然用汉语说了，要表达一个什么事，他表达不清楚了，我这时候往往会跟他说你用英语说吧，他用英语比汉语表达得都清楚。而很可悲的是，有的人现在做的事跟英语一点儿关系都没有，就把这个当做跟人炫耀的一种资本。比方到某个公司去，明明俩中国人，突然一方张嘴就是英语，他为了显示自己有范儿——你看我跟国际接轨。我记得当年清华大学的校长梅贻琦先生，曾经跟一个归国留学生谈话，这个归国留学生一张嘴就是法语。梅先生说对不起，我不懂法语，咱们用中国话说。说完了以后，这个学生一打听才知道，梅贻琦对法语、英语、俄语都非常精通。所以说有的时候，不管家长也好，孩子也好，好像说话不沾两句英文，就感觉自己“掉价”似的。

我们要想分析这个问题，其实可以根据每一个行业和教育的不同阶段出现的问题分析。比方说少儿英语这块儿，现在很多家长就觉得，孩子从小就该学英语。其实我们想一想，中国并没有把英语当做官方语言之意。中国也是一个缺乏学习英语的普通环境的国家，我们几乎很少看到大家到商场买东西跟人说英语。所以把英语当做少儿学习当中的重中之重，就如同逼着孩子去弹钢琴、画画、下棋一样。大多数孩子将来吃不了这碗饭，他最多就是个兴趣。你再看学校里边，小学、初中、高中这英语教育：本来小学按计划来说，不该开设英语课，可是现在你看多少学校都在开英语课！等到了初中、高中，这英语课更无以复加地加强了，把它当做一个非常主要的学习科目。我不反对这样，为什么呢？我们现在应该睁眼看世界，英语能力确实是现在学生的一个基本技能——起码常见的英文你得有所了解——这也是培养现代化人才的基本需要。但是目前的中学英语教育关注的其实是什么呢？学生学了十多年英语，目的就是为了应付几次考试。考试完了之后，你问这个学生英语学什么了，能不能跟外国人自由交流。这个比较难，还得连说带比画，还得脑子里蹦单词，根本没有把英语学了之后，融化到自己血液当中——学这个是为啥？就是为了应付考试。

李雷和韩梅梅是人民教育出版社 1991 年出版的初中英语教科书中的人物。许多人听到他们，便会想起当初初学英语的那一幕幕有趣的场景。但初中时永远背不完的英文单词，和总是逃不过的英语考试，也给这份记忆增添了一抹苦涩的味道。2012 年，一项针对全球 170 万成年英语学习者的测试成绩评估报告指出，全球 54 个非英语母语国家和地区里，中国以 49.00 分排名第 36 位，属于低熟练度水平。投入大、耗时长的中国式英语教育，却未能培养出令人满意的外语熟练度。

到大学里面，不管什么专业，你都得过四级，要不就毕不了业。考研的时候，前面说考研就是考英语，英语有一票否决权，每年研究生考试，都出现大量英语好，但是专业课很差的学生，糊弄着考上去了。而不少专业非常好的，英语不行，反而下来了。都说现在研究生培养质量下降，我记得有一次跟有个非常出名的大学的研究诗词的博士生聊天，结果这个博士一张嘴就是西方比较文学，英语倍儿棒。我说你论文主题是什么？李商隐的诗词。我说那行，咱们聊聊李商隐的诗词吧！我就随便背了一首，说跟他探讨探讨。没想到他很客气地跟我说，我只研究李商隐临终前十年的诗词。哎呀，给我气的，这是什么博士生？可能他那所有的心思都用到学外语上面了。走向社会更是如此，我看到有一个专门针对什么化肥、农家肥的公司，居然也要求来的学生具备大学英语六级以上水平。所以现在我们这个社会，英语热确实应该降降温了！大家要牢记，它就是个学习手段，你不能把它当做学习目的。有的人孜孜以求地考各种证书，以为把各种证书考下来，目的就达到了。你学它是为了什么？是为了应用。现在本末倒置，变成一种目的了——非要为它而追求，而不是把它当做个手段。有的人说，你说这也不对，那要想走向国际，不仔细地研究英语，不好好地学，那能行吗？其实这话不见得。

日本有一个诺贝尔奖物理奖的获得者，居然是个英语盲，他根本就不懂英语，也不耽误人家获得诺贝尔物理奖。而且我们知道日本在世界上，科技是非常发达的，但日本就是一个英语劣势的国家。

你看起来日本好像根本就不重视英语，日本的大学里，英语不是必修课——你可以选修，毕业也不考核这个。而且在日本的各大公司里，除了那种需要跟英语国家打交道的公司以外，极少有公司考核英语。这同样没耽误日本成为世界上超大的经济体，科技超发达的国家。当然日本这么做，不是说不重视英语，日本非常重视西方科技著作的翻译。这跟日本的出版社有关。日本的出版社经过长年发展，已经形成了发达的体系。基本上外国，包括英语国家，有什么先进的科研成果，他们第一时间就翻译成日文给国内人看了。日本对英语的这种“不重视”是建立在翻译技术高度发达的基础上。现在很多领域的人，想要了解一下世界可能就得学英语，直接看原版的，或者去互联网上的英文网站去看。

所以你说英语对我们社会的发展有多大的帮助呢？因此我提出自己的看法：社会培训机构是市场经济行为，大家重视它了，它有钱赚，不重视了自然就没钱赚了。这个是“市场的手”在调配，用不着我们操心。但是我们应该有像前面张树华委员提出的英语教育的基本战略。在少儿这个阶段，我觉得不是说要降低英语热，或者说不要开少儿英语培训机构，不要那样。首先应该对这些机构进行审核。有很多老师根本就不合格，师资力量根本就不够，而且教学没有个统一标准。现在要制定一个学龄前儿童英语学习的统一标准，你只有符合这个门槛，才能来对外授课，才能收孩子的钱。这一块，相关部门要加强监管。到了中学英语这个阶段，我觉得应该空前地重视口语和听力。这个阶段既然把英语当做教学大纲基本的规范要求，那就让学生好好学。为了国际化，为了改革开放大形势的需要，每个人得睁开眼看世界，学生得学好外语，这没错。那么你学了就不能仅仅会书本上的，就不能学完了就高考，考完了就扔。学的时候，你要扎扎实实地掌握口语和听力。我认为对这方面的重视程度，应该高于笔头的东西，这是非常主要的一点。阅读、口语、听力，三者是缺一不可的。缺了一样之后，你怎么能说你英语学好了呢？所以中学这块，得加强英语实际应用能力的教育。到了大学，有些理工科的专业，必须要掌握四六级英语。而对于其他一些专业的，例如中文、历史专业，我认为对四六级英语考试方面的要求可放松一点。大学没有必要把这种最基础的技能再当做必须考核的科目。至于研究生，可以在需要的领域之内进行英语考试。这样的话，才能树立一个正常的学习环境。如果我们能够在这方面打破壁垒，那么社会上的英语热相应地会降降温。

我的目的，不是跟大家说不要学外语。英语确实是很重要的。问题是，我们要以什么样的方法来学？再一个，它对你的生活必要性有多强？我给大家提供一个参考意见，就是当你要学外语的时候，或者逼着你孩子学外语的时候，你得想一想，我学外语的目的是什么？你先把这个想清楚了，然后你再去学。万万不能在自己也不知道学英语干什么，就觉得可以长点儿能耐的情况下去学。因为你需要长的能耐里，有好多比学英语要重要。

孩子看病难在哪儿

最近媒体有这么几句话很有意思，说“看病像打仗，挂号像春运，输液就像流水线”。这是媒体对北京两家专科医院看病状况的一种描述。哪两家医院呢？一个是北京儿童医院，一个是首都儿科研究所附属儿童医院。到这两家医院给孩子看病难到什么程度呢？家长们拿着一张防潮垫、一床薄毯彻夜排队，也不见得能为孩子挂上号。而且，一天 24 小时，医生们轮番上阵，门诊量却不减反增。

相信有很多朋友带着自己的孩子来北京看病的时候，都会遇到上述状况，有着类似的体会。与此同时，一些综合性医院的儿科门诊和一些社区医院的儿科门诊则门庭冷落，没多少人来。那么，这是什么原因造成的呢？

我们知道，我国很多地方都存在“看病贵、看病难”的现象，如果你带孩子看病会发现儿童看病更难。它为什么难呢？这个事既有老生常谈的原因，也有一些特殊性。北京儿童医院位置在北京西二环附近。到那儿去过的朋友都知道，那里每天有很多车进进出出，西二环辅路往往就因为儿童医院上午的看病高峰期而堵车——马路的容量有限而看病的人太多。我曾经陪着朋友带孩子到儿童医院去看病，简直就没有一个程序是容易的。

就说挂号，这就难极了。门口号贩子的号经常能被炒到几千元以上。外地的家长带孩子来看病，为了能够挂上号，经常头天晚上就在儿童医院院里或者附近，找着一块地方铺个塑料布、铺个垫子，然后坐着或躺着等排队。甚至有的买那种几百块钱的帐篷，在这儿搭帐篷住，然后早晨四五点钟起来，冲进大厅等着挂号。可是就这样那号还抢不上，有的人甚至连挂几天都挂不上号。

等到好不容易把号挂上了，任何一个检查都得排挺长的队——血常规、尿常规、输液。有的时候排十分钟、八分钟的那算运气好，大家经常一排就一两个小时。你往医院的大厅里头一看，发现这看病真不亚于春节时候的春运！你在火车站看到什么样，在儿童医院就能看到什么样。不论是从外地千里迢迢来北京看病的，还是本市的人到这儿来看病的，都感觉到儿童医院看病是太难了。

给大家说个真实的例子。2011 年，一名来自河北的农村家长，抱着 3 岁大的孩子马子硕连夜赶到了北京儿童医院。当时 3 岁的子硕已经高烧 5 天，双脚肿胀得不能走路。所以，家长一直抱着他。到了晚上 10 点，子硕的伯父、父亲、母亲、堂哥开始轮流排队，挂第二天血液科的号。当时挂号处本来没什么人，可是到了夜里 12 点，忽然来了一群人，都说自己在马子硕的前面。这些人说的是本地口音，所以马子硕的父亲不敢起争执，他只能忍着、等着，等到第二天再去排队。不仅如此，子硕挂号的当天，血液科一共 156 个号，其中 130 个号通过网上预约平台已经挂出，他们只能从剩余的 26 个号中抢一个，才能让小子硕看上病。照这样的速度，这孩子的病会不会耽误？这真的没有人知道。幸运的是，经过一宿排队，早上 7 点的时候，子硕的堂哥挂上了当天血液科普通号中的最后一个。

从这个例子中，我们可以充分地认识到给孩子挂号看病的难处。那么，这个原因在哪儿呢？大家都知道北京聚集着全国大多数的三甲医院，我们耳熟能详的协和、同仁、友谊、301 这些医院都在北京。这些医院很有名，水平高，专家多，不管对什么病一诊断都要比地方准，所以很多外地人千里迢迢跑到北京来看病来。再一个，拿本地人来说，一般人不大相信综合医院，觉得给孩子看病还是专科医院有把握。因为大家都比较慎重，对孩子生病都比较重视，所以都要找一个信得过的医院。于是，这些原因造成了儿童专科医院看病的人次“爆棚”。

后来，为了方便患者看病，北京儿童医院作出了相应的调整措施——例如，内科 24 小时出诊，让病人们可以随到随看。目前，北京儿童医院能够出诊的医生一共有 160 人，其中包括急诊室的 14 名医生。他们不仅每天要消化掉 5000 人次左右的门诊，还要承担 19 个病区的 760 张床的住院病人。有人就问了，这些医生的体力能受得了吗？他们受不了也得受，这是没有办法的事，因为人员就紧缺到这种程度。

这么多人来北京儿童医院看病，按理说应该是因为其他地方的医疗资源配置不均衡，北京的医疗资源太好了，所以大家“呼啦”都来了。可是仔细分析后，我们就会发现还不完全是那么回事儿，这里头还有属于给儿童看病的一些特殊原因。

我们看其他综合性医院的人也挺多，但是去它的儿科的人真不多。这是什么原因造成的呢？主要有下面几点。

第一点，这是给儿童看病的一些特殊性造成的——它的特殊性就在于儿科在很多医院里被称为“哑巴科”。什么意思？比方说，我们成年人去看病，大夫问你有什么感觉，这儿疼不疼，那儿怎么样，我们都能准确地描述自己的病情，告诉医生自己哪儿疼，或者是吃完饭之后哪儿不舒服，晚上睡觉前怎么样，等等。然后大夫就会根据我们的描述有针对性地给我们看病。但是给孩子看病时，有很多的儿科患者话还说不全呢，他们的思维等还不能完整地描摹自己的病情。从这一点来说，一个大夫给孩子看病往往要比给成年人看病花更多的时间。所以，给孩子看病有其特殊性。尤其是这些孩子都是家里的“心尖儿”，要是孩子哭了，或者医生看病不及时，把孩子疼着了，这家长们的火气“腾”就上来了。许多家长对待自己的事挺理智，但是自个儿孩子有点儿病，他就不理智了——觉得这孩子要是怎么了，或者是耽误了，这医生能负责任吗？脾气好的大夫、护士说他们能理解家长的心情，家长真着急了骂两句，他们就忍忍。但是有的医生也说了，对家长骂只能忍着，在急诊待时间长了，就觉得特别累，精神压力特别大。

北京儿童医院曾经有过这么一个病例：有个家长抱着孩子来了，大夫看这孩子发烧，就给开点儿药，他对家长说，尽量不给孩子输抗生素，抗生素输多了不好。这个大夫本来应按照常规给孩子全检查一遍，可他看孩子表现出的是发烧症状，就没让家长去带孩子做检查了。因为全部检查做下来挺贵的，而且这个外地家长的收入也不高。这个大夫出于一片好心给开了点儿药。没想到这孩子患的是脑膜炎，后来病情加重了，家长找大夫来了！最后，医院处分了大夫，质问大夫为什么不给这个孩子全身都检查一遍，排除各种隐患。这个大夫觉得非常委屈，说自己是想替孩子家长省钱。

作为患者来说，自个儿孩子病成这样，往往容易沾火就着。在这种情况下，双方的脾气都会不好，儿童医院里头就容易在出现医患关系紧张的局面。

儿童医院为什么会出现这种人满为患的情况，为什么在这里看病跟打仗似的？因为这里主要是针对未成年人，有其特殊性，这跟你去其他的综合医院看病是不完全一样的。

第二点，我们从医院的特殊性上来讲，这个儿科和别的科室不一样。

细心的朋友会发现，有些综合性的医院就没有儿科，有的仅有门诊，没有儿科病房。我们把北京医院统计了一下，二类以上的医院有 80 多家，其中既有儿科门诊又有儿科病房的医院总共是 38 所，都不到二类以上医院的一半。为什么有的综合类医院不设儿科病房？因为儿科在综合性医院的科目里几乎是挣钱最少的。首先，它的用药量少。医生一般给成年人开药开很多，但是由于孩子对药物副作用承受能力弱，所以儿科一般不敢滥用药。其次，辅助检查少。有的成年人来看病，说自己的血液有什么问题，医生就会让他们做 B 超，拍 CT，还有核磁共振，等等。一套检查下来，几千块钱就出去了。可是孩子的检查上几百上千的不多。辅助检查少，医院的收入就上不来。这几个原因堆到一块儿后，导致很多综合性医院的儿科一点点萎缩，甚至一些综合性医院干脆把儿科取消了。这些都是现在好多综合性医院儿科发展不力的一个重要原因。

第三点，从儿科医生这个角度来讲，问题更大！现在全国儿科医生的缺口大致是 20 万。为什么缺这么多呢？原来 1998 年的时候，教育部下达了一个文件，通知高等医学专科学校取消儿科这一个培养项目。因为大家觉得心内科、外科、泌尿科等包括儿科里的一些项目，就不用单设儿科了。因此，医学专科学校毕业的学生里边几乎没有专门的儿科医生。而且，我们知道儿科收入比较少，这相应地会影响到儿科大夫个人的收入。所以，从这些学校毕业的学生很少愿意到儿科去就业。这造成了儿科大夫越来越少的现状。

另外，很多已经被招进医院来的儿科医生，只要别的成人医院一给他们发通知，他们马上就义无反顾地离职而去。由于儿科医生的收入低、工作累、风险大，越来越少的人会选择儿科医生这个职业。现在综合性医院里的儿科大夫减少，有的索性取消儿科，结果就造成一个恶性循环——很多人抱着孩子到综合性医院看病感觉没把握，所以不如到儿童专科医院去看病，结果又导致综合医院儿科门诊更加冷落。

有的人说，那为什么不去在社区医院看病呢？说实话，现在社区医院的建设确实是挺不给力的，很多社区医院的水平上不来。如果是看个小病去那里还行，如果是自己“心尖儿”的孩子有点儿毛病，家长还真不敢去社区医院看，怕医生水平低把孩子耽误了。这两方面综合起来后，大家就只能带着孩子跑到儿童专科医院去看病了。

大家都挤到儿童医院看病，看病能不跟打仗似的？挂号能不跟“春运”似的吗？所以，出现这种情况就成了理所当然的事情。有人统计过，一天到儿童医院来看病的有一万多人，这一万多人里头真正有疑难杂症的需要儿童医院来专门处理的也就三千的左右。剩下的六七千人中有一半是普通的感冒发烧；还有一半是到其他综合的医院去看过了，家长觉得没把握，就带孩子到儿童医院来复诊。这么一看，假如一天有一万个患者的话，得有一多半是有水分的。这一多半挤了过来，那儿童医院能不人满为患吗？

那么，这种情况我们怎么去解决呢？除了要提高综合医院的医疗配置资源、加强基层医疗力量之外，我们现在能够有效缓解这种局面的办法主要有以下几个：第一个，恢复儿科门诊。从 2011 年开始，相关部门已经在这样做了。北京卫生局就要求全市的医院必须马上恢复儿科门诊，重要的医院必须有儿科病房，这对老百姓来讲是个很好的消息。再一个，现在很多高校陆续开始恢复了儿科专业——儿科作为如此重要的一个科目，不能在高等教育领域里轻易地被撤掉。可是，恢复门诊也好、恢复培养儿科医生也好，这都不是短时间就能见效的——就像我们说综合地配置医疗资源、加强基层医疗队伍建设不是几年时间就能见效一样，医学专科学校培养儿科大夫恐怕得 5 年、8 年左右才能见效。

真正缓解儿童看病难这个问题其实应该从家长这儿做起。为什么这么说呢？第一个，当我们的孩子有个头痛感冒的，别一开始就不相信社区医院——社区医院就是再差，治个感冒发烧还是没问题的。而且，孩子们的病绝大多数不是什么疑难杂症，到社区医院打个针吃个药什么的就好了。所以，能在社区医院解决的就尽量别挤到儿童专科医院去。第二个，给予综合医院信任。如我们刚才所说，绝大多数孩子的病没那么疑难没那么高级，在综合医院能解决的就用不着跑到那些专科医院。所以，家长们要从自身做起。

此外，如果我们现在培养儿科医生困难的话，那就需要提高综合性医院和社区医院相关方面医生的待遇。比方说，“全科”医生到了社区医院任职了，什么病都看，那待遇应该提高一点儿。为什么现在社区医院力量差呢？因为收入低，医术好的大夫都不愿意去。所以，政府应该给予补贴，提高医生薪资，先把大多数的儿科病人留在社区医院和综合性医院里头，这样就能够缓解儿童专科医院巨大压力。如果这个压力不缓解，那么家长们抱着孩子跑到儿童医院去了，不仅有时候惹一肚子气，而且可能由于人多导致看病不及时，使孩子的小病变成大病。

对于老百姓来说，医疗没有小事。而现在的孩子又多是独生子女，是我们每个家庭的心肝宝贝，所以“儿童看病难”这个事情绝对不是小事，它关乎我们社会的整体文明程度的提高和整体健康水平的提升。因此，我们刚才说的这些措施，应该得到政府相关部门的重视。政府应采取措施，缓解儿童看病难这样一个不利局面。

“水”往高处流

在我们的印象中，平时常喝的农夫山泉、康师傅等品牌的矿泉水，一瓶不过 2 块钱，而且喝起来让人挺放心，觉得这比加热自来水方便一些。不知道从什么时候起，超市里卖水的货架开始分成普通水的货架和高端水的货架，彼此的价格也拉开了。一瓶高端矿泉水价格以 5 块钱、6 块钱到 8 块钱、10 块钱不等，有的甚至是十几块钱到几十块钱。法国一个牌子依云，不光在超市里能看到，在很多高档的会所也常见，许多商务宴请都用依云矿泉水，而且四星级以上的酒店房间摆的也都是这个。很多老百姓认为，这些矿泉水价格这么高是“宰人”，喝一瓶水花的钱赶上吃一顿饭了。有些人则认为喝高端水可以避免污染，有利于健康。其实水安全不同于食品安全，食品安全问题比较分散，监督起来很麻烦，有的时候一旦出问题就显得“无处不在”；但水源基本上是能控制的，比如说自来水消毒，从江、河、湖、海及地下取水的过程都是可以控制的，所以说饮用水大体上还是安全的。

买高端水这些人，绝大多数人不会担忧平常喝进去的水会有安全问题。既然不存在这种担忧，那么买这种水到底是什么心态呢？如果一瓶水七八块钱，十来块钱，那么一升这样的水就得十几块钱，甚至是二十几块钱。而现在一升 97 号的汽油也就是 7 块钱，不到 8 块钱。这样一比较，水比成品油价格高了很多。因此，我们要分析买高端水这个问题，首先得解决几个问题：什么是高端水？高端水的价值在哪儿？高端水喝下去对健康到底有没有好处？

所谓的高端水，不外乎是说水源的地理环境、地质条件比其他的水源要优越。比如说水源来自高山、冰川，或者是山泉，或者是深层地下水；或者由于地质方面原因，水里面含有非常多的微量元素和活性因素等。这构成了高端水。就是说，这个水的来源要比其他水的来源高出一截儿。就像很多广告里宣传的那样，水源在海拔多高，或者是地下多深，或者是周围几百公里以内没有人烟之地——总之，它来自没有受到任何污染的水源。比如，动车曾经给乘客发过“5100 西藏冰川矿泉水”，它号称来自西藏念青唐古拉山脉海拔 5100 米的原始冰川水源地。还有昆仑山矿泉水，也号称是源自青藏高原海拔 6000 米的昆仑雪山。因此，水源的纯天然、无污染是高端水的第一要素。如果不具备这一点，这个高端水就是骗人的。由此可以看出，高端水贵就贵在这个水源上。大家看它的包装，会发现这种罐装是用不了多少钱的。高端水基本上都是简单加工罐装的。如果需要经过深加工过滤什么，第一可能把这里面的矿物质过滤没了，第二个可能说明水源是有污染的才需要深加工。所以说真正的高端水是不需要深加工的，对其进行输送到各地简单罐装了就可以。瓶装水的罐装生产线中，最贵的德国的生产线一条也不过人民币 1000 多万元，这方面投资不大。

照前面的说法，高端水不需要深加工，直接从水源取水进行罐装就可以了，那为什么还这么贵呢？因为钱都花在运输上了。要把水从昆仑山、青藏高原运过来，路途遥远，还要保证运输过程中不被污染，运价自然不菲。据说依云矿泉水是从阿尔卑斯山运过来的，那距离比昆仑山还远不少呢，价格自然更高。事实上，高端水的价格 60% 以上都是运输成本造成的。所以，这是高端水为什么贵的一个重要原因。

我们再来说说喝高端水有没有用。高端水里面确实有很多人体需要的微量元素和矿物质，但是问题是，第一个，我们有没有必要补这些东西？我们以维生素为例，维生素在人体缺乏的时候补充才有用。如果在正常的饮食当中能够得到维生素，那么再吃 VC、VB，对身体不仅没有好处，可能还有害处。当人体少量缺乏某种微量元素的时候，是可以从水里补充；但如果缺得多了，那水就不能解决问题了，这时就得去找医生了。俗话说“药补不如食补”，天天喝点儿高端水肯定是有好处的。但是，凡事贵在坚持，只有坚持喝下去才可能有效果。比如说缺某种微量元素了，需要靠喝这种高端水来补充，那可能得连续喝上几年才有效果。如果只是狠狠心咬咬牙，偶尔花上 10 块钱买一瓶，那就像偶尔喝一次甲鱼汤一样，只能解解馋。

分析高端水消费者的心态，其实他们喝这个要的就是面子。就是说，很多人觉得喝这个水代表了身份、地位。大家看看高端水都卖到哪儿了就知道，一定包含了身份消费、面子消费，甚至是“需要型”的消费因素。大家有时候到一些会所跟朋友喝茶聊天的时候，会发现一些商务宴请提供的水不是常见的娃哈哈、农夫山泉等常见品牌，而是像依云这样的高端矿泉水。这就是说高档的酒店、会所、宾馆，是高端水一个主要的销路。近年来，高端水的销量从官方数据来看一直在走俏，但去超市老板那儿一问，发现在超市里面摆放的这个高端矿泉水卖得并不好。超市的一些老板说，摆放它们就是为补齐一下品种，并没有太多人买它们。所以说，高档的酒店、会所、宾馆，这才是高端水的主要销路。

为什么喝高端水是身份、面子的消费？这是因为，既然是“高端水”，它自然要在看起来“高端”的地方才有比较大的市场，而能去高端的地方消费的人当然都是比较顾及身份和面子的。我有一个朋友是做生意的，原来，他对喝什么水无所谓。我们在一块打球时，他从包里拿出来的都是康师傅、农夫山泉之类的。但是最近这两年我发现他包里面基本上装的都是依云矿泉水。我问他为什么，他说这几年不怎么打乒乓球了，改打高尔夫了。在打高尔夫的圈子里，大家都喝这个水。他觉得带农夫山泉之类挺别扭的，担心人家觉得他档次不够——看，这就是典型的“面子消费”！

有人一听“面子消费”这个词就嗤之以鼻，觉得这是虚荣心强、好面子的表现，其实不是那么回事。我们每个人都需要面子，就像马斯洛说得那几层心理需要一样，比如安全需要、自尊需要、自我实现需要等。这种“自尊”需要就是自己能够得到别人的尊重。这种尊重从哪来？别人又不了解我们，当然不可能对我们产生尊重感，最多是神秘感。那么，我们若是想让别人来了解我们，并且受到别人的尊重，就必须跟别人互动。互动的方式无非有几种，一种是彼此之间发生直接联系，比如说我们把别人打了，或者是把别人骂了，或者是帮别人做了一件事，这是一种。再有一种是让别人来了解我们。如何让别人来了解我们，自然是从穿着打扮、言行举止上让别人来了解我们。比如，我们看到一个穿一身名牌、开宝马车，打高尔夫的人，我们会想到这个人有钱。所以，好面子并不完全是坏事。有时候，它是人与人之间互动之后产生的一种受尊重的要求，是出于一种现实要求，是为了得到一种身份认同，进而往下发展成为一种“圈子文化”。而且这种“圈子文化”通过消费往往能够达到“第三次过滤”。

什么叫“第三次过滤”呢？比如说我是一个大老板，我可能跟在生意上有往来的人交流比较多。虽然如此，第一次见面我也不知道对方究竟是怎么样的。这时我们就要看他的“做派”。一看他开着世界名牌跑车，戴着价值几百万的表，那就会给我留下一个有实力的印象。接下来，我就愿意跟他交往，在这个过程当中可能就有生意上的往来。再比如上MBA 的时候，每一个学员自己当召集人，决定每次课安排在哪儿。如果大家都想在法国上课，召集人会说：得，机票、酒店我全包了！没有这个实力就进不了这个圈子。所以有时候“面子消费”相当于是进入到一个圈子的门槛。

其实，面子消费在民间也无处不在。我问过北方的朋友，茅台和五粮液，你更愿意喝哪个？好多人觉得五粮液比茅台好喝——当然这是一部分的人意见。可是就是这些认为五粮液比茅台好喝的人，自己请客的时候，无一例外选择了茅台却不选择五粮液。为什么？因为茅台是国酒——中国最好的白酒。大家喝的不是它的口感，而是它国酒的特质——因为它贵，有面子，是实力的象征。

当然，还有些人认为，自己有钱就应该享受最好的，而这恰恰是一种不理性的消费。好面子到这个程度，就超过了“面子消费”，变成了“炫耀式”的消费了。

我们再回到高端水的消费问题，这恰恰也是中国现在的一种消费观的反映。这种消费观不能说是完全畸形的，但如果片面地追求就很可能带来一种“畸形消费”。而且这样的消费观直接影响到了我们的一些商品销售。比如说有些地方的商品只要写上“特供”两字马上就好卖了。主要有下面几点。第一点，这是面子消费开始走上特权道路了——我有特权就牛——这样一来，每个人都“以拥有特权为荣，以特权受约束为耻”。包括吃东西也是这样。据说某单位在外面买了一块菜地，用来种植“特供菜”——你看我吃菜不受污染的影响，该单位的人觉得自己很牛。这些都带着特权消费的影子。所以说，一些有机食品、高端水的消费者，除了有对污染的担忧以外，还有一种特权思维在里面——我能吃这个喝这个我就有优越感，我心里就舒服。所以，商家就利用你这种心态做文章。

比如说，产茶区总把茶叶分成特一级、一级、二级、三级。每个级别的茶叶差距有多大？其实相邻的两个级别差别并不大，但很多人觉得特一级的就是喝着通体舒坦，一般的茶叶喝着就只能解渴。这样一来，通过卖高端茶叶就可以得到好处了。再加上中国有源远流长的“送礼文化”，有时候是喝的不买，买的不喝。所以你一分等级，商家就把钱挣了。总而言之，在这个过程当中好多的钱白白消耗了。所以，中国人这种传统的“面子消费”引发的一些“炫耀性消费”、“畸形消费观”，对商品生产其实是没有多少好处的。

这一节我们通过高端水的例子来解释中国人有关“面子消费”方面的问题，大家不难发现这个“面子消费”在我们的生活当中到处都是。我们每个人希望自己往高处走，能够往更高的层面发展，这是好事，这也是社会发展的动力；但是如果仅仅关注和你面子相关的、外在的东西，那说明你做得还远远不够。而且一旦陷入这样的状况，就容易走向虚荣，容易做表面文章，以后反而不注重自己内心和真实实力方面的提升和修炼。所以，除非我们认为这种消费能使自己提升一个档次，并且能让自己的实力彻底跨入到这个档次当中，否则不要去那样做。那样做的结果，很有可能不仅没有得到面子还丢了“里子”。归根到底一句话，面子永远是别人给的，但是“脸”是自己挣的。

热点热议

余额宝真的了不得

2013 年下半年开始，一种完全创新的“互联网金融模式”让传统的银行业感受到了巨大的威胁，甚至让众多网民们有点儿惴惴不安。这种互联网金融创新模式就叫做余额宝。

一说到互联网金融创新，可能有些朋友，尤其是一些中老年朋友会说：这都是年轻人玩儿的，跟我们这些老年人有什么关系呢？那我就来告诉大家，余额宝还真跟各位朋友们关系密切。比方说，我们把一万块钱存在银行里头，如果存的是一年定期，利息是多少呢？一般是 325 块钱。如果一万块钱存的是银行里的活期，那一年只能得到区区 40 块钱。但是，现在这一万块钱不是存在银行里，而是放在余额宝里，那不仅能跟活期一样随时提取，随时用，而且一年下来的收益还不少，能有 400 块钱。这比存在银行里一年期定期存款的利息要高 75 块钱。说到这儿，大家可能就明白了，余额宝其实对很多钱不多的朋友来说，是一个非常好的理财产品，绝对值得大家关注。

“余额宝”这三个字对于许多人来说是个新名词，我也是从 2013 年 10 月份、11 月份左右才关注到余额宝的存在。余额宝真正上线是 2013

年6月13号，到现在为止不到一年。可是它引起了很大反响。余额宝不存在提前支取造成损失的情况，并且每天的利率都不一样，但收益浮动并不大。单纯从目前的收益率来看，是要高于银行的利息的。因此有人说，在余额宝存的是活期，拿的却是超过银行定期存款的利率，最大的好处就是每日都有收益，随时可以提款。

那么余额宝诞生自哪儿呢？其实，余额宝和传统银行业之间是没有一毛钱关系的。大家都知道一个第三方支付平台——支付宝。很多朋友在网购的时候用支付宝来支付，这个是比较有保障的——一旦购买的产品有了问题，只要我们没有点击“确认收货”，这钱仍在支付宝上，还可以往回拿。可是存放在支付宝里头的钱有一个问题，那就是我们把钱放在支付宝里头随时准备网购的时候，存在里面的钱是没有利息的——而且相关政策也不允许支付宝产生利息。于是，支付宝便研究了一种创新的金融模式，让这里面存的钱产生利息，产生效益。支付宝采用什么样的方式呢？支付宝和天宏基金进行合作，将放在支付宝里的钱转到余额宝里边，等于投资到天宏基金里边，然后将这个基金产生的效益再分配给大家。所以，我们说余额宝里头的利息有多少多少，其实这个说法是错误的。把钱存入余额宝的同时，其实是大家购买了基金，其收益是大家通过货币基金这种理财产品得到的合理收益。

说起基金，在很多人眼中它是一项风险很大的投资。而且大家会觉得，既然把钱存入余额宝是在买基金，那么我们到银行直接买理财产品不就行了吗？为什么还要通过余额宝来买基金呢？这可大不一样。银行理财产品要五万块钱起底，意思是五万以下我们没法买，但是余额宝不存在这个情况。在余额宝里，即使是一块钱也能买。比方说存一万块钱到余额宝，一年的利息有400块钱，而存一块钱有4分钱利息——就这4分钱利息余额宝也会给我们。所以，余额宝没有门槛，我们多少钱都可以买，都可以放到里边。更重要的一点，余额宝的操作是特别灵活的，我们无论是买理财产品，买基金，还是到银行存款，都得履行许多繁杂的手续，得填单子，填表，领卡甚至领存折等，要是填错了还得重填。

可是现在余额宝把这些手续都省了，我们只需要在网上轻轻一点把钱从支付宝上转过来就完事儿了。而且，每天余额宝都会计算一下今天我们挣了多少钱。现在很多年轻朋友都有这乐趣，天天早上打开手机查看余额宝里面的钱，会发现里面搁的钱今天挣了 7 块 5 毛 3，明天挣个 11 块 6 毛 2。这是自己能亲眼看到的收益，所以心里边会觉得特别踏实。不光这样，我们还可以随时把这钱拿出来，一下从余额宝里转出来，转到支付宝里去买东西，而且拿出来后利息不受损害。这就是说，我们往里边存多少钱就拿多少钱的利息，收益是按天计算的，非常方便；甚至可以直接通过银行卡提取现金，不用费劲儿就能提出来。说到这里，大家可能都明白了，余额宝除了操作灵活以外，起点比较低。这都是它的优势。而最主要的一点其实是它把大家手里的零用钱给用起来了。不然怎么叫余额宝呢？其意思就是买东西的时候存一笔钱，买了东西后可能剩下几十块钱，几百块钱，多则上千块钱或者一两万块钱。这个钱要买五万块钱的理财产品是不够的，但是再去银行存一回又费事儿，于是，余额宝给了大家一个方便。你只需要轻轻一点击，它就产生收益了。

有人会提出疑问了，说说世界上哪有这么好的事情？再说了，余额宝这钱是怎么挣的呀？我们前面说了，它是通过货币基金挣钱的。现在天弘基金的整体规模快达到 3000 亿了，也就是说在支付宝创造余额宝不到半年的时间里，余额宝的整体资金突破 1000 个亿了，而天弘基金跟余额宝有关的部门达到了 2500 个亿。总的一算，天弘基金已经成了当前最大的一支货币基金了。由此可以看出，余额宝多得人心！据说，有 4900 多万用户已经把自己支付宝上的零钱转入余额宝，一些没有支付宝的也开通了支付宝，之后都把钱往里存，就是为了得到余额宝的高额收益。那么，这天弘基金靠什么挣钱呢？天弘基金是靠银行间市场挣钱。什么叫银行间市场呢？有过理财经验的朋友都知道，货币基金是一个开放式的基金，我们可以随时提取。货币基金可以进入到散户无法进入的市场，就是银行间市场。大的银行之间出于金融需要，经常要互相借钱、贷款，这个利息要比我们平常了解到的存款、贷款的利息要高。所以它也是一种投资方式。但问题是我国是禁止个人进入到这个市场的，必须是机构才行。那么货币基金就进入到了银行间市场来获取更高额的回报。所以说，余额宝是第三方支付平台支付宝结合互联网的创新模式，融合传统银行理财产品的业务，利用货币基金的方式进入银行间市场获取收益。当然有一个前提，可不是你搁里头多少，它都用来买货币基金。它会留下一定的额度——因为每天有人随时在提取，要用这余额宝的钱去支付宝里买东西。

所以，整体来说余额宝操作相对比较灵活、比较简单，非常适合那些没有多少时间，也不愿意承担这个麻烦，而且手头没多少钱的人来使用。这对于普通老百姓来说是个好事。比如说，买理财产品的底钱是五万，这额度本身挺高的；再说，理财产品的风险也挺大，往往就成了“甜蜜的陷阱”。相比来说，余额宝的理财风险要比理财产品的小很多——因为货币基金本身不像那种完全高风险的基金那么折腾，相应地会有一定的保障。因此，现在我身边的好多朋友都把原来存在银行的闲钱直接放到余额宝里头去了。这样一来，银行业惴惴不安了。为什么呢？因为传统银行业感觉余额宝要抢他们的饭碗。眼下，余额宝虽然冲击不了传统银行业的理财业务，可是它能冲击传统银行业的储蓄业务。大家想啊，大多数的人现在都在使用银行卡，而我们平常买东西剩的钱不就等于在银行卡里“趴”着吗，而银行只给我们支付了极低的活期储蓄利率。而且我们老百姓的投资渠道不多，只能把钱往银行里存。可是，现在有了余额宝后，我们何必让钱躺在银行卡里，或者是躺在储蓄折子上呢？这样一来，短时间之内会有大量“碎片化”的零散资金涌入到余额宝当中。

据说，截至2014年1月，有好几千亿的银行活期存款都挪到余额宝去了。长此以往，这对传统银行的储蓄业务威胁是特别大的。这逼得银行业不得不进行改进，向老百姓进行更多的让利和服务。现在有很多银行已陆续开始开发出来像“T加0”之类的基金了。这意思是说我们可以今日买，今日卖，随时可以赎回资金。余额宝推动了利率市场化，而利率市场化能够把民间闲散资金充分利用起来。经济学上有一个词叫“边际效益递减”，意思是参与的人越多，成本就越低。每天都有很多用户在用这个余额宝，如果这些用户到传统银行网点办理业务，那有谁能受得了？大家可以想一下，要是传统的银行网点一天来好几千人、好几万人，一个人就存取几十块钱，那银行的工作人员得累到什么程度？所以就说这种互联网创新模式不仅是冲击了传统银行业，而且在极大程度上弥补了传统银行业效率低下的不足，使金融行业进一步活跃起来，对于市场经济货币流通起到非常积极的作用。

但是，“理财有风险，投资须谨慎”。当大家在享受余额宝带来的好处时，也要知道余额宝是有风险的。因为余额宝是通过购买天弘基金的货币基金产品营利的，凡是购买基金、股票之类的都有风险。当然了，我们每个人通过小额的资金，投资个几百、上千、上万的，感受到理财产品的市场风险，这也是一种理财教育。

每一个使用余额宝的朋友，在每天获得几十块钱收益、心里美滋滋的时候，也要知道它有风险。有可能有一天，这个基金出现崩盘，收益锐减，我们就得不到这种收益了。这时，我们把钱存在余额宝里就不如存在银行了。这是第一个风险。

那么，它的第二个风险是什么呢？使用余额宝的朋友都是在电脑上操作，或者手机上操作，尤其是在手机上。过度依赖手机的时候，大家会发现，手机的风险比传统银行要大。我们每次登录余额宝的时候有个用户名，还有一个密码，假如说我们的手机或者电脑中毒了，或者被某些黑客控制了，他就可以自由修改密码，进入到我们的账户里面，把钱转走。这是现代黑客经常使用的手段，他们可以对整个余额宝的体系进行攻击，然后从中套利。当然，随着余额宝的规模越来越大，它会对安全有一个维护，它会采取某种办法保证安全。但是我们知道，只要是高科技电子产品，它就有一定的盲区，都可能带来一些风险。这也是我们使用余额宝过程当中必须注意的问题。

说到这儿，有的中老年朋友会说：“看来余额宝这个东西是好东西，这对我有利。虽然我没多少钱，但也想每天有点儿收益。”那么也可以加入余额宝。可是，很多老年朋友觉得，他们到银行操作银行卡都那么费劲儿，都战战兢兢生怕输错密码，那么他们能玩得转余额宝这玩意儿吗？其实可以。余额宝的操作很简单，老年人要学会很容易。实在学不会也不要紧，这家里头有年轻人，他们会使这个。你把钱给他们，让他们帮你操作，这个问题就解决了。

打车占了谁的便宜

2014 年春节前后对于打车的人和出租司机来讲，等于是过了一次“狂欢节”。为什么这样说呢？因为“快的”打车软件和“嘀嘀”打车软件两家互相竞争，竞相来补贴出租车司机和打车的人。出租车司机通过“抢单”，一个月收入可以多出不少，而打车的人也由少花钱到不花钱，甚至还能赚钱。可是，这样的好事到底能持续多久呢？这些人到底占的是谁的便宜呢？

我在前不久头一次体验到了打车软件带来的便利。这还是别人帮我的忙，因为我自己没有支付宝也没有微信。但是别人替我打了车之后，说那边只要用支付宝马上跟司机对接，就能省不少钱。我当时就说，天下还能有这好事？而在几次打车中和司机聊天，司机就说，他们这个便宜可占大了，真是太好了。他们说在这个过程当中，自己买了好几部手机，等着抢单，一天下来能多挣好几千块钱。我当时的第一反应是那么一句话：天底下没有免费的午餐！哪有这样的好事呢？后来听说“快的”和“嘀嘀”两家合计已经拿出了 20 个亿的补贴。

2014 年 1 月 2 日，“快的”打车最先吹响烧钱大战的号角，“空投”1 亿元补贴乘客。“嘀嘀”打车也不甘示弱，在 1 月 10 日联合微信支付，通过乘客立减 10 元，司机补贴 10 元的方式，应对“快的”的价格大战。十多天的针锋相对后，在 1 月 22 日，“快的”打车不惜血本，再投入 5 亿元，打出了乘客们每单奖励 10 元，司机每单奖励 15 元的优惠价。一时间，北“嘀嘀”、南“快的”巅峰对决成为大家谈论的焦点。2 月初，“嘀嘀”打车宣布对乘客补贴降至 5 元，“快的”打车则表示奖励不变，仍然保持 10 元奖励力度。随后“嘀嘀”打车又恢复了 10 元补贴，而“快的”打车则将补贴提高到 11 元，并喊出“永远比同行多补贴 1 元”的口号。而在 2 月 18 日，“嘀嘀”打车再开高价补贴，每人次能随机获得 12 元到 20 元不等的补贴，并赠送微信飞机大战游戏高端战机。面对这种情况，“快的”打车直接叫板，将补贴提升至 13 元，并承诺用支付宝支付车费 5 次，可获赠淘宝或天猫平台的退货保障卡一张。好日子总有到头的时候，后来马云发长文抱怨说自己老妈打不到车，建议大家坐下来喝杯茶商量一下。随即“快的”打车宣布下调补贴，“嘀嘀”打车也调整了打车补贴作为回应，“打车大战”暂时告一段落。这场从 1 月 10 日开始的补贴之战，持续了 60 多天，官方公布的数据显示两大软件补贴资金总共超过 20 亿。

很多人听到这个金额之后会吓一跳，想，它们拿出这么多的钱，靠什么挣回来呢？按我们已有的常识去想，这就好比两家商场在打擂台，一家买一送一，另一家不光买一送一，还给打折；这边打折那边返券，而且还有别的优惠，反正目的就是通过价格战把对方击垮了，然后自己占据这个市场。那么，“快的”和“嘀嘀”两家是不是在这么干呢？表面看起来是这样，但是我们一分析，就会觉得这个结论站不住脚。首先，“快的”和“嘀嘀”的盈利模式在哪儿呢？都没有。就是说，我们对这个软件本身能挣你什么钱这一点看不清楚。两家商场对着打擂台，把对方击垮了，它能得到的好处——以后大家都上它那里去购物。就是说，打价格战要有一套很成熟的盈利模式，可是现在“快的”和“嘀嘀”没有这套盈利模式，而且眼下大家也看不出它们有明显的赚钱方式。

这样说来，它们砸下 20 个亿，不求收获，这帮人不是傻吗？其实他们不傻。它们这么补贴一定有它们的道理。为什么呢？这个补贴不是“快的”和“嘀嘀”两家在补贴，这两家就是“炮灰”。谁的“炮灰”呢？

是阿里巴巴的马云和腾讯的马化腾这两个人的炮灰。“快的”融资找的是阿里巴巴的马云，“嘀嘀”融资找的是腾讯的马化腾。这是中国互联网界的两大巨头——“二马”在背后掐上了。有人说他俩这是干嘛呢？难道就是为了推广“快的”和“嘀嘀”两个软件吗？我们之所以说这两个软件是炮灰，是因为它们的目的完成了。这两个软件基本上可用可不用，甚至就算废了也没有关系。你看最终“快的”和“嘀嘀”分别都把补贴额度往下降了，不再是什么动辄十几块钱了，很快这两家就会偃旗息鼓。这是因为他们的目的已经初步达到了。什么目呢？就是抢夺移动支付的客户。我们来具体分析一下，大家就知道是怎么回事了。

首先说微信。我们要是用微信打车的话，微信需要绑定我们的银行卡才能便捷支付。而马云的阿里巴巴那头儿有支付宝。用过余额宝的朋友都知道，支付宝、余额宝本来就有支付系统。那么在“快的”和“嘀嘀”这两个打车软件竞相补贴时，我们只要想占这个便宜，就得安装这个支付软件。不仅安这个软件，同时还得有人家的支付终端，或者用微信支付，或者用支付宝支付。

在“打车补贴战”的60多天中，微信的客户和支付宝的客户都比以前翻了一番，市场份额有了很大幅度的提升。有的人说这样的提升对他们有什么好处吗？这好处太大了。这就等于老百姓安了它的软件，用了它的支付宝和微信，今后我们就会自然而然地转到用这种方式来支付了。过去，我们直接花现金，直接刷卡，现在则变成了用支付宝和微信来支付。这个就叫移动支付的终端习惯。大家可不要小瞧这个习惯。我举个例子大家就明白了。我们头一次到哪个银行办卡，可能这辈子都是它的用户。为什么很多银行，像建行、工行，盯着大学，给大学生办卡？因为这个学生毕业以后可能就是它的用户了。再比如我们坐公交车，交现金是一块钱一张票，但是要刷卡的话是4毛钱一张票。很多人图便宜，就用公交卡了，渐渐地用公交卡的人就越来越多了，这是很高明的一种营销策略，它在影响我们的消费习惯。通过给大家一点儿便宜，让大家用这个东西。微信和支付宝，就是通过给打车人和司机补贴，吸引对方用他们的软件和支付系统。最后，司机和乘客就变成了支付宝的用户，或者是变成了微信的用户。有人要说了，变成用户又能怎么样呢？不就是一个支付手段吗？那可不一样，这里面有它的盈利模式。这种支付过程看起来是给老百姓服务了，但是，只要你用了这种支付手段的话，就有其他业务绑定在它的上面了，让经营者挣钱了。具体怎么挣钱呢？让我再举个例子。

我们很多朋友使用微信后，中国电信、中国联通、中国移动的人就说了："我们干了一辈子才知道我们的竞争对手是腾讯。"为什么呢？我们发短信是一条 1 毛钱或一条 1 毛 5，但是用微信不花钱。这一下子把短信急得够呛，电信公司在这方面的收入大幅度缩减。那么，腾讯就当活雷锋给你白使了吗？不是。如果我们用了这个微信的话，那么我们的微信绑定的一些服务就会启动了，微信就是通过这个来挣钱。也就是说，它在这方面给大家免费，一定有其他的盈利模式来补充。再有，使用腾讯 QQ 的朋友都知道，用 QQ 用习惯了，QQ 给你加载这个加载那个的，大家可能顺道都接着了。比如说我们可能用它的杀毒软件了，用它的传输方式了，甚至它给弹出广告大家都得看。这不就是钱吗？所以说现在的互联网竞争有一个特点，它让出这一块的服务利益，那么就一定有其他方式的绑定业务来实现盈利。咱们就说支付宝，支付宝有这么多人用它，它怎么盈利呢？最直接证明的就是前一段时间支付宝衍生的一个产品——余额宝。余额宝为什么能给大家那么高的利息呢？就是因为余额宝拿大家的钱去投资了。大家别看一个人的支付宝里可能就几十块钱、几百块钱，几千块钱，人多了，钱就多了。大家为了图这点儿利益，都把钱转到余额宝里，这么一来就有了一大笔资金。余额宝再把这些资金转到天弘基金里面去，天弘基金以这些钱介入银行间的业务，就是可以跟银行讨价还价。这样的话，那钱可就不少了。"边际效应递减"在互联网时代发挥着巨大的作用，使用人数越多成本越低，它挣的就是这个钱。

再说透一点，如果接下来大家这么打车的话，"快的"和"嘀嘀"这两家都有盈利模式了。什么模式呢？司机朋友告诉我说：车上有时候搁两三部手机等着抢单。为抢单自己天天盯着手机，抢完就支付，再把钱转走。这么一忙活起来就没人听交通台广播了，其他各广播台的广播收听率也都下降了，一下降电台广播的广告收入就完了。这个时候如果我们再使用“快的”和“嘀嘀”抢单的话，它里面就可以插短广告，这就等于把电台的广告给挪到这儿来了。这不就挣到钱了吗？所以，大家不要以为我们用这个业务是他们白给便宜，让我们得好处，其最终的目的就是让我们形成一种支付习惯，他们回头绑定各种业务来挣钱。这也是现在互联网业务的一种特点，专业术语管它叫做“O2O”。O2O 就是线上线下同时互通的意思，不光是单纯的线上或单纯的线下。

腾讯的微信、阿里的支付宝要在电视上做广告，它得花多少广告费才能达到这样效果呢？即使花了这些广告费，能有这么多媒体来报道这两家的“补贴战”吗？现在两家加起来砸了 20 个亿，对每一个客户它花了多少钱呢？它补贴 20 块钱就获得了一个移动终端的客户。用 20 块钱获得一个客户，贵吗？一点儿都不贵。了解互联网的朋友都知道，各地电商在网上卖东西时，要获得一个客户，恐怕得要二三百块钱成本。而腾讯和支付宝花 20 块钱就做到了，这不是占了挺大的便宜了吗？所以，我们别看他两家砸了 20 个亿，其实那是小钱。现在阿里巴巴不是要上市吗？他有可能通过这次砸钱提升它的市值。那 20 个亿对于股市来讲能有多大的用处呢？股市要消化掉它很容易。所以两家这样“死掐”有其背后的目的。而从这个目的来看，两家基本上都已经达到了。目的达到之后，他们会收手，这两个软件就成炮灰了。眼下还有不少司机朋友很得意——别在这儿得意，好日子很快就没了，人家的目的已经达到了。

这两家“打仗”已经不是一天两天了。而且，余额宝取得了大获全胜的一仗。腾讯一看，赶紧用微信推出理财通，但是理财通不如余额宝影响大，在这一仗中腾讯没打赢阿里巴巴。过年的时候，腾讯搞了个抢红包的活动，有好多朋友玩这个很入迷。我们看着抢红包是不起眼的事，觉得很好玩，但是腾讯用极细微的成本把它的微信和大家的银行卡绑定在一块儿了，又争取了一部分移动支付客户。所以在这一战中，腾讯扳回了一局。两家打成平手的结果是这个市场被他们占领了。所以，我们不要以为它俩是两败俱伤，它们通过激烈的竞争把第三名、第四名给撵出去了，它俩独大了。这种竞争不止是“双赢”，还是一种“多赢”——起码这段时间乘客少花钱了，出租司机多挣钱了，这个补贴很实惠地进入了老百姓的兜里。

接下来，马云和马化腾两个人很有可能把竞争战场往远了扩，没准儿能补助住酒店、补助吃饭、补助看电影。这都很有可能。为了争夺这种支付方式，在所有发生买卖的地方，它都有可能给大家补贴。现在的企业要想占据这个市场，就得让客户更多地到他这儿来，就得让客户享受到好的体验。那怎么能达到呢？最大的可能就是“让利”。所以，企业为了让自己挣钱，就得让利给大家。很多朋友看过李汝珍的《镜花缘》，里面有个君子国，这个国家里面的买家和卖家与我们知道的不一样。这买家想多出钱给这个卖家，卖家则想少收钱。于是，这两个人就争上了。争来争去没结果，有人就给裁决：让他们把多出去的钱给旁边的要饭的。但是他们这么做一定会造成要饭的成堆，而买家和卖家都亏了。到最后卖家也不卖了，买家也不买了，那经济交换就实现不了了。这对社会的影响很大。很多人都说“无奸不商”，觉得商人就是让大家“受伤”的人，其实这种看法要扭转一下。商人只有一门儿心思挣钱才有可能提供优质的服务，如果他不想挣钱就坏了。虽然这种说法和我们的一些传统观念存在很大的分歧，但是大家不妨仔细琢磨琢磨这种说法有没有道理。通过马云、马化腾两家“打仗”，通过“快的”、“嘀嘀”对着掐，我们每个人都得了好处。

虽然这个“快的”、“嘀嘀”打仗体现了市场经济的一些基本的法则，但是由于这两家竞争时间太过集中、太过迅猛，也造成了一些社会问题。什么问题呢？我仍拿我的一次打车经历来举例。有一天晚上我打车，拉开车门了，我说，“师傅，拉我去哪儿去哪儿”，结果师傅跟我说对不起，因为他正好接了一单活儿，让我再找别的车。我就跟那司机说他这是拒载。要是他没开车门，那他怎么做都行，可是我坐上车了，他却说他有一单生意，这就是拒载。那司机一看我是个明白人，就不敢拒载了，说“行行行”，然后打电话把他那单活儿退了。大家看看，这是什么现象呢？当这两个软件激烈竞争的时候，反而让在路边招手打车的人越来越不好打车了。

我们知道在一线城市打车难，现在这些司机又一门儿心思忙着抢单，打车更难了。另外，那些短途的、挤地铁的、可打可不打的，为了补贴也来打车，使打车的难度进一步升高。再者说了，会用打车软件的一般是年轻人居多，那岁数大的人来打车就惨了，越挥手越打不着。所以，这场“打车之战”也带来了一些社会问题。

此外，司机在车上一手把着方向盘一手抢单，这让旁边坐的乘客心里得怎么想？在这段时间之内有很多地方出现了不少的剐蹭事故，这都和出租车司机“心无旁骛”有直接关系。不仅如此，司机还与乘客合伙骗单，甚至司机与司机一块儿骗单。两个司机在那儿拉活儿，每人拿着一个手机，假装抢到单了，然后一起来骗补贴。这引发了关于诚信的问题，引发了“路边打车难”以及交通安全等一系列社会问题。幸好相关部门已经开始处理这个事了，比如北京规定在车上只能安装一个打车软件，安了“快的”就不能安“嘀嘀”了；上海还规定早高峰时间不能用打车软件等，这都是为了控制打车软件在竞争当中产生的一些弊端。但是，这种控制有的是局部管用，有的是压根儿就不管用。为此，我们可以多向国外学习。比方说怕安装多个软件影响交通安全，国外有这样的方式值得我们借鉴。这个办法就是只要车开起来，司机就看不到这个软件的界面，只有车停下来软件才显示，司机才能抢单。这就保证了安全。而这是一个技术问题。

政府要管的话，不应该管“死”了。像前一段时间有的城市叫停打车软件，就是怕打车软件把市场给搞乱了，说这样黑车也能抢单，各种交通安全问题会冒出来了，等等。为了防止出事，政府干脆“一刀切”，谁也别用了，这其实等于在一定程度上把技术创新扼杀在摇篮当中了。

2014 年 3 月 4 日，交通部部长杨传堂在接受中央人民广播电台“两会”特别节目专访时，专门对群众热议的打车软件问题作出回应。他说政府一定会进行监管的，但是不能盲目叫停，要提高服务，加强规范，对技术创新要给予支持。交通部部长的这些话在一定程度上代表了政府的一种态度。这表示政府对于这类技术创新会给予扶持，同时政府会进行监管，而不是“一刀切”地叫停或者打压。有的人说这个竞争没好处，争来争去，别的软件都“死”了，就剩微信和支付宝两家独大，这不成了垄断吗？这不叫垄断，这种随时可以进出的行业不存在垄断。我们可以看到在某个行业一家独大的企业，可能在转瞬间被别家取代了。为什么？这个行业能自由竞争，谁都可以随便进来，提供更好的服务。服务的价格低，服务好，它可能就把之前的取代了。这种自由竞争的好处就是，我们每个老百姓能够得到越来越优质的服务以及越来越低廉的服务价格。说到这儿，大家可能会想到十八届三中全会决定当中非常重要的一条，那就是要充分发挥市场在资源配置当中的决定性作用。要是这句话大家不理解的话，那么“快的”和“嘀嘀”这两款打车软件的竞争，就是一堂生动的市场竞争课。

黄金周，你遭了多少罪

国庆长假刚过去的那几天，估计有很多朋友还没缓过神来儿来，尤其是那些国庆期间出远门去旅游的朋友。他们看到的都是人山人海，越是出名的风景区这个现象越严重。哪儿都堵车，而且旅游质量急剧下降，甚至有的朋友还被人给“宰”了。我身边有一些朋友，在国庆节期间出去旅游回来之后互相交流就一个主题——黄金周，你遭了多少罪？

根据统计，2013 年国庆节期间，在一天里进入故宫的游客是 17.5 万！这个数字一爆出来就是世界纪录。以往旅游界的专家曾经提出来，最好把一天故宫的人数控制在 3 万人之内，最多不能超过 8 万人。在

2011年的时候，有关人员曾经说到了8万人就不能卖票了，但后来管理者没挺住。管理人员说，一上午就超过8万人了，外边还有那么多人等着进去。大家扛不住这压力，说都放进来吧！ 2013年国庆长假期再次刷新了这个记录。

不仅故宫人多，中国所有出名的风景区都是人满为患。2013年，媒体报道的相对多的是九寨沟，因为九寨沟在2013年发生了一些不愉快的事情。2013年10月2日中午，九寨沟景区涌进4.1万名游客。一些游客由于在候车点排队时间过长，情绪激动，拥上公路拦截观光车，造成景区交通瘫痪。景区管理处不得不出动武警疏通道路。由于九寨沟景区属于国家级自然保护区，无法修建更多的道路，因此多年来道路一直是Y字形结构。拦车发生所在犀牛海路段，是进入景区大门的一个瓶颈位置。拥堵发生在这个路段，上山的上不去，想下山的下不来。

旅客在游玩的时候，听说山上面有车，就走上去了，结果到上面发现没车，得自己一步步走下去。其实不是没车，而是因为人数太多，供不应求。与此同时，诺日朗、珍珠滩等多处景点也出现了游客拦车事件。景区内400多辆观光车的运行被彻底打乱。一些上不去车的游客与司机大打出手。观光车无法运行，大批游客被迫步行十几千米下山，劳累、饥饿、寒冷让游客心生怨气。10月3日凌晨，有近千名从山上下来的游客拥堵在售票处要求退票。随后九寨沟管理局公开向广大游客发表书面致歉书，并开设了7个退票专柜，为10月2日滞留的旅客退票。

九寨沟的这个事件差点儿酿成非常严重的群体性事件，而这种人山人海的现象，对于国庆期间出去旅游的朋友来说绝对不会陌生。比如说外地来的游客去北京八达岭长城观光，这根本不能叫观光，当时是人挤人、人挨人，稍微不留神就会给挤到城墙边上去。说到这儿，有的朋友会说这是怎么搞的？怎么这么多人去呢？而且，2013年的这个情况好像比往年更严重，这是为什么呢？有一点非常重要，大家都知道，从2013年10月1日开始颁布了《中华人民共和国旅游法》。其实这《旅游法》的颁布是好事，里面规定不能再搞什么“零团费”、“负团费”，这样一来，有利于消费者的利益。可是旅行社就是指着通过引导游客购物来挣钱呢！《旅游法》把这个取消了，那么旅行社想挣钱只能提高团费。这个团费一提高，很多人觉得不合适了，觉得报团还不如自个儿去。

我们以九寨沟这个景区为例，出问题的那一天总共进去了 4 万多人，而 2012 年“十一”长假的时候一天进去五万多人也没出这个事儿。怎么少了一万人还出现这问题了呢？有这么几个原因。

第一，因为以往参团来旅游的人多。以前，组团到九寨沟旅游的和散客的比例是 7：3；2013 年倒过来了，是 3：7。由于往年散客数量少，不占主流，相关部门根据团队购票数量，可提前估量来的人数。但是 2013 年就没法估计了。

第二，以前跟着团来的游客一般都是坐大巴车，一个大巴车上可装 40 多人，而散客开的小车最多坐 5 个人。从车辆挤占道路资源来看，明显是小车挤占得多。另外，对于组团的游客来说，导游们会带领大家参观，一般不会出现秩序混乱情况。可是散客跟没头苍蝇似的，很容易把秩序弄乱。

第三，这几年，一到重大假日的时候，高速路免费。众人心想，不收高速费了，那自个儿开车去旅游吧，方便、省事儿。但很多人不认识道。有的人说车上有导航，导航一般都很规范。但导航给大家显示的一条道，于是大家都来到了这条路上，被堵在了这条道上。大家都是外地人，不知道有别的路，能不堵吗？再一个，有的车连导航都没有。他们人生地不熟，这儿撞那儿撞的。只要出了一点儿问题，就把这车道给堵上了。

所以，虽然《旅游法》取消了“零、负团费”，但也带来了我们没有想到的后果。当然，这么多人涌进景区不可能不带来麻烦。这个麻烦除了刚才我们说到的堵以外，还存在一个重要问题。

为什么我们知道国庆期间到处是人，还有那么多人要出去呢？这个心态非常值得我们分析。首先，中国人的旅游时间太少。三天小长假满足不了大家出远门旅游的需要，而春节七天长假大家得回家。五一黄金周被取消了，现在就剩下国庆七天。所以大家都往这个时候挤。有人说那不还有带薪休假吗？带薪休假是个人的。有一点大家别忘了，旅游和旅行不是一个概念。旅行是让自己和大自然拥抱接触，高度强调个性的心灵体验。而对于中国人来说，旅游一般都不是个人的行为，往往是全家或者恋人之间的行为。虽说带薪休假能解决一些人的问题，但是家里人怎么办呢？他们很难同步带薪休假。因此，我们想一块儿出去玩，一年当中可能就国庆这么几天大家都有时间。这时候正好全家一起出去玩。只有这个时候是大家共同放假的时候，所以这个共同假期成了“稀缺资源”。明知道这个时候出去会遇到人山人海，大家也决定去。这是一个非常重要的原因。

还有一个原因，我们怎么知道哪儿的人多，哪儿进去后是遭罪啊？这个我们不可能知道，因为中国人的旅游还没进入到“休闲时代”。休闲时代是什么？就是人和自然充分接触，根据自己的身体状况和自己的心情自由选择，高兴就去玩儿，感觉不舒服就回来，这叫“休闲时代”。可是现在中国人的旅游还处在“观光时代”——因为这个地方没去玩儿过，而一年就这时候能出来玩，所以明知道是人山人海也去！很多人到故宫不就是出于这样的想法吗？有人说，这一辈子就来北京一回，不到皇上待的地方看看，能甘心吗？

因此，那些说“你都知道那样还去”的人其实没体会这种心情。全家就这么个时间能一起休闲，一起出去溜达溜达，不去怎么办？所以，想解决这个问题，恐怕还得靠我们带薪休假政策的贯彻落实。其次，真有必要恢复“五一”黄金周。新《旅游法》当中有关“零、负团费”问题虽然取消得非常必要，但是造成散客增多也是必然的代价。可是，我本人是不赞同国庆期间高速路免费的，因为免费往往意味着多费事，想占便宜的同时往往要付出更高的代价。什么代价呢？国庆黄金周期间，全国各大城市的出城高速公路段车流量明显飙升。北京、武汉、长沙等地出城车辆超过 30 万辆，广东省内 26 条高速公路拥堵成灾。而高速路上的很多地方变成了垃圾场，烟头、纸尿片、吃剩的食物等都有；有不少急不可耐的司机一头扎进树林就开始方便；还有人下车给老人小孩拍照，这十分危险。说到免费，大家都觉得这是天大的便宜掉下来了，其实麻烦事儿更多。所以，节假日高速路不应该免费。那应该怎么办呢？平常不该收费的地方不收，该收费的地方要少收。可见，旅游时出现的种种问题不单单是大伙儿都要出来旅游造成的，因此可以通过优化管理结构来解决这样的问题。

出来旅游，除了刚才我们说的人山人海造成的问题以外，很多地方依然把游客当成板子上的肥肉，非得“宰”游客一刀。这种“宰”已经超越了一般人的想象。例如，北京炸酱面最多十元一碗，里头有肉丁、蔬菜、炸酱等，可是八达岭上的炸酱面一碗卖好几十块钱，里面一点儿肉都没有，能给点儿黄瓜就不错了。为什么会这样呢？因为这些人知道好多游客这辈子可能就来这一回，所以他们就可劲儿“宰”。很多地方指着这个挣钱呢。中央电视台就曾经报道过“宰”游客的现象：很多游客在参加云南香格里拉一日游的时候被要求必须参加一个叫“藏民家访”的项目，并且只有参加藏民家访项目才能与旅行社签订旅游合同。当时，游客在交完藏民家访的费用后，大巴车才带着游客前往香格里拉，然而快到虎跳峡的时候导游又再次收取藏民家访的费用。不仅是这样，那些导游还说游客们交的团款都是旅行社的，游客吃饭、住宿得另外交钱。而游客们点个鸡肉、点个牦牛肉居然需要 320 块钱。当时，一部分游客迫于无奈按导游要求缴纳了自费项目的费用。而对于一些不配合的游客，导游则开始进行人身威胁，还让游客们下车，甚至当场撕毁他们与旅行社签订的合同。

香格里拉旅游中出现的情况，有的游客已经是司空见惯，说每年出去旅游可能都碰到过这个事。我们想一下，要是导游真恨不得刀在架脖子上冲游客要钱的话，那这导游得多缺德！而且，游客不给钱，导游就把游客扔到道中间。这种地方到香格里拉还有两个多小时，回丽江也得两个多小时，这才叫“叫天天不应，叫地地不灵”。还有，穿着少数民族服装出来的不一定就是少数民族的，还有不少冒充的。他们拉着游客兴高采烈地玩，游客以为这是人家少数民族的习俗，就跟着进去玩了。结果进里头后发现这些人向游客要钱，不给钱就别想出去。硬要出去呢？呼啦一帮小伙子上来围着你。没办法，好多人只能少则几十，多则上百地乖乖就范。如此宰游客是非常不正常的。

所以，《旅游法》上规定了导游不能变相引导游客购物，或者是“宰客”。可是有些人指着这个发财呢，这个法律规定让他们的额外收入一下子没了，这些人能甘心吗？所以，我们要解决这部分人的问题，必须得严格执法，严格按照《旅游法》来。做到违法必究的话，这些“恶导游”根本就没有生存空间。根治旅游景点“宰”客现象还需要很长时间，需要执法人员们把严格执法的精神一点点地贯彻下去，而且要靠政府部门下大力气、下决心抓住一例查处一例，这种情况才有可能缓解。

高考文理不分科，行吗

一直以来，我们国家的高中教育是实行文理分科的，随着时间推移，这种文理分科的教学方式，其实弊端越来越明显。在十八届三中全会《关于全面深化改革若干重大问题的决定》当中，也特别提到了要在高中教育阶段探索不分文理科。我也和大家一起探讨一下，看看高中教育不分文理科到底行不行。

高中教育文理分科，这似乎已经是约定俗成了，基本全国各个地方、各个学校都这么做。如果我们打开高中教育的教学大纲，发现其中并没有规定高中教育必须文理分科，那目前这种状况是什么原因造成的呢？我们必须得承认，文理分科有它突出的长处，就是能快速地培养专业人才。比方说新中国刚刚成立的时候，老百姓的文化水平相对比较低，社会主义建设亟需各种各样的高精尖人才。在这个时候，专业人才必须要快速地培养，才能够满足社会主义建设的需要。那快速培养用什么方式最好呢？就是这种分科的方式，文科是文科，理科是理科，甚至细化到什么理工、农林、医师、体育等专业，这样你能在规定的时间之内，集中学习一个科目，专业人才不就能快速培养出来了吗？所以在相当长的历史阶段，文理分科的方式，对于快速培养专业人才起到了非常重要的作用。我们说文理分科，除了对于专业性人才的快速成长是有好处的，另外还有一点，它是跟高考密切衔接的，就是高考需要你这样，高中教育才这样。

那么高中分文理科，最主要的弊端到底是什么呢？首先，一提到分文理科，有的人就说这个不利于人才的培养。很多人举例子说，当年郭沫若、鲁迅这都是学医的，华罗庚、苏步青，人家能写诗词呢！好多大科学家，本身文采都非常好；很多社会学科方面的大家，人家也有自然科学的素养，像胡适，人家对自然科学很懂。国外更是如此，你看达·芬奇，又懂物理，又懂化学，画画得还好。那《蒙娜丽莎》等这些作品都怎么画的？都和他懂物理、化学有关。普通老百姓最关注的，是文理分科对孩子的切实影响是哪些，大多数人的孩子是成不了鲁迅、郭沫若、达·芬奇的，所以得贴近老百姓，不能站着说话不腰疼，用不着举这些大科学家的例子。那么，文理分科会给孩子带来哪些影响呢？

首先一个，人的知识要想累加起来，必须得先了解广泛的常识，然后才能在某个领域之内钻研进去。如果在不了解常识的基础上直接就钻研进去，这个孩子往往非常容易走得狭隘、偏激。我们生活当中有的是这样的例子。我曾经跟我一个朋友聊过这个话题。这个朋友说，我是把我女儿当居里夫人那么培养的！这个孩子也确实挺优秀，高中阶段就拿到了美国大学的奖学金，可以去美国读大学了。然而她女儿生活自理能力很差，连系鞋带都是高中时候才学会的，那做饭什么的提都不用提。我说这个就很麻烦，为什么呢？你拿她当居里夫人培养，她万一将来成不了居里夫人呢？她在生活当中，在与人交往方面存在的这些问题该怎么办？所以说，有的时候这种强制分科，带来的是什么呢？孩子在某一方面钻研进去了，但是在常识层面却大量地缺乏。这是一个非常严重的问题。

再一个，我们从思维形成的方式来讲，人有横向思维，有纵向思维，如果哪方面特别薄弱的话，你的生活也会失衡。所以我们在生活当中经常会看到，有些学理工科的人没有生活情趣，有些学文科的人呢，生活各方面不够严谨，很多时候搞得一团糟。所以说文理这种平衡，其实是人对完善自身思维的一种需要。高中阶段，很多孩子还没有成为成年人，还不具备判断社会常识的能力。这个时候，常识性的灌输如果缺乏了，那么“基础教育”这四个字，恐怕就名不副实了。所以我说过早地文理分科，对孩子打基础来说，危害是很大的。因为高中是基础教育，它首先要进行通才教育，要你懂常识，如果这么早就分科的话，它未来就会出现问题。有人的说，你说的这些我都不怎么考虑，他知道再多的常识，考大学考不上，或者考不上好大学，不白培养他了吗？2014年全国高校毕业生总数达到727万人，被称为“史上最难就业的一年”。其中，文科毕业生就业特别困难。为什么说文科就业比理工科现在要困难得多？首先一个，各个学校文科设置学科比较容易，它的成本比较低；不像理工科，它的开设成本相对比较高。现在很多大学扩招，哪个容易我就招哪个，觉得文科设置成本低那就招文科，结果造成文科学生的数量猛增。以前我读高中的时候，我记得我们高中三年级分为四个班，三个班是理科班，一个班是文科班；现在的高中教育设置也基本上是这样，理科班多，文科班少，因为从社会人才的需求量来讲，理工科人才的需求量明显要大于文科，这是个不争的事实。结果大学里文科院校、文科专业猛增，社会又不需要这些文科毕业生，他就业就非常困难。

另外一个，文科毕业生有的时候是万金油，你看样样都行，也可能样样都不行，他可替代性非常强，体现在什么上呢？比方说理工科的学生，我在学校里通过修第二学位，可以学法律，学哲学，不是很困难的我也能学；可是文科学生，你要想修一个理工科学位，那可难了，很难达到一定的水平，所以说文科的替代性更强，而理工科替代性更弱一些。所以现在对于很多高校的文科毕业生来讲，毕业就失业，找不着工作了。党的十八届三中全会通过的《中共中央关于全面深化改革若干重大问题的决定》里面提到，要探索不分文理科。就是说我们的政府明显已经看到了分文理科给社会人才结构上带来的重大弊端。有人说这样很简单啊，那高中就不分文理科了，都一样了呗。可是你要把这个事跟社会上一些人做交流，你会发现有个特别有意思的现象，不是学生或者不是学生家长的，普遍赞成不分文理科；可是凡是涉及切身利益的，比方说学生家长和学生，都不赞同取消分文理科，为什么呢？这就是我们常说的那句话——站着说话不腰疼。如果要不分文理科，现在高考要还是这么考的话，学生就由原来学五六门，一下子就变成九门，高中学生课业负担反而加重了。

在这种情况下，我们就发现了一个问题，如果高考就维持目前这种状态，高中要不分文理科，那只能把孩子给害得够呛，不会起到积极作用。就是说，必须得改革高考，高考相应减少科目，给孩子减负，这样孩子可以没多少负担地多学一些科目，加强常识，不分文理科才能做到。否则的话，这个事情只会向相反的方向发展。我们说改革高考，其实全国各个地方都有过这方面的改革，或者至少有过一点举措。山东曾经有过，江苏曾经有过，尤其江苏，搞过“3+X”，搞过“3+1”，又搞“3+1+1”这种高考模式，可是前前后后这些年，并没有达到一个理想的效果，反而使很多学生无所适从。我给大家详细地叙述一下这些年，江苏在改革高考方面推进的一些举措。

2000年，江苏省开始试行“3+X”小综合模式，小综合分文科综合和理科综合。2002年开始推行“3+1”大综合，所谓的大综合就是把物理、化学、生物、历史、地理、政治等六门学科，出在一张卷上，高中学习的主要学科全部进入高考，学生不再分文理科，而是门门要学，门门要考。仅仅实施一年后这个方案被终止，开始推行“3+1+1”的高考模式，也就是语数外三科之外，考生可以在物理、化学、生物、历史、地理、政治六科中，任选两个科目。2008年推出的十年内第五套方案，一开始就饱受争议。多名院士认为，此方案有轻理化的嫌疑。而修订完成的方案，是语、数、外三门实行分数考试，文理科实行等级考试，许多理科生因为选修课考了C，错失二本院校。高考方案的轮番变换，让考生、家长还有学校，都直呼不适应。

改革方案变化太快，而且高考的科目太多，这个肯定是不合适的。像美国的高考，它就是一门综合考试，就是SAT，语言、数学都在里面，但是比较重要的，是要参考他高中的成绩和学校的评价。但由于中国的社会环境，如果把高中的教育评价和教师的意见放进来，可能会失真。

通过江苏的例子我们就看到，有一点毫无疑问，就是说如果这个制度设计不完善，仅仅是在一个环节突破的话，那很难改革成功。必须得设计得很周全，方方面面利益都考虑到，它的可操作性和利益受损害的，获得既得利益的，都要考虑到，你才可能把这个措施制定完整。

我倒觉得我们现在有必要好好研究一下，高中教育如果不分文理科了，高考应该怎么样改革，或者说怎么样高考改革，能反过来使大家接受文理不分科，更好地接受知识教育。在我看有一个大前提，就是招生和考试要分开。现在招生和考试是一体化的，高考一下就定终身了，考上了大学来招生，把你招走了，投档了，你考不上就完了。现在要把它推进分离，怎么分离呢？我觉得有两方面，就是自主招生和会考制度各行其是。什么叫会考制度呢？现在也有会考制度，但执行得不彻底。就是说高中文理科不分了，九门学科都学，目的是什么呢？不是为了高考。现在是把高中毕业跟考大学分开，就是这些不分科，你都得学，目的是为了通过高中最后这个会考，表示高中毕业基础教育你合格了。要强调这个会考制度，这样的话，会考这儿考完通过了，那你才能具备参加高考的资格。高考分开，比方说北大、复旦联盟组织一个，中国人民大学组织一个，参加这个，那么它考什么呢？可能就考语文、数学、外语这三门再加上一门，这一门是什么呢？你要报考哪类专业，比方生物专业我加个生物，物理专业我加个物理，这样的话，统考的科目就会减少。这样一来，学生在不分文理科时候学的知识，目的是为了通过会考，取得高中毕业证。它没有高考任务那么急迫，所以学生可以相对放松地学这些。而到招生这一块呢？考试的科目又远远没有现在高考科目这么多，学生的负担相应减轻，就能够做到两头兼顾。所以我说会考制度和招生分开，前提就是一方面把会考制度落实好，另一方面自主招生，不要再搞全国统一的这种大高考了。

我举一个例子，2009 年深圳市政府创办的南方科技大学横空出世，它在招生和教学中做了多项尝试，招收高二学生，采取“631”招生模式，自授学位，等等。其中的“631”模式，是招生的成绩按照 60% 的高考成绩，加 30% 学校的能力测试，加 10% 平时成绩综合计算，这套录取模式，与国内绝大多数高校高考录取模式相比大不相同。

其实这是一种导向，未来的高考，高等学校录取一定要把平时成绩的因素加在里头才行。只有我们这样做了，坚持下来，而且以后逐步推广了，中学生才会明白平时成绩对高考招生也很重要。于是大家就会重视平时成绩，这样我国的高考改革才能成功。

还有一种方式，也不用说考得这么频繁，我平常有学分制，我的语文学分修够了，我的外语学分修够了，我就可以以这个成绩作为参加高考的一个基础，等到高考那一关，可能只考你那个专业的课。这样去改革高考，你才可能谈到不分文理科。

当然，如果高中会考按照前面所述进行改革的话，这一块的学习和考试都由高中组织了；大学自主招生要实现了，高考那块都由大学组织了。这时就需要有一个更加强有力的上级部门来规划这个，比如让全国人大、各地人大来主抓这个事。但是要想把它推行下去，有两点必须做到：第一，制度的设计要尽可能滴水不漏，周到、详细；第二，教育行政部门必须要主动放权。这两个层面加到一块儿，文理不分科才能最终落到实处。

穷富二代

飘在半空的富二代

一提到富二代，我们首先想到的，就是他们整天开着跑车，消费着奢侈品，有点儿精力的话就跟明星打交道，等等。但是富二代并不都是纨绔子弟，有一些富二代怀有一定的雄心壮志，想把父辈的事业做好做大，想有所建树。

曾经亚洲最富的一个女人也是个富二代，她的家族企业叫“碧桂园”。这是一家全国知名度很高的房地产企业。这个女人的名字叫杨惠妍。她爸爸叫杨国强，是原先“碧桂园”的董事长。现在这个担子交到了他女儿肩上。在2005年的时候，杨国强就把“碧桂园”的股份都转移到自己女儿身上了，当时的市场价值为74亿美元。那个时候，杨惠妍是亚洲最富有的女人。那会儿杨惠妍多大呢？24岁。她是1981年生人。她挑了这个担子以后，“碧桂园”这个企业不仅没有衰落下去，而且在中国二三线城市逐步扩大经营范围。杨惠妍干得是风生水起。有人说这是她爸爸在背后帮她。但不管怎么说，二十多岁的稚嫩肩膀扛起这么大一个摊子，你决不能说这个人是纨绔子弟。

好多改革开放之后开始创业的富一代，年岁在一天天增大，到了开始给富二代交班的时候了。当今社会，虽然职业经理人的概念已经深入人心了，但每一个做父母的都希望自己的家业由儿女扛下来。这是大多数人的想法。从这一点上来讲，中国绝大多数的家族企业、民营企业在挑选接班人的时候首先考虑的都是自己的儿女。

然而，2012 年上海交通大学余明阳教授团队对国内在各行业排名居前三位的 182 家杰出家族企业进行了调查，调查结果让人有些吃惊——82% 的富二代不愿意接班。这些富二代们为什么不愿接班呢？是因为过惯了锦衣玉食的生活吃不了苦，还是瞧不上父辈们辛苦打拼之后留下的产业？那些已经完成交接班的家族企业里，又有着怎样的变化呢？

让我们先说两个例子，成功与不成功的例子各说一个。大家都知道中国民营企业家中有不少慈善家—— 一提慈善家，有人说陈光标是，但陈光标不算中国民营企业里搞慈善的第一人，真正搞慈善的第一人是曹德旺，就是福耀玻璃有限公司创始人。他把自己绝大多数的股票都捐给了慈善事业。

曹氏家族的现任总经理是他的儿子曹辉。曹德旺把产业交给他儿子以后，整个福耀玻璃公司净利润在原有的基础之上又有了大幅度的提升，而且曹辉也获得了福耀玻璃集团上下的认可。曹辉是 1970 年生人。在他青春期的时候，曹德旺就把他弄到福耀玻璃工厂去了，让他到工厂去打工，还三班倒，跟工人一块吃一块住。所以曹辉是吃过苦的，他了解父亲这个工厂管理的模式、运营的机制、成本的控制。然后，曹德旺送曹辉去美国，在国外学习管理，然后让他在国外创业。曹辉在了解中国国内状况，了解父辈企业的整个经营情况下，又接纳了国外的先进管理模式。直到曹德旺认可了曹辉，曹德旺才把曹辉叫回来。

还有一些企业家已经确定由富二代接班的，可是交接得并不怎么成功，双方还在磨合状态当中。

上海交大提供的报告里面提到，为什么“富一代”与“富二代”接班接得费劲儿，第一个最重要的原因，就是两辈人观念不同。很多富二代一出生就锦衣玉食，他根本无法理解、也无法深入上一辈人的内心世界。他对于上一辈人从小摊一点点干起，然后建厂的这种艰苦创业的过程完全不能想象，所以他心里不可能认同富一代的那种管理模式。他们往往对股票、基金、金融等感兴趣，而对于实体经济缺乏认同感。他认为父亲告诉他的这些理念很土，和国外学的东西对接不上。可是偏偏好多中国的国情他们又不了解。

另外，我们知道很多“80后”青年是把工作和生活分开的，他们不仅拼命工作而且拼命玩儿。可是在他的上辈人眼里，工作就是生活，生活就是工作。在这个方面，两代人的观念形成非常尖锐的对立。另外，富一代的人脉关系很发达，他知道怎么团结周围的人；而富二代个性很张扬，有时候不屑于在人脉关系上下工夫。两辈人的观念、习惯和生活方式等各个方面的差异，造成了有雄心壮志的想把爸爸事业接过来的孩子，在家族企业里受到了很多挫折。有的甚至决定不干了。那么，他们怎么在这样的环境里创业呢？

这些富二代也许认为，虚拟经济是时髦的，是新潮的，是当前世界经济发展的一个最高级形态；而实体经济太极端、太低级、太辛苦了。我身边就有这样的人。我有一个朋友是北大毕业的，搞金融的，他夫人是搞媒体的，两个人靠股票、基金挣了些钱。这钱往哪儿投资？他们两个人的爸爸妈妈都是做眼镜的，就让他们投到这个行业里。结果这两人共同撇嘴，认为眼镜这行没意思，跟他们搞股票、基金不能比，这行太低端了。我当时就笑他，我说就冲你们这句话，就值一千多个嘴巴。为什么呢？做的是买卖，挣的是钱，只要是合法的生意就值得做。而且你最终赚钱了啊！怎么能说从事股票、基金就比从事眼镜业档次高呢？从富二代对虚拟经济的推崇程度来讲，他们看不上父辈那种谨小慎微、一步一步地精打细算的做法，他们认为这个过程过时了。

当然我们不能把这个全都推给富二代的观念，中国眼下的情况也容易使富二代产生这样的偏差。当然，很多富二代掌握这些手段之后，干得很好。有一个大老板叫鲁冠球，万象集团的。万象集团现在叫“中国资本第一家族”。为什么叫“中国资本第一家族”呢？鲁冠球的儿子叫鲁伟鼎，1971 年生人，他现在掌握着鲁冠球的这些产业。他把他父亲产业的好多优势项目都扩散到了金融领域，比如他拿着资金介入民生保险，入股浙商银行。除了证券以外的所有的金融领域，这个集团几乎都介入了，而且获得了很辉煌、很璀璨的成绩。香港顶级富豪李嘉诚的二儿子李泽楷，也是通过借壳上市等种种金融手段，超越了他的父辈，做出了李嘉诚当年都不敢想的事情。

我们不是排斥金融手段，而是如果大家一窝蜂都做这个，中国的民营企业将来由谁传承？这可是岌岌可危的形势。

如果富一代准备要让富二代好好接班的话，可能从小就得加强对富二代的教育。如果你就要他按正常人的方式生活，这种教育没问题；可是你要想把他培养成接班人，按照眼下接班人这个方式培养的话，现在的教育存在很大问题。

第一，有些富一代为自己的下一代从小营造出了一个特别优越的环境。而这个优越环境，实际等于把他跟普通人隔开了。这个不光是说把他送到了国外，而且指把孩子送进了国内的贵族学校。你上贵族学校干什么呢？这点尤其是体现在“80 后”的富二代身上。刚才我说的两个成功的富二代——曹辉是 1970 年生人，鲁伟鼎是 1971 年生人。在他们小的时候，他们的父辈还不是那么厉害的，他们跟普通大众的孩子在一块儿生活学习，很了解中国老百姓的需求。所以你把他跟普通人隔开了，进行“贵族式”的教育，本身就不利于他接班。这是很重要一点。

第二，有些富一代把孩子从小就送出国。这里边有两个问题。第一，你是不是指望孩子回来接你班？他学的那些东西有的不符合中国实际，回来后会接不上地气。另外，把他从小送出去了，他很难获得文化认同感。回到国内之后，他对本土的东西看不上，就容易在创业过程当中，跟身边的人发生文化上的割裂和纠纷。排斥产生了，你还怎么能够团结周围的人，共同为企业营利？

第三，有的富一代在教育孩子时存在误区，认为应该培养孩子的“贵族意识”。有的富一代觉得我这孩子就应该是贵族，得让他弹钢琴，吹萨克斯，打高尔夫球，学骑马。这种方式是在培养贵族，但是国外的贵族不做生意啊！在国外，所谓的上流社会就是搞一些外交，接触一点儿文化产业，做一个社会活动家。所以你培养他打高尔夫、赛马、品红酒这些爱好，让他越来越浪漫，这个不利于接班。接班的人得越来越专注，甚至兴趣单一，这样才能在经营上全神贯注，一门儿心思沉下去。

说到这儿，有的人就说，“你说的这些跟我没关系，这又不是民生问题，这又不是我感兴趣的，那富二代怎么接班我管得着吗？他爹管呗！他家族兴与亡我无所谓啊。我该干嘛干嘛。”你说这个不对，中国的市场经济最需要什么？最需要企业家族。社会创造的财富，可使我们每个消费者得到更好的产品和服务，这些是要靠这些企业家创造的。假如这些有志向的、愿意好好干的富二代不能够找到正确的方式接好富一代的班，把中国的民企发展壮大，那么中国将来的市场经济靠什么维续呢？中国的企业家精神靠什么来确立呢？你要消费产品，就得接受这个社会企业家提供的产品和服务，就要关注这些富二代的接班问题。因为它关乎中国市场经济的明天。

富人你往哪里走

2014年2月，加拿大政府在对外公布的2014年加拿大经济发展计划当中提出，要终止联邦投资移民计划和联邦企业家移民计划。由于申请加拿大投资移民人群中，中国的富人占据相当大的比例，所以有人说，加拿大这项政策有针对中国富人的嫌疑。

很多人看了这个新闻之后，可能就会产生这样一种印象：好像中国富人不怎么受加拿大的欢迎。给它送钱去了，要移民到它那儿投资嘛，加拿大政府还不愿意接受了。那这是什么原因呢？

这项计划确确实实触动了一些人的利益。我身边有一些朋友现已移民加拿大，多数住在温哥华，还有一些朋友正在打算移民加拿大。而这些人可以说得上是富人，但是离富豪还有一定距离。为什么呢？因为投资移民加拿大的门槛并不是那么高。投资移民是什么概念呢？首先你只需证明你拥有 160 万加元的资产，折合成人民币大约 880 万。也就是说，你得能证明你的资产达到了 880 万人民币以上——当然，这个证明可在移民中介机构里通过一些办法来规避。但是它有一个硬性指标你规避不了，那就是你要向加拿大政府提供 80 万加元（折合人民币约 440 万）的五年期无息贷款。也就是说加拿大政府白使你这 440 万人民币 5 年，然后 5 年之后返还给你。所以说，这才是投资移民真正需要的“硬件”。

由此看来，加拿大的移民政策对于很多朋友来说不是什么大问题；假如你在“北上广”住，这一套房子就值几百万，不成问题。

正是因为投资移民的门槛确实不那么高，所以有很多富人移民到了加拿大。

一直以来，由于拥有优越的生活环境和社会福利条件，加拿大成为众多国人移民的主要目的地。加拿大移民，主要分为投资移民、难民、人道立场类移民、家庭团聚移民和技术移民等几大类。其中投资移民的比例占到 63%。在过去的 28 年里，到加拿大投资移民的人员超过 13 万人，其中主要是中国移民，包括来自大陆及中国香港和中国台湾地区的人员。有人统计过，中国平均每天有近 60 名教育背景良好的精英人士向加拿大移民局递交移民申请。据悉，目前投资移民计划待受理的申请者大约有 6.6 万名，其中来自中国的申请就占据了 57308 宗。如果不取消这一项目，全部的 6.6 万份积压申请需要移民局花 6 年时间来消化。加拿大移民局一年的处理量，只不过是 3000 宗到 4000 宗。所以你可以想象一下，几万个案例堆在加拿大移民局，这些人要等到什么时候才能申请通过？所以这给移民局和加拿大政府造成了非常大的压力。

目前，终止投资移民计划的提案尚未最终拍板，如果通过，接下来加拿大政府将通过立法来终结申请；尔后，对于已经递交申请的将退还申请费。有人说，虽然这个门槛不高，那加拿大政府也白使 440 万加元无息贷款5年呢！这不挺大一笔钱吗？那它为什么还不愿意接收呢？

需注意的是，加拿大在终止投资移民的时候，提了一句很明确的话，就是说现在加拿大的永久居住权和加拿大国籍的价值被严重低估了，等于给“贱卖”了。所以说加拿大现在终止投资移民计划不是说将来不搞投资移民了，用大白话说，不是不卖了，而是不便宜卖了，可能要提高价码，抬高门槛。为什么这么说呢？下面，我将结合身边一些已经移民加拿大的例子，来谈谈为什么加拿大政府不欢迎现在这种投资移民方式。

首先，咱们国内移民到加拿大的人，往往是“一半”移过去，如把老婆、孩子安排到那边去，享受加拿大免费入学、免费医疗等社会福利。因为加拿大是世界领土面积第二大的国家，地广人稀，且文化、教育、经济各方面水平都非常发达，属于西方发达国家，它的福利对我们而言，就很有吸引力。男人把老婆、孩子弄过去，他们可以在那边一边带孩子上学，一边生活；而男人自己可在国内继续干事业。因为加拿大的法制和经济发展水平已经达到一定高度，以中国人的惯常思维，到那边去，一没有人脉优势，二没有地利优势，等于一切将从头开始，困难重重。所以很多朋友觉得加拿大的钱难挣，相对来说，国内的机会就很多。而这种“半移民”，对于投资移民的中国人来说，就有益得多，但加拿大政府并未从中获益多少。因为你除了“借给”加拿大政府440万加元以外，并未在加拿大真正地投资，而不投资、不创业，在加拿大就不需缴什么税，所以加拿大政府一比较就比出了结果。如果按20年期限算，投资移民缴的税，比技术移民缴的税要少缴20万加元。也就是说这对加拿大拉动当地经济和解决就业问题没有什么帮助。

再者，移民方提供的440万人民币贷款，在五年后会全额返还，只是不付利息而已，拿这些利息和他在这些年当中享受到的加拿大社会福利一比，很可能这福利都比那个利息要高。所以这么一算账，加拿大政府觉得不合适。

此外，如此多的投资移民来了，在加拿大买房子，无形之中还会把加拿大当地的房价推高，所以有一些加拿大人对中国人很有意见。他们认为中国人到加拿大来，不享受生活，不旅游，不看电影，也不听音乐，就是买房子——有钱就买房子，没钱借钱也买房子，对加拿大的经济建设和经济拉动作用太小了。

当然，加拿大政府内部对此也有不同意见。像温哥华所在的不列颠哥伦比亚省，这是加拿大西部的一个省，他们就觉得终止投资移民损失很大。因为投资移民主要聚集在此，等于每年为其提供了 4 亿加元的无息贷款。当然，贷款到期就得还，但这不要紧，因为会不断有新移民补充进来，等于拆东墙补西墙，起码能循环起来。现在一旦终止，贷款到期得还，新的贷款又进不来，所以对当地的经济是有一定影响的，因此温哥华政府不同意，而加拿大政府对此也一定会考虑。就像我前面所说，加拿大并非终止投资移民，而是要将门槛抬高。

接下来，加拿大新的投资移民计划有可能马上就出台。第一，80 万加元的无息贷款就可移民，是绝对不可能了；第二，批准投资移民申请会有分别，如果老婆、孩子移民，而自己还在中国发展，加拿大政府肯定会有所限制。他们很可能会像挑技术移民一样挑剔，如果你对拉动加拿大就业和经济发展没有什么帮助的话，他们很可能会对你说不。

除以上这些之外，加拿大政府还推出了针对中国公民 10 年多次往返的签证。这一系列行动所传递出的信息是非常明确的，即加拿大政府非常欢迎你来旅游消费，但如果你想留下来享受福利，就没那么容易了。加拿大的投资移民限制不光是针对中国的富豪，全球很多到它这儿来的投资移民，也有相当多的就是到这儿来享受加拿大的福利来的，没想在这儿真正投资，所以加拿大今后很可能会提高这个门槛。

那么，加拿大抬高移民门槛后，富人移民将何去何从？

正所谓东方不亮西方亮，黑了南方有北方。对于现在一门儿心思想移民加拿大的中国富人来说，也不必担心。条条大路通罗马，一条道儿堵死了，还有别的道儿。

移民加拿大这条路走不通后，有很多中国富人把投资移民目的地挪到哪儿了呢？欧洲。欧洲发生债务危机后，像西班牙、葡萄牙、希腊这些国家，经济下滑很厉害。为了吸引更多的人去投资，塞浦路斯和希腊甚至专门出台了政策，只要你花钱买房子就给你永久国籍。所以说，出国移民还是有很多出路的。

然而近些年来，富人移民逐年攀升，财富流失，也引发了中国政府的担忧。富人纷纷移民，把钱都花到了国外，为人家经济发展作贡献去了，国内经济还如何发展？在说明这个问题之前，我们需理清楚一个问题：为什么这些富人要走？

近来我看过一篇文章，意思是说不用把中国的富人移民潮当回事儿，没那么重要。我个人认为，对这个问题视而不见是不负责任的。起码根据我的生活体会，有点儿钱的人很多都在琢磨移民的事儿。我们如果真爱自己的国家，就应该考虑考虑他们为什么要走，我们到底哪儿不如人家。咱们应该把这些问题找出来，把这些问题解决了，从而把更多的人留在国内，为我们国家经济建设作贡献，这才对。甚至争取“反向移民”，吸引老外到我们这儿来住，给我们投资才对。那么咱们探讨一下，究竟什么原因促成了大量的富人要移民。

第一个原因是福利。福利包括几个方面，首先是子女教育上。我国现在的义务教育虽然是免费的，可是竞争太激烈，而且人人都要跨过高考这一座桥，孩子一天到晚学得太累。而现在应试教育的教育模式，往往普遍造成孩子想象力、创造力缺失。很多富人认为自个儿孩子遭罪，而到国外接受教育，环境相对轻松，素质教育各方面搞得比较好，而且义务教育阶段也都是免费的，就是上大学的费用也比留学生要低。有很多人觉得我这辈子就这样了，我得让孩子得到更好的教育，干脆为这直接移民。所以教育上的福利很重要。其次是医疗、养老方面。如加拿大，其医疗系统比较完善，而且实行全民医疗。此外，根据收入情况，养老金一般也比较丰厚，不存在什么后顾之忧。

第二个原因是环境。环境分成两个层面，自然环境和社会环境。什么是自然环境？中国发展了这么多年了，有的人说先污染后治理，但我们必须承认，经济的高速发展，在一定程度上是资源消耗和环境污染换来的。现在各地不是普遍出现了雾霾天气了吗？所以，很多有钱人希望提高自己的生活质量，不愿一呼吸空气就有得肺癌的危险。这是再正常不过的考虑。而社会环境是个什么概念呢？就目前中国社会现状来看，民营企业从银行贷款的门槛非常高，民企在很多领域之内无法插足，虽然投资环境对民企来说已经改善很多，但有很多地方还不到位，这就值得我们深思了。

所以说，我们现在的福利、自然环境、社会环境等是不是和他们存在着一定的差距？和人家比还有哪些不足？这都是值得我们深思的问题。我们要积极地投入到公平正义的建设当中，改善我们的社会环境，这样才能吸引更多的人留在国内进行创业。

当然，有时候还有一些特殊情况，也成为移民的原因。比方说某些演员明明是中国人，却是英国籍、美国籍，或是某某演员办了香港的永久居住证。有人一见这新闻，就骂这些演员不爱国，而我认为，这样说完全是不了解情况。为什么呢？这些艺人为什么要办国外的居住权？答案很简单：方便。

比如说加拿大国籍，全世界有 130 多个国家落地免签；葡萄牙国籍，全世界有 160 多个国家落地免签；就算不免签，办签证也非常容易，可中国国籍就不一样了，只有 30 多个国家落地免签，这 30 多个国家不发达国家还得占一多半，所以拿着中国的护照在国外发展不是很方便。明星日常事务繁忙，经常要多个国家飞来飞去，时间非常紧，因为国籍护照的问题而绊住了手脚的例子比比皆是。明星如此，常常需要飞来飞去的商人亦如此。所以有的人移民，是为了让自己的工作更方便。个人的发展只要不损害国家的利益，那怎么选择是个人的自由，这和爱国主义没有关系。所以我认为，在这种情况下他去办一个国外的护照或者选择国外的国籍，这是无可厚非的。如果有一天中国的影响力越来越大，落地免签也达到 100 多个国家，可能也就不会有那么多人移民了。

基于以上三种情况，富人移民已经成为了移民潮，而这种移民潮绝对值得我们政府充分重视并且加以警惕。接下来，就应该有一些制度化的安排来制止这个现象，为什么呢？

第一是经济意义。因为如此多的人都出去了，把钱花到了国外，给人家经济发展作贡献了，那中国经济还谈何发展？投资、出口、内需三驾马车，需要足够充裕的资金才能拉动。这钱都跑到国外去了，你拿什么拉动内需？若如此流失下去，肯定会对经济造成很大影响。

有的人说，我把老婆孩子放在国外，并没有真正把所有钱都拿到国外，我还得在国内投资、工作。而我认为，这个危害更大。当他的国籍、亲人都在国外，那么，他很可能“身在曹营心在汉”，在进行投资时候更加不管不顾，进行掠夺式开发，如破坏环境等。反正把这儿破坏完了我就走了，到国外住去了。所以，从经济意义上来讲，富人移民潮对中国经济影响是很大的。

第二是政治意义。如果大量的富人纷纷地移民，外国人会认为中国的投资环境等方面存在不足，这对中国在国际上的影响是没好处的。而且从投资移民出去的人群来看，不只是富人，还有相当多的中产阶级。中产阶级的移民对中国影响最大，因为中产阶级是中国改革的推进力，他一方面珍惜现在通过努力劳动的所得，另外一方面又希望增加自己的话语权，推进这个社会向公平正义方向走。所以说中产阶级移民将使中国社会在改革方面失去应有的推进力和弹性。

所以，我认为，富人移民潮现在已经形成了，我们不能漠视它。尤其是政府，要据此做出反思，看看我们的经济发展在结构上还存在着哪些缺陷。尽早推出一些制度性改革的措施，以推进政治体制改革、经济体制改革同步向前进行，这样才能够把更多的富人留在中国国内，中国才可能拥有更美好的明天。

贫二代不能一辈传一辈

2011 年 3 月 11 日，《人民日报》发表了一篇文章，这篇文章标题很有意思，叫《贫穷世袭，拼爹愈演愈烈》。文章里提到一个词——“贫二代”。我们都知道“富二代”，那么，什么是“贫二代”呢？顾名思义，就是无权无钱的弱势群体的后代。

与“富二代”相反，“贫二代”的主体是那些普通工人、农民等缺乏权力和财富的人的子女。他们的父辈在权力、资源、人脉、金钱上都难以给子女提供帮助。

面对生活水平与财富分配逐步拉开距离的现实，也许“穷二代”有理由去羡慕，甚至嫉妒、仇恨那些“富二代”们。“爹强儿不弱，爹弱则儿不强”，已经差不多成为了一个社会规律。一句类似玩笑的话“龙生龙，凤生凤，老鼠生儿会打洞”，在如今社会中成为了一个莫大的讽刺。因为缺乏资源就要直面艰辛的现实，“贫二代”之苦谁来承受？

中国有“仇富现象”。有的人说，不应该仇富，人家富人是通过合法的途径赚来那些财富的。我们不否认有相当多的富人是这样，可是也有相当一部分富人，他的富有不是由于个人能力的突出取得的，而是他抓住了“人脉资源”。

关于中国香港的贫富差距，有的社会学家调查发现，比内地贫富差距还要大。但是好多香港人并不怨天尤人，为什么呢？他们认为能力决定财富。比方说，李嘉诚比他有钱，他说：“我认啊！为啥？我没李嘉诚能耐大。因此我就开个小商店挣这份钱就行了。人家李嘉诚有本事人家赚钱。”他认为这种贫富差距是合理的。那么，为什么我说现在的社会仇富现象很严重呢？那是由于贫富差距不合理。比方说我把自己和另外一个有钱人相比较，我发现他还没有我的这两下子水平高，他能挣到钱是因为他有个“好”爹。于是，许多人心里就有股不平之气。这股不平之气一发散，就是我们社会的“仇富心态”。

如今我国的贫、富阶层已经呈现一种固化状态，穷人要想跨到富人的世界难度提高，穷人们离富人的圈子越来越远，富人的世界对穷人来说高不可攀。各种资源不倾向于穷人，也使得穷人们致富需要付出更多。由此繁衍的贫富分歧就越来越明显，社会共识越来越小，贫富双方很容易呈现出对立的状态。这种固化状态，科学界称之为“马太效应”。

在 20 世纪 80 年代的时候，我身边就有这样的事儿——有的朋友揣着 5 万块钱到海南闯荡，最后发了。可是近些年致富的门槛越来越高，当年那位朋友揣着五万块钱到海南干房地产发财了，现在你拿五百万、五千万去都不一定能做得起来。也就是说，进入富人行列的门槛是越来越高。而且富人和富人联络得越来越多，穷人缺少这样的人脉资源。这种情况我们似曾相识。在南美的发展过程当中，巴西、阿根廷都有过这种情况。在当时，有钱有权的人联系到一块了。比方说我是政府官员，手里掌握着权力，而你是律师。通过交往，我又占据了法律的强势地位。你——这个律师可能通过跟另一个商人交往，又占据了金钱上的强势地位。这个商人和政府官员往来，又占据了权力上的强势地位。他们结成了一个网，而穷人没有资源，很难进到这个网里，也很难往上层社会流动。

在当前中国已经出现了这种贫富差距拉大的苗头。这个苗头的突出特征是什么呢？就是贫和富之间出现了截然对立。比方说，大家上网有时候会发现，假如某个人是我们想象中的精英，他不论说什么，都会遭到跟帖的弱势群体骂声一片，就是不好，就是不好，一片骂声。这种骂都已经超越了理性的范畴。这意味着什么？意味着贫富之间能达成的社会共识越来越少，甚至有敌对危险。

“贫二代”和“富二代”比起来没有背景、没有关系，这样的社会壁垒导致了两个阶层的固化。底层社会成员想要改变地位，向上流动的机会在逐渐减少。如果这种状况继续下去，长期得不到改变的话，对促进社会阶层合理流动和社会和谐稳定非常不利。《人民日报》2011 年 3 月 31 日发表的这篇文章，对贫穷世袭的问题进行了解析。为什么会形成“世袭”呢？那是因为富和穷之间有一个不可逾越的天堑，“富网”织得越密，穷人越来越难进入到这个网络当中。

但是在我们分析这个“穷二代”的时候，大家一定要注意一点，“穷二代”的产生和我们社会发展过程当中出现的一些问题是密不可分的。比如《人民日报》的这篇文章说到：贫二代产生的最根本原因是社会建设没有跟上经济发展，把本来应该是配置给社会领域的资源都配置给经济领域了。比方说我们的医疗产业化，教育产业化。本来在这些领域中应该有一些社会政策来帮助弱势群体，但是我们在引进社会政策的同时，把经济政策直接引到这些社会领域了——通过经济手段来完成高端资源配置，让价高者得，结果使弱势群体得不到保护。得不到保护，这些贫穷的基因就一代一代地往下传。下一辈更没有好的人脉，起点就输给人家，贫穷就一辈一辈传下来了。这就是《人民日报》上讲的贫穷世袭。

大家要注意，这个“穷二代”不都是一类人，我在这里把“穷二代”分成两类：一类是没有经受过高等教育的“穷二代”；一部分是经受了高等教育的“穷二代”。这两类是不一样的。我们社会要避免“贫二代”一辈传一辈，就必须解析这两类“穷二代”的产生原因。

先说第一类。没受过高等教育的“贫二代”大多是农村孩子。因为城里的孩子再不济也会把高中读完，会上个大专之类的，多少受点儿高等教育。为什么好多农村孩子没受过高等教育？首先是教育起点不公平，农村的贫困使很多孩子失去了读书的机会。这些孩子不是在农村务农，就是出去打工。中国的这种大面积城市化，使农村向城市转移了上亿的人口。上亿的人口转到城市里去就出现问题了，孩子想接受高等教育可是他的户籍不在城里，无法在城里边高考。这是现在很严重的一个问题。

我不妨给大家说说现实存在的问题，听起来可能觉得有点儿残酷，但确实是现实。比方说，一个大酒店很漂亮，里边有免费的茶水，沙发很舒服。如果人人都能进这个酒店里边，这酒店得挤得人山人海的。再比如说，北京，最好的学校、最好的医院都在这里。它有这么好的优质资源，所以人人都想进来。可是，大家都进来以后会造成人口的“爆炸”。怎么办呢？设置一种杠杆和制度让一部分人进来，一部分人不能进来。在现在这个阶段最管用的杠杆就是经济杠杆，就是说价高者得。这是市场经济原则。有钱的人进到都市里，可以购买这种服务，可以享受到这个东西。第二种就是户籍杠杆，户口在这儿可以进来，户口不在这儿不能来。其实，“户籍杠杆”的不公平要大于“经济杠杆”的不公平——“经济杠杆”是价得高者得，比“户籍杠杆”还多一点儿合理性。不少城市里现在限购住房，它们是想干吗？就是害怕这个城市的容量太大了，不管是什么样阶层的人，都到城市里享受优质资源。

说到这儿有人说，自己实在不愿意在城市待着。待不下去怎么办？回农村吧。而有的人说，如果准许农民自由卖地，那卖了地的钱就归农民所有了，他不就可以进城里来了吗？其实现在存在这样的现状，在城里打工的农民工二代，已经不像他们爸爸们似的把钱寄回到农村。他们自己花还不够呢，而且还得让爹妈给他们拿钱。所以在城里的他们成为了地地道道的“穷二代”。

大多从农村进城务工的人员用自己的汗水为自己拼得一个生存的空间，为自己的子女赢得一个良好的教育环境。虽然他们中的大多数人的生活条件不如意，但他们依然在城市坚守，形成一个庞大的农村“贫二代”团体。他们的选择是无奈的，在城市中的生活虽有种种不易，但相对于回到农村要好得多。这个答案在大多数人的心里是一致的。假如农村真像歌里唱得那么美好，他们何必离开农村？第二个不愿回去的原因，是因为眼下农村在城市化发展过程当中，其实充当了一个被城市掠夺的对象。城市掠夺了农村的土地、粮食、空气和水，甚至其美女都被“掠”到城市里去了。

农村现在的状况跟城市比起来，比我小时候的差距要大。有一个最突出的事例，就看出农村不仅在资源上被城里掠夺，其实在尊严上也被城里人歧视。在我上小学的时候，我们班来了一个农村孩子，他父亲调到城里工作来了。对这个孩子我们觉得新奇。这孩子经常说，你们认识麦子吗？认识什么是大豆吗？我们都不认识。城里孩子，你到河边摸过鱼吗？到山上抓过蛇吗？我们都不会啊。我们觉得这些可新鲜了，很崇拜他。这是我小时候的事情。现在你再看看小学里来一个农村孩子是什么样？你知道什么是变形金刚吗？知道什么是麦当劳、肯德基吗？他不知道。我们现在的教育也有一些严重的功利思想。这一切现象最终决定了这些涌入城里的农村子弟大多数处在一种“贫二代”的生存状态。

所以，我说解决这类没受过高等教育问题的“贫二代”问题，必须先解决教育起点的不公平问题，允许他们在城里参加高考，把起点上的这种不公平弥补上。要么采用第二个办法，把中国的农村振兴起来，真正地让农村实现“就地城市化”，而不是让大量的人口涌入城市来完成城市化。这些问题都是我们现社会在发展过程当中把步子迈得太快、太大，有些东西跟不上导致的。

近年来，很多大学毕业生发现，决定他们就业状况的不再是成绩、能力，而是家庭背景、社会关系。目前有一句流行的网络语很能说明现实：找工作变成了比拼父辈财富和权势的拼爹游戏，有一个好爹可以让他们少奋斗一辈子。某媒体做过这样一项调查，其结果是，在各地高校的500名受访者中有70%的人认为，在就业应聘中或多或少遭遇过来自家庭状况的压力；65%的应届毕业生表示，最担心家庭状况使自己在求职应聘中处于不利地位。

这个现象是怎么回事？有的“穷二代”上了学了，可是他们中很少的一部分上了重点大学、部属大学，相当大一部分上的大学是省属大学——就是非重点大学。于是，他们在毕业以后找个工作特别难，往往毕业即失业。他们因没有一个好爹，毕业以后找不到好工作，在城市里成了“蚁族”。那么，在这样一个过程当中，是什么原因把他们推到了这个地步？这就是终点的不公平。也就是他们在大学毕业以后来到了社会上，在择业、就业的过程当中，由于没有好的人脉资源，不能够拥有一个正常的岗位。

这个突出的表现是什么呢？现在倡导大学生自己创业，可是为什么现在有这么多大学生愿意考公务员呢？我不知道大家有没有思考过这个问题。公务员真的是特别美好的一个职业吗？不见得。关键在于公务员的工作稳定，不折腾，收入是固定的，有保障，所以考公务员的人才这么多。这表现出的是对公平和稳定的一种渴望，它反衬出我们这个社会的某种疾病。而且，这些人里有相当大一部分人属于“贫二代”。

古往今来，教育都是解决公平问题的一个重要方式，教育也是穷人获得上升渠道的重要方式。在由奴隶制转向封建社会的时候，“权力和财富”在开始的阶段是世袭，可是到了汉代的时候，这个情况有了很大改变。汉代初期，刘邦在白马盟会当中强调：“非刘不王，非功莫侯。”其意思就是不姓刘就不能被封王，只有姓刘的才能世袭爵位。可是后来大家发现这有个弊病，如果世袭，这个官始终是你家的，可是儿子不一定有爹贤明啊。后来聪明的中国人发明一种制度，就是世袭的只是少部分，而且即使世袭，下辈比上一辈要差一等。比方说清朝的时候，世袭罔替的就那么几个铁帽子王——铁帽子不改，国家养着你；剩下大多数是下一代世袭官爵时要比上一代低一些——按公、侯、伯、子、男这个顺序一代一代往下降。比方说，贾宝玉的爷爷那辈是侯，往下就是伯，再往下就变成了子爵了。这是中国人的一个聪明发明。

第二个聪明发明是高考。我说的高考是古代高考，就是科举考试。什么意思？科举使最贫穷的人也有了上升通道——他比世袭的那些人更好，因为他不娇生惯养，他是苦孩子出身。我认为科举是中国人献给世界的“第五大发明”，它使下层人有了一种上升通道。教育是改变人命运的一个很好的方式，过去有句话叫“知识改变命运”，可是在当今的中国这句话得打个折扣。

扩招后的高等教育，已经不再像以前那样具有含金量了。这条曾经能让“贫二代”脱离苦海的康庄大道，如今已不那么好走，甚至被钱、权堵死。高等教育的文凭在现今社会遍地都是，这种扩招后的高等教育，既不能起到“贫二代”上升通道的作用，反而引起了更多的社会问题。我读大学那时候大学教育是免费的，学校可能还发菜金补助等各种各样的补助。但是从1999年全国扩招以后，教育实行产业化，学校学费非常高，造成本来就穷的人家上不起大学，失去了上学的机会。

另外还有一点很重要，那时候大学生是天之骄子，在没扩招以前是稀缺资源。即使是一个“贫二代”，毕业以后好几家单位抢，他有一个相对美好的前景。可是现在扩招以后，什么人都能上大学，不少的学校等于交学费就能上，本科文凭已经不值钱了。这个时候，有钱有权人的子弟，想获得一个本科文凭轻而易举了。

前不久，一些收入不高的年轻人在网络上公开表态不愿生育“穷三代”，理由是“穷二代”的孩子从一开始就输在了起跑线，注定要在艰难的环境下挣扎地生活。面对现状，我们如何努力地去缩小贫富差距，慢慢地完善我们的社会保障制度呢？

我认为，面对这些受过高等教育的“穷二代”，我们需要在社会高层阶段去完善各种公平政策；可是没受过高等教育那些“贫二代”的现状，却需要我们从基础上去完善我们没有做到的社会建设。

当然了，我们现在的政府也在积极采取各种各样的措施来缩小这种贫富差距，尽可能不让贫二代这种贫穷基因一辈一辈地往下传。我们没有办法选择自己的家庭出身，身为“贫二代”的我们与“富二代”比起来没有背景、没有关系，难道这就成为我们注定不能成功的唯一考量吗？显然这样的想法值得商榷。

那么，作为处在困境当中的“贫二代”，应该怎么办呢？我想首先应该有一个平和的心态。这个平和的心态是两个层面的意思，有的时候是你的生活不如意，你感到很痛苦，但是如果你整天就想着不如意的事，那么你更加难以摆脱痛苦。所以你必须要有一个比较好的心态，自己努力上进，抓住生活当中可能出现的一切机会。前一阵有这么个事儿，有一个歌手自称是“穷二代’，他写了一首歌就叫《穷二代》，然后他带着这首歌到了一个选秀节目。碰巧我是那个选秀节目的评委，我听了演唱就问他，你为什么写这个歌？他说他就是“穷二代”，爸爸妈妈都是农民工。我说，你这写歌的动力是什么？他说我每天看着那些“富二代”我就恨，他们在那儿炫耀。我说这个可能就是你的不对了，“富二代”炫耀由他炫耀去，看到炫耀你很痛苦，说明你很渴望他那种生活。你越渴望，越达不到，你就越痛苦。为什么不立足眼前，把你眼前的事一点点做好呢？这才是平和的心态。

所以我想这位“贫二代”身上出现的一些心理问题，可能是很多“贫二代”也有的。这种心态会给你带来仇恨、郁闷，甚至是抑郁。所以我说，处在特定环境当中的“贫二代”不应该总去想这些事儿，而应该抓住生命当中的机会，努力去奋斗。

新生代农民工的困惑

在现在所有外出打工的农民工当中，“80 后”、“90 后”的农民工已经占到了 60% 以上，人数有一亿多。这些农民工被笼统地称为“新生代农民工”，他们的思维方式、行为习惯已经和老一代农民工有着非常大的差别。他们的存在，必将深刻地影响中国城市的社会生活。因此对新生代农民工的重视和研究，是我们政府必须做好的重要功课。

说到“新生代农民工”，其实从年龄划分上是个比较笼统的概念。不过，“90 后”的农民工基本上可以划到新生代农民工里。那么“80 后”呢？现在最小的“80 后”才刚刚 24 岁，可是最大的“80”后已经三十多岁了。把跨度达 10 岁的这样一个年龄段笼统地归到一类肯定是有问题的。这个“新生代农民工”是以什么为标准划分的呢？就是我刚才说的思维方式、行为习惯。其中最为重要的，我认为应该是对城市生活的态度。你看老一代农民工，到城市里打工目的很明确，就是为了挣钱、攒钱，然后回农村盖房子，回农村生孩子、养孩子，同时孝敬老人。他的想法很明确：我在城市里就是一个过客，挣了钱回来补贴在农村的家用。也就是说，他是一定要回到农村的。到后来，“中生代”的农民工，即一些“70 后”农民工有很多人已经想留在城市里。但是他有退路，他时刻想着万一留不下我再回去。大概在五六年、六七年以前，你经常能听到有农民工说，“大不了我回家种地”。这就是说，他还会农活儿，在城市里真生存不了就回农村。但是新生代农民工不一样了，他们回不去农村了。为什么呢？因为其中绝大多数人对农活儿一无所知。为什么他们没干过农活儿呢？一个是他们大致经历了完整的义务教育，二是他们绝大多数都是独生子，家长舍不得让他们干活儿。父母就希望他们好好读书，通过读书脱离农村，进入城市。第三个原因是现在农村的农活儿确实不需要那么多人干了，因为农业机械化水平提升了。所以现在“80后”、“90后”农民工，大多数不会干农活儿。不会干农活儿，他怎么回去啊？而且这里边有相当多的人，接受了一定的职业教育，有一技之长。

甚至有很多新生代农民工就出生在城市里面，没有在农村待过一天，他们仅在逢年过节时跟着父母回老家看看。所以我说，划分新生代农民工最主要的一个标准，是其对城市生活的依赖程度。这一代农民工和前几代相比，有非常大的变化，好多过去定义农民工的一些行为方式，已经不适合他们了。

首先说择业。第一代的农民工到城里来，不问这个活儿是脏或者苦，只要能挣钱就干，目的就是想挣钱拿回家。老一代农民工更多选择建筑业。我们都知道在工地上搬砖、运水泥是脏、苦、累的活儿。但是老一代农民工很多都选择这个，只要能赚钱，其他的就不考虑了。

而新生代的农民工除了赚钱以外，还要考虑工作环境、生活质量。其实这一点和我们城市里面的“80后”、“90后”的思想是一样的。城市里的“80后”、“90后”找工作也有这个特点，假如说我的生活质量不行，我不快乐，那么工作再具有成就感，赚钱再多也没有意义。其实不分城市和农村孩子，只要是“80后”、“90后”，都有与时俱进、享受生活的这种思维。所以新生代农民工选择建筑业的比重大幅下降，他们更多地选择制造业、餐饮业、服务业、电子产品生产行业等。这是他们在择业过程当中非常明显的一个转化。工作环境，工作强度，工作性质等，这些老一代农民工基本不考虑的因素，在新生代农民工那里，成为非常重要的择业条件。

我曾经到过一些工地，发现给的待遇真不低，一天可达一百几，有的都到二百块钱了，可没人来。有的时候，工资定得挺高，可招不到人，出现了“民工荒”。前一段时间网上有人晒工资，说有的木匠、瓦匠的工资一天能达到好几百,一月挣上万。这让很多白领都觉得惭愧。那我问问你，让你这白领跟农民工木匠、瓦匠换一下工作，你干不干？很多人不干。为什么？吃不了那苦。所以我们现在的“80后”、“90后”农民工，包括在城市里生活的人，天天喊我挣不着钱，我痛苦啊，这话有很大的矫情成分。在现在这个社会经济条件下，你想挣点儿钱不难。只要你肯出力气，你不怕遭罪，想挣点儿钱不那么困难。现在社会有很多农民工，或者城市的工人，收入并不高。其实在一定程度上来讲，是他吃不了那个苦。只要肯吃苦，在现在社会中，环境差一点儿的活儿有的是。所以从择业这个角度来讲，新生代农民工跟老一代农民工差别非常大，赚钱不是他唯一的目的，他们还要求有良好的工作环境等。这是在择业上的差别。

新老农民工还有一个重要差别是在消费上的差别。过去的农民工挣了钱之后拼命攒钱，能省就省，最好进包吃包住的单位，把每月挣的钱都攒下。我有个农村亲戚是20世纪70年代生人，两口子一起出去打工，他在建筑工地搬砖，他老婆给其他人做饭。两个人省吃俭用到什么程度？他们在工地上吃和住，一个月两个人一起消费五百块钱不到，也就是打打电话，买买必需的卫生用品。俩人每个月的工资加到一块儿能存将近一万块钱。但是花钱花多少呢？这是老一辈农民工的一种消费方式，目的就为攒钱，生活消费能省就省。可新一代农民工不是这样的，他的消费有什么特色呢？就是我们现在有人说的“月光族”方式——月月光，每个月手里都空的。

为什么他会这样呢？首先年轻人消费欲望比较强，再一个他也没什么负担，因为他们的父母中有很多还在外面打工，用不着他们赚钱养活，甚至很多人把父母打工挣的钱拿来补贴自己用。他们的消费方式和城里年轻人区别不大，现在的很多新生代农民工把大量的消费用在什么上呢？买智能手机。手机现在是年轻人的必备品，没事的时候他们用手机上网、打游戏、聊天什么的，手机的功能非常多，这成了他们打发业余时间最重要的一种工具。买智能手机占了很多“80后”、“90后”新生代农民工消费的很大一部分。另外，他们也注重吃穿，注重提升自己的生活质量。为了提升生活质量，哪怕做个“月光族”他们也无所谓。

城市里年轻人买这个买那个，他们也买这个买那个。他们也看电影，也旅游。他首先是想在消费方式上和城里人接轨，然后进一步融入到城里人的文化圈子当中。这种融入的欲望特别强烈。这也是他消费的一个非常直接的目的。因此，他们的择业和消费上都体现了要向城里人靠拢的特点。但在这个时候，新生代农民工的困惑就出现了，他们要融入城市，可是他们在户籍上、社会福利上、保障上和城里人没法比，隔着一堵墙。比方说，农民工的劳动合同签订率非常低。由于你户籍不在这儿，你的社会保障，包括社会关系相对都弱。很多用人单位表现得非常强势——你不干，有的是人干。因而在劳动合同上出现违背劳动合同法的情况，这在“80后”、“90后”农民工身上几乎是普遍现象。当然这也是由新生代农民工自己的特点决定的，他们有很多人已经不愿意接受固定劳动合同了——我才不要你工厂包吃包住，让我天天在那儿干，一天加班加那么长时间。我就打零工。做临时工，一天给一百，那我去干四五天，挣四五百块钱。我拿这钱回来，打电子游戏，吃吃喝喝。过一阵没钱了我再出来打工。好多“90后”农民工，有很多是用这种方式挣钱，他没有长期规划和打算，所以更谈不上签订劳动合同。再一个是保险这方面，他们上保险的概率特别低，包括养老保险、社保之类的，很多新生代农民工是不上什么养老保险的。这也和他在城里没有根儿有直接关系。他们的流动性太强，而哪个城市都不是他们的家。在来回流动过程当中，办养老保险是个挺大的麻烦。

再一个，出现工伤和职业病的现象在他们当中也挺多。为什么现在有的农民工积极要求上“五险一金”，因为有的工种有危险，真有点儿病什么的，自己掏医药费他受不了。这个也从侧面反映了现在新生代农民工的维权意识比过去提高了，就是说他们懂得了主张自己的合法权利。老一辈农民工，遇到侵权的事能忍就忍了，打官司也打不起。但是新生代农民工不甘心这样。因此围绕着新生代农民工的工作，出现的劳动争议比过去多多了。

为什么我说农民工问题非常值得我们重视和研究呢？因为这个问题必然会影响城市的社会生活。而且还有一点，这些人的工作待遇、社会保障得不到解决的话，他有可能给社会带来一定的不安定因素。这些农民工，他回不去农村了，可城里又容不下，这个花花世界在他眼里看来就很虚幻。而这些人的幸福感普遍比老一代农民工低，为什么呢？大家注意，这个幸福和幸福感不一样。真正的幸福是很实在的，我挣多少钱，我住的房子什么样，我的子女上学情况，我的医疗水准，等等。这是很实在的。而幸福感是虚的，幸福感是比出来的。像老一代的农民工，他的幸福感来自他和农村比较，我挣了钱回农村消费，所以往往幸福感很强烈——你看我在城市挣着钱了，回农村这笔钱是很大数目的钱，于是他有幸福感。单纯从他们自身的待遇来看，老一代农民工肯定不如“80后”、“90后”新生代农民工，但是新生代农民工的幸福感却没有老一代农民工强。因为新生代农民工的比较对象是城里人。我再怎么干，一月在这儿就挣这些钱，我比不上城里人。这还不包括在医疗、教育、保障等方面的比较。所以新生代农民工的幸福感，普遍不如老一代农民工。

新生代农民工成了城市边缘人，不可能回到农村，而由于户籍政策没放开，他也进不了城。所以这时候，一部分新生代农民工就出现了心理失衡。这些年来在中国很多城市，农民工犯罪的比例在提升。他感到自己在城市里，无论怎么努力，也不可能和城里人一样。这时候他就会自暴自弃，最后诱发暴力犯罪。如果我们要解决这个问题，必须要给新生代农民工在城里的生活带来希望。现在政府对农民工很照顾，设计文化娱乐场所，或者定期检查他们的健康状况，或者说看看有没有劳动侵权的事。但我认为解决这个事情的根本方向是户籍改革，给农民工和城里人一样的身份。给了他们和城里人一样的身份，虽然不一定能保证他的收入因此得到大幅度提升，却可以在一定程度给了他一份保障，减少他一些必要性开支和对未来的忧虑。这对于整个社会的稳定是一个非常重要的事。

娱论：

繁华背后是平淡

明星父子

“坏蛋”爸爸和“倒霉”儿子：陈强、陈佩斯

有对父子，父亲的名字叫陈强，儿子叫陈佩斯。这两个人的名字，对于观众来说可以说是如雷贯耳了。如果和葛存壮、葛优父子俩比较一下，从出道时间上来看，论年龄陈强要比葛存壮大，而陈佩斯演电影出名的时候，葛优还什么都不是。所以说这对父子的资历更深。但是我们大家也知道，好像这些年下来，从演艺生涯的道路上来看，陈佩斯走的远没有葛优那么顺。本篇我就给大家说说这对父子的演艺生涯，说说他们都经历了哪些磨难。

提起陈强，年岁比较大的朋友都会想起来两个形象：一个是《白毛女》里的“黄世仁”，一个是《红色娘子军》里的“南霸天”。年轻的读者可能不太熟悉，中老年朋友却马上就能想起那个特别特别可恨的、恶霸地主的形象。

在电视上能看到，陈强八九十岁了，慈眉善目，特别可亲。那是他岁数大了，“长开”了。他年轻的时候，谁看他，都不会想到这是个好人，他就那么一副“大坏蛋”的模样。而且那个时候，演坏蛋是很遭罪的事。

怎么遭罪呢？这个坏蛋在台上，或者说在戏里边，最终得被好人打倒——不是被枪毙了，就是挨顿揍。有人说这演戏没啥，简单做戏嘛！可是那时候演坏蛋是个高风险行当，在戏里面挨打在戏外也挨揍。那会儿新中国刚刚成立，老百姓都刚从苦日子里过来，也不太知道演戏是怎么回事，看见坏蛋容易弄假成真，有的还直接动手打演员。那个时候，陈强由于演《白毛女》里的黄世仁，演地主老财，在戏外没少挨揍。有一回上演《白毛女》这个戏，陈强已经吸取教训了——因为以前经常在路上就挨揍，所以这次墨镜戴着风衣穿着，把自己捂得严严实实的，总算安全登台了。可是演戏过程当中，底下的观众看着黄世仁觉得太可恨了——剧中人物的经历就是过去自己那经历。有的观众想起以前的事了，哭得跟泪人似的。有人想要发泄，站起来就想揍黄世仁。那会儿观众比较穷，买不起饮料，没东西扔，怎么办呢？当时是露天演出，地上有石头，有位观众捡起石头就扔过去，正好打到陈强的右眼上，差点儿没给他打瞎了。这是最危险的一次。以至于他后来演戏的时候，两边都有维持秩序的。所以说，那会儿演坏蛋风险是很大的。

有人说，陈佩斯有这么一个出色的爸爸，是不是在演艺事业上也能帮他点儿忙啊？陈强那时候压根儿没想把陈佩斯培养成什么明星。葛存壮是不想让葛优吃这碗饭，陈强是根本就没往这上面想，他觉得孩子爱做什么做什么，管孩子干什么！我们有句老话叫“小树得砍，小孩得管”，但是陈强不怎么管孩子。陈强还有个奇特的理论，这跟我们今天好多家长形成鲜明对比。现在的家长，恨不得什么都让孩子学。一天到晚把孩子排得日程满满的：今天学琴，明天学棋，后天学书，大后天学画。到后来学生什么都没学会，家长倒是琴棋书画样样精通。这事例有的是。

陈强的理论是什么呢，孩子是“有苗不怕长”，你把他扔那儿自己就长大了。所以陈强那时候对陈佩斯基本上是“放鸭子式”管理。而陈佩斯小时候也不是省油的灯，好打架。有一回跟同学在一块儿玩，替同学打抱不平，把人家给打了。他也没好到哪儿去，脑袋都给打出血了。到医院缝合时，得把头发剃掉，所以剃了个光头。这样子回家，一般的爹看到那是非常生气的，就像《瞧这一家子》中陈强演的老父亲，一旦这儿子陈佩斯不听话，又揪耳朵又什么的——那是戏里，戏外面陈强不这样。打架打到这个程度，陈强不管，只把陈佩斯叫到跟前就说了一句话：孩子你不这么干行吗？你将来要是真奔这条道儿，能进监狱那算你有种。要不你就给我好好的，别总挨揍！记住，如果你一天改不了这毛病，就是有头发也得给我剃掉。自那以后，陈佩斯就留成光头了，也是跟他爹较劲儿。陈强基本上就是采用这种教育方式，不怎么管孩子。

陈强这种看似"放任自流"的放养式教育，表面上看好像很不负责任，其实内里蕴含了对儿子更高的期待：他希望儿子能成长为一个顶天立地的男子汉。接下来陈佩斯开始了长达四年的内蒙古插队生活。在这期间，父亲陈强对他的态度依然冷淡。大家知道，插队就是知识青年上山下乡，当时的口号叫"插队落户"。什么意思呢？陈佩斯十五六岁，书不念了，到农村去，跟着农民一块儿干活儿。那时候去农村不是像我们现在"支农"似的，到农村体验生活，而是把城里的户口注销，去到哪儿下乡，户口就落到哪个地方。陈佩斯就从北京到内蒙古插队落户去了。那时候到北京站，人山人海的。开始这些年轻人不清楚怎么回事儿，大部分没出过远门，一登上火车，在车上兴奋得不行。

火车汽笛一鸣，要走的那一瞬间，有的孩子心里才开始悲伤。有一个叫食指的诗人写过一首著名的诗，叫《这是四点零八分的北京》，描述的就是凌晨四点零八分，从北京坐火车到内蒙古插队的情景。他是这样描述那个时候自己心情的："火车已经发动了，我的心突然有一种无名的悸痛。仿佛断了线的风筝，而丝线的那端就在妈妈的手中。"这一瞬间他才感觉难受——要离开妈妈离开家乡了。陈佩斯他们这一代人，就是带着这些憧憬去插队落户的。可是到地方一看，条件落差太大，而且吃不是吃喝不是喝。那个时候生产水平不高，粮食产量低，不够吃啊！有句老话叫"半大小子，吃死老子"，正是饭量大的时候，陈佩斯整天饿得前心贴后心，一天到晚就想着让他爹寄点儿钱来，买点儿粮食吃。可是奇怪了，在下边插队落户四年，陈强没给儿子寄过一分钱。这当爹的得多“狠”啊！我估计，现在大多数当爹的做不到。陈佩斯偶尔接到点儿钱，都是他妈给寄的。

陈佩斯在内蒙古插队四年，这四年他没有感受到一丁点儿父亲的关爱。随后他回到北京，成为八一电影制片厂的一名演员。很多人都会想，这一定是沾了他父亲的光。可实际上因为父亲的关系，陈佩斯差一点儿和演员这行无缘。

怎么回事呢，听我慢慢说。当时，赶上知青返城的时候，陈佩斯的母亲就想，找点儿什么理由让儿子提前回来呢？正好这时候八一电影制片厂招演员。这个时候陈强根本管都不管，陈佩斯的母亲想尽各种办法在这边报上名，让陈佩斯千里迢迢从内蒙古回到北京考试。这次考试，陈强什么招呼都没打，人家也不知道这就是陈强的孩子。当时陈佩斯费尽九牛二虎之力，凭着自己小时候攒的那点儿功底考上了。可是过了关之后没过两天，又来了一个通知书，说得再参加一次考试！为什么呢？这不陈强过去总演坏蛋嘛！“文化大革命”的时候，就说他是“文艺战线黑分子”，这个定性比“地富反坏右”要好点儿。谁要是“地富反坏右”家的孩子，就被称为“狗崽子”，连考试机会都没有。而所谓的“文艺战线黑分子”呢，虽然算是人民内部矛盾里面的，但也是有问题的人，所以组织上录取得谨慎。陈佩斯不仅没沾到他爹的光，还不得不再次参加考试。

这事儿让陈佩斯觉得委屈。其实他还算幸运的。为什么？按八一电影厂原本的意思，既然他是陈强的儿子，不录取就行了。这时候有个老演员据理力争。这人叫田华，就是在《白毛女》里边演喜儿那个——陈强演黄世仁，他俩有过合作。由于田华据理力争，陈佩斯得以又来考了一次。这次考试很严格，连党委书记都亲自来了——有点儿政审的味道：作为“文艺战线黑分子”的后代，了解贫下中农的疾苦吗？演个小品表现一下翻地生产吧！这下说着了。为什么？陈佩斯在农村净干这活儿了。

陈佩斯一边想着在内蒙古插队时吃的那些苦，一边做着翻地动作。党委书记一看，这小伙子知道贫下中农的疾苦。行了，可以录取了。其实没考什么别的，就这么一两句话他就过关了。所以，陈佩斯一辈子感激田华老前辈。

陈佩斯费了九牛二虎之力，这才回城开始走上当演员这条路。这会儿陈强一看，这孩子多少有点儿天分，就带着陈佩斯演了几个电影。陈佩斯还参演了当年刘晓庆主演的《瞧这一家子》，小火了一把。凭借在这部电影里的精彩表演，陈佩斯给自己的喜剧表演生涯拉开了帷幕。之后他更是数次登上春晚舞台，迎来了演艺生涯的巅峰时期。

我们知道，让陈佩斯真正大火特火的，是 1984 年春晚跟朱时茂俩人演的小品《吃面条》。后来他们又陆续表演了《烤羊肉串》《警察与小偷》《主角和配角》等有名的春晚小品。这些小品在春晚舞台上大放异彩，一下子让陈佩斯火起来了。1998 年后，陈佩斯淡出了春晚的舞台，开始全身心地投入到电影的创作中，并开创了中国第一个喜剧系列电影《二子开店》系列。但是电影并没有给陈佩斯带来财富和快乐，作为独立制片人的陈佩斯，因为没有操作电影市场的经验，在这个行当里吃尽了苦头。

有人说他都能拍电影了，还怕挣不着些钱吗？说实在的，陈佩斯那时候没挣着钱，为啥？《二子开店》系列都是喜剧，当时喜剧不行，大家都看正剧看悲剧，没多少看喜剧的。而且也找不到投资方，只能自己掏钱拍。这个系列电影是他跟父亲陈强合作的。为什么父子俩合作呢？真要钱紧张就把爹那份钱省了吧，陈佩斯是这么琢磨的。整个戏拍出来之后，也没怎么卖好。各个院线那时候也不太讲道理，比方说我拿了你这《二子开店》电影放，我放了一百多场，挣钱了，回头我跟你说，就放了八场，没法儿打这官司。那时候不像现在这么规范，有监控，院线跟影片方、制作方，怎么分成已经很规范了。而陈佩斯呢，跟他爹有一点儿挺像，就是比较倔，所以无论是跟央视，还是跟电影院线，他最终都选择了一种激烈的方式抗争，弄得自己跟很多影片发行商闹僵，没退路了。

之后陈佩斯沉寂了相当长的一段时间，似乎在舞台上销声匿迹了，当年的“喜剧之王”没了！这种状况一直持续到 2001 年。据说在之前那些年，陈佩斯跑到北京郊区种果树、当农民去了。从这一点我们也可以看出，陈佩斯是个挺有个性的人，他愿意为自己的理想坚持。现在，我们在电视里看到他的访谈，会发现他跟别的演员不一样，能感觉到他很特殊，有些时候他好像不合时宜，很不合群。然而恰恰因为有这样的性格，他才能守得住这种寂寞。

2001年的时候，陈佩斯发现了另一块天地——话剧舞台。当时他创作了一个喜剧，名字叫《托儿》。很多人都说，现在话剧不挣钱，净赔钱了。结果没想到一演就火了，然后开始全国巡演。据说，这个话剧最后挣了4000万！有没有那么多，陈佩斯能落多少，我们不知道，但这条路让陈佩斯看到了希望。后面他又拍了《亲戚朋友好算账》《阳台》《阿斗》，连着在全国巡演。现在，这个“喜剧之王”又重新回到了我们的视野当中。

我们今天总结陈佩斯的艺术生涯，可以说他演电影可能演不过葛优，而话剧现在方兴未艾，以后还不知道会发展成什么样。但是有一点可以肯定，在中国的小品界，陈佩斯绝对是第一流的演员。赵丽蓉老太太有亲和度，赵本山的语言使全国人民哈哈大笑。可是要论小品当中肢体动作的表现，恐怕没有人比陈佩斯更出色。所以从这一方面讲，陈佩斯是无愧于“喜剧之王”这个称号的。

影坛父子：葛存壮、葛优

在当前中国的演艺圈中，我们经常看到一种现象，叫“父子明星”，即爹是明星，儿子也是明星。这种“父子明星”比较多见的是哪种类型？比方说张国立，他儿子叫张默，现在也挺出名；成龙，他儿子叫房祖名，人家又唱歌又演影视剧。这种情况通常是什么样儿的？就是父亲是个大腕儿，儿子属于刚起步或者小有成就，没有父亲出名。但是本篇讲的这对父子却是儿子比爹出名多了，这对父子是谁呢？父亲叫葛存壮，儿子大家都知道，叫葛优。毫无疑问，葛优眼下比他爸爸葛存壮出名。2010 年年底，三大贺岁片，人家葛优一人都给包了，加一起票房十多亿。

中国哪个男演员比葛优还火？好像现在是找不出来了。这父子俩，开始的时候肯定人都说，这位是葛存壮葛老爷子他儿子；现在所有的人见葛存壮，大概都会说这位是葛优他爸爸。对于现在这对父子档来讲，儿子比父亲要出名得多。我记得 2010 年年底三大贺岁片都上映完后，有一个类似媒体圈的娱乐活动，葛老爷子一出场，记者里三层外三层就都围上他了。其实老头儿心里很清楚，不是问自己的，都是问葛优怎么怎么样，葛优如何如何。老头说得也很有意思。有记者问他，老爷子，你儿子可了不起，现在是演艺圈的顶级大腕，一个人包了三场贺岁片，这了得吗？国内就数他，到顶了。老头说到什么顶？他还是个小学生，要学的东西很多，再说再到顶能怎么样，我还是他爹，不听话我照样揍他。记者都笑了。

其实，有的记者可以体会到，葛存壮这番话一不是倚老卖老，二不是讲家常话，而是从另一个角度帮衬葛优的。为什么说是帮衬呢？大家想想这个道理：他说葛优是个小学生，是替葛优谦虚，这种客套话媒体都明白；但是另一个层面的意思就深了：葛老爷子为什么说他是我儿子，不听话我照样揍他呢？葛优被抬得那么高，影帝，三大贺岁片男主角，国内第一如何如何。国内有句老话，捧得高摔得惨。葛存壮是老江湖了，明白这个道理，他知道自己儿子不能走向神坛，他演的就是小人物，还得以小人物形象活在大家心里。所以他把葛优拽下来：别人心里葛优第一，我心里不是，葛优就是我儿子，说揍他就揍他。人家一想：这葛优，可亲可爱，还挨自己爸爸揍呢。从这个角度来讲，葛存壮这是以“老江湖”的方式帮衬自己儿子，他明白娱乐圈里的生存之道。

大家可能想象不到，这么懂得帮自己儿子的一个老前辈，当年可是坚决反对葛优进入演艺圈的，甚至宁可让葛优在昌平下边一个农村喂猪，也不愿意让他从事这个行业。有人问这是为什么呢？这当爹的不希望自己儿子好吗？葛存壮恰恰是通过自己的演艺生涯总结，才不让儿子干这行的。为什么呢？他知道自己是什么长相，儿子是什么长相。有不少朋友看过老版的《小兵张嘎》，那里面有个鬼子小队长龟田，就是葛存壮演的。本来葛存壮那时候长得就够寒碜的了，他为了演好这个角色，还专门做了一个橡皮的鼻子头，显得更像。所以有不少人误解了，说看完这片子以为这个角色是请日本人演的。

可见葛存壮当时的演技是非常高超的。可是演反面人物，当年也是情非得已，他不想演这个。葛存壮一辈子演的好人屈指可数，倒是演的坏蛋一数一大把。本来他演技挺好，但是因为他这种长相，不少剧团要他的时候都考虑：我要不要他呢，他来了只能演坏蛋！葛存壮最开始跑龙套的时候，在电影《赵一曼》里面演了个只有两句台词的小角色，后来字幕里有“葛存壮”三字，把他高兴坏了。

当时的演艺圈跟现在不一样。现在的戏剧角色塑造得都比较全面，往往好人有缺点，坏人有优点，不好不坏的人也不少，而且这第三种人的角色占绝大多数。可是那个时候我们的片子里面就是两类人，所以你要么演好人，要么演坏蛋，基本不存在第三条路。所以葛存壮这个长相，一进剧组就是演坏蛋。有人说演坏蛋没什么啊，现在演坏蛋的多了，出名的有的是。当年可不是这样，那时演坏蛋不会有什么太好的待遇。

我给大家讲几个事大家就清楚了。有不少朋友看过《智取威虎山》，演座山雕的那个演员叫贺永华，很了不起，演技很好。我们都知道，《智取威虎山》里面正面人物是杨子荣，反面一号人物是座山雕。一开始，演完这个戏谢幕的时候，是扮演杨子荣的演员上场，拉着座山雕，一起向大家谢幕。后来有人就提出来了，座山雕是一个土匪，都被打死了，还谢什么幕呢？就这样他开始往后靠。谢幕变成什么呢？杨子荣、李勇奇、少剑波等英雄人物站头前，后面是八大金刚、座山雕、小炉匠、傻大个儿……再后来有人提出来，谢幕时英雄接受大家的敬仰，坏蛋上来干什么？干脆，谢幕时没演座山雕的演员什么事儿了！你想想，一样都是演员，得到这样的待遇应该吗？可是在当时那种意识形态之下，这是一种常态。

这还不算。大家看过电影《智取华山》里面演匪军旅长的演员，在《平原游击队》里面演松井，名字叫方化。那时他被称为“鬼子王”，净演日本鬼子了，是长春电影制片厂水平很高的老演员。他演完《平原游击队》的时候，刚好毛主席到长春电影制片厂视察，要接见这些演员。领导那天把方化叫到跟前，告诉他毛主席接见演员，你这演坏蛋的不能出来，回宿舍睡觉去吧！那时候演员得到毛主席接见，是多大的荣誉！毛主席这边跟演李向阳的郭振清握手呢，那边演松井的方化一人躺到宿舍床上掉眼泪。你看演坏蛋演得。

所以那个时候跟现在的演艺圈环境完全不同。葛存壮是老资格的演员，这些他都见过，他知道演坏蛋肯定没啥出路。那时候挑演员，往那儿一站，一看葛存壮这模样，演坏蛋吧；那边唐国强、王心刚，长得英俊潇洒的，这肯定演英雄人物，分得很清楚。葛存壮一想，自己儿子这长相还不如当年的自己呢，别让他干这行了。为什么呢？葛优在娘胎里面就有点儿小毛病。葛优是 1957 年生人，当年他母亲怀着他的时候，人家医院大夫找到葛存壮说，要大人还是要孩子？这就表示你这个胎儿有问题，保大人保不了孩子，保孩子保不了大人。葛存壮无奈之下签字，要大人吧！但是幸运的是，葛优平安生下来了。他生下来的时候就缩成一团，挺小的，一看就不像健康孩子的模样。长大以后果不其然，二十来岁就秃顶，小鼻子小眼的，一看就不像好人。葛存壮一看，这孩子长得还不如我呢，于是死活不同意他入这行。

那时候葛优自己什么想法呢？他想干演员这行。我们看葛优最开始演电影的时候，真就不如他爹，他爹再怎么演坏蛋，演的也是军官。等到葛优开始入行的时候，演的都是“狗腿子”。

当时葛优是怎么进入这行的呢？当时他在昌平下边一个农村插队，天天负责喂猪。他不服气，自己就想，我还得跟自己父亲一样，要当个演员。于是，他就把他知道的、北京能报考的地方，全都报了一遍。什么青年艺术团，北京军区文工团，等等，一口气报了八个，然后去考试。可是八个团毫无例外都不要他。有时候一推门进去，剧团领导还以为他是送盒饭的呢。反正就是到哪儿去都考不上，最后在家发愁，唉声叹气的。当父亲的没有不疼儿子的，葛存壮一看，说你真想吃这碗饭？葛优说我真想！于是，老爷子动用自己的关系帮葛优到处找剧团。他当时跟全总文工团的团长关系不错，说全总文工团有考试，你去报考全总文工团吧。考试的时候，说你能演什么呢？莎翁的戏能背两句吗？老话剧台词呢？全都不会。你会干什么？我会喂猪。葛优就编了个喂猪的小品。结果这个小品太贴近生活了，他也熟，一演还真过关了，就被录取上了。结果他这儿录取了，那头农村的生产队长不干了，说你走之后我们换个人养猪，猪都不吃食儿，都等你回去喂，它才吃。葛优跟猪还很有感情。后来电影《没完没了》里面，有个情节是吴倩莲发烧了，葛优给吴倩莲打针。吴倩莲问他，你以前给人打过针吗？葛优说插队的时候给猪打过。这是真事儿，不是葛优在电影中信口开河，他在生产队的时候确实给猪打过针。

从此，葛优开始进入演艺圈。跟他爸爸当年一样，葛优也是从跑龙套开始的。他怎么演火了呢？是演完了《顽主》之后，接了《编辑部的故事》。他为什么会火？源于改革开放以后社会文明的巨大进步。大家看《编辑部的故事》中李东宝这个角色，丑不丑、俊不俊、好不好、坏不坏、上不上、下不下，就是一个中间地带的小人物。他没有什么丰功伟绩，但也没干过大奸大恶的事，有时候奸懒馋猾一点儿，但是更多时候展现的是心地善良的一面。所以这样一个人物，就像我们身边一个最普通的人一样。葛优恰恰是以再现这种最普通的小人物，把李东宝这个角色给演绎活了。

那么后来葛优演的角色里有大英雄吗？没有。本来程婴是个大英雄，陈凯歌非得把他拉成江湖郎中，让他无奈地卷入到赵氏孤儿的仇杀当中。其实，导演就是一定要把葛优拽下来，来到这个层面。再看《让子弹飞》中的那个师爷，本来是个县长，最后死的时候也挺可怜，就是这个坏人物也有他善的一面。他演《非诚勿扰》，更不用说了，里面的角色表面油嘴滑舌，骨子里还是挺善良的。所以，葛优后来就找准了自己的定位：第一演不了大好人，第二也不是坏蛋，就演那种有点儿缺点，有点儿毛病，有点儿幽默感的普通人。找准了这个定位，葛优才有今天这样的成绩。这个成绩最应该归功于谁？不是他爸爸，甚至都不是他自己，而是归功于咱们这个时代。如果还按照过去那个年代的标准挑演员，葛优基本上没戏，要跑一辈子龙套，最多也就能混成他爸爸那样，像葛存壮、刘江、方化这样演一辈子坏蛋，而不可能像现在这样获得这么高的声誉。

所以说，葛优走到今天，应该说得益于时代。当然他父亲的遗传基因也起到了一定作用。只是这父子俩，这么些年，有一件事一直是个遗憾。你看陈强、陈佩斯父子俩拍《二子开店》系列，爷儿俩合作过。葛存壮跟葛优爷儿俩从来没在一起合作过，这成了一个很大的遗憾。为什么父子俩不在一块儿合作呢？有不少导演撮合，说你们父子凑一起，我给你们写剧本，都是腕儿，肯定赔不了。但是他俩，尤其葛优不干，为什么呢？从小他爹对他是一不听话就打，他见着自己爹有心理障碍。俩人演戏，再跟自己父亲开两句玩笑，他心里那感觉就先不对了。

葛优背着自己父亲打滚、放泼什么都能放开，当着自己父亲的面就不行了。有一次，葛优、梁天、谢园这老哥儿几个在葛优家打麻将，打到半夜葛优的钱输没了，那怎么办呢？谢园说我借你点儿？不用。站起来上那屋去了，看老爷子睡着了，外衣在那挂着，把钱掏出来。打到天亮，他把他爸爸的钱也输没了。到第二天谢园赢了钱，买了一条西裤，买双很漂亮的老人头皮鞋，到葛优面前晃悠：看没看着，葛优裤、存壮鞋。可见葛优背着他爸怎么都行，唯独当着他爸爸的面紧张。所以拍片子什么的，跟自己爸爸演，感觉就不对了。

有时候老头有那心，但是父子俩一直没合作过。没合作是没合作，然而，1998 年百花奖颁奖，当时葛存壮演了电影《徐悲鸿》里的配角，演齐白石——现在想想，葛存壮岁数大了，戴着眼镜，留着长胡子，挺像齐白石——得了百花奖的“最佳男配角奖”。葛优那年凭着电影《甲方乙方》获得最佳男演员奖。爷儿俩同台领奖，成就了百花奖的一段佳话。

虽然一辈子没有能够跟儿子一起合作完成一部作品，但是葛存壮有一句非常骄傲自豪的话，娱乐圈的人都知道，是什么呢？葛存壮说过，我这辈子最好的作品就是葛优。

英达：走出父亲的阴影

英达是著名演员、导演，还是著名主持人。大家都知道，中国第一部标准的室内情景喜剧《我爱我家》，就是英达拍的。

英达的头衔很多，但是大家不要忘了，他还有一个更为显赫的地方，就是他的出身。他爸爸曾任文化部副部长，叫英若诚，出身自北京人民艺术剧院。要按过去的说法，英达算出身于世家。他太爷爷名字叫英敛之，当然，一开始不姓英，是慈禧太后赐姓英，在过去这绝对算得上贵族了。

从英达的出身来讲，确实有那么点儿贵族的味道。所以，后来英达演好多电影，比方说《霸王别姬》《梅兰芳》《风声》，他演的往往都是有身份、有地位的。当然也有贪生怕死的，因为有钱人都怕死，这是规律。

为什么都要让他演有身份、有地位的？不是说英达长得富态，最主要的原因是他身上有种贵族的优越感。英达他爸爸虽然是文化部副部长，但其实是纯正的艺术家出身，既是著名的话剧演员、著名的戏剧导演，又是戏剧理论家。当然我对他爸爸是很熟悉的，因为他爸爸演的这些话剧我基本都看过，《雷雨》《龙须沟》，最著名的是《茶馆》。老版《茶馆》里，英若诚演刘麻子，老刘麻子、小刘麻子都是英若诚演的。

英若诚既有艺术实力，又身居高位，有这么一个爸爸，用现在的活来说，这英达他既是“富二代”又是“官二代”。按我们的想象来说，他爸不早就给他铺就锦绣前程了吗？他现在出名了，有人说那是人家“爹好”，这就是先天优势，谁也躲不了。可是英达很回避这个，为什么呢？每个认为自己有能力的人，在成长过程当中，都想极力地摆脱父辈名望给他带来的阴影，英达也不例外。

可是我们说他摆脱不了，为什么呢？所处的环境和你父亲相关，又从事跟你父亲类似的行当，你就很难摆脱这些东西。比方说他起步的时候，要没有他父亲这腕儿，他还不那么好入行。那个时候英达先是出国留学，在美国密苏里大学学导演、学表演，还修了心理学，确实是学富五车。他一肚子学问回到国内，也要面临找工作问题，怎么才能够入这行当？当时英达就打听导演这行谁腕儿最大，我们知道有个著名导演叫谢晋，谢导当时在西安拍片子。英达就跑到西安，自报家门去找谢晋。开始他不愿提自己家，而且在美国待了多少年了，回来说话舌头有时候都捋不直了。他跟谢晋自我介绍，说自己是科班出身，学这个的。问在哪儿学的？ American。谢晋这个来气呀，你在我面前要什么洋文？还 American，我不知道那是美国吗？也就爱理不理的。英达一看，谢导没拿他当回事儿，也没说站起来让个座倒杯茶、喝口水，这时候英达没招了，他就说您是不认识我，可是您跟家父肯定很熟悉。谢晋一听愣了，你爸爸是谁呀？我爸爸是英若诚。谢晋说英老爷子，我们很熟，这你算是大侄子了。就这么着，俩人越聊越亲近。但是就谈他家里事，他没机会跟谢晋在一块儿拍电影。眼看到中午了，谢晋是长辈，中午两人一起吃个饭，在楼下边碰着了曹禺。一看着他，英达心里石头落地了。英达的母亲是曹禺的文学秘书，而曹禺是谢晋的老师，吃饭的时候仨人在一桌吃，当然曹禺要极力推荐英达了。他说英达这孩子是年轻才俊，一直在国外学习，刚回来。其实曹禺也不知道英达是学什么的，反正就是大力推荐。最后，英达就当上了谢晋这个剧组的副导演。这个电影有的朋友看过，叫《最后的贵族》，英达在这里面当上了副导演，等于是从此入行了。

我们不否认英达的能力，可如果没有他爸爸英若诚，英达要入行至少还要在黑暗中摸索更长的时间，不会那么容易就进来了。这个过程就直接说明，他父亲对他有积极影响。英达进入这行了，不愿意让人说他是靠他父亲来的。可是人的名，树的影，这社会“八卦”的人多——他怎么进这单位的？肯定有根儿。揭揭他底牌，他爸爸是谁，他姑姑是谁。有这心态的不只是普通人，大明星也是，比方说葛优。这是怎么回事呢？听我给你讲。

当年有个电视连续剧叫《围城》，里边英达演男二号赵辛楣；葛优算四五号人物，演李梅亭；这里边还有英若诚演三闾大学校长高松年。葛优进这剧组那会儿，刚演了点儿小电影，有点儿小名气，远远谈不上大腕儿，为进剧组他也费了挺大劲儿。当时的导演是黄蜀芹，葛优的母亲是行内人，极力向剧组推荐他，最后把葛优推荐进来饰演五号人物李梅亭。葛优那会儿人微言轻，小心翼翼的，进了片场看着谁都像管事的，得“溜须”人家，好说好商量。转一圈儿发现有个白胖子，就是英达。他戴个眼镜，背着手走道儿，而且走路过程当中，人家都平视或者低着头跟捡钱似的，他不是，他是往上看，而且看人的时候斜着看你，一副瞧不起人的感觉。其实英达真不是有意识斜着，因为他是三角眼，往旁边一瞅就跟斜眼似的。

当时葛优一看，这是导演还是制片啊，这么牛、架子这么大。后来一打听才知道是英达，在里面演男二号赵辛楣。葛优一听，这个人不认识！自己费挺大劲儿才出演四五号人物，这个人没什么名气一下子演男二号，不用问，走后门进来的。葛优就打听，一打听，他爸爸是英若诚，所以从一开始，葛优就认为英达是走后门进来的。都隔了好几年了，见英达还说，你要没门子你演不上这个，你是有点儿能耐，但是肯定走后门进来的——还有这个误解呢。

有时候家世显赫确实带来很多便利，当然不少人说，那我宁可别人都误解我，我也愿意家世显赫，办什么事都方便。其实《围城》挑上英达，跟他爸爸一点儿关系都没有。黄蜀芹导演在选角的时候，看过谢晋的《最后的贵族》。英达在《最后的贵族》里边串了个角色，也是个海归。英达在美国学完了，回到国内，这段经历跟越辛楣是非常符合的。而且他有时候装腔作势、很“自以为是”的样子，非常符合这个人物形象。

黄蜀芹就赶紧打听这人是谁。当时英达在谢晋剧组做副导演，到后来她才知道英达爸爸是英若诚。而且演这个戏，英达不仅没靠他爸，还拉了他爸一把。因为英若诚一听说儿子拍《围城》了，就让英达跟导演商量商量，让他在里边演个角色。他为什么主动请缨演电视剧呢？那时候演话剧的演员不大看得起电视剧。但是《围城》的作者钱钟书，是英若诚当年在清华读书时候的老师，也是他很敬仰的前辈。所以这个时候他想在剧里客串个角色，对老师表达一下心中的崇敬之情。英达就跟导演说，我爸要来演个角儿。黄蜀芹一听高兴坏了：文化部副部长来演了，好事呀！再说她知道英若诚的表演功底，那可不是到里边坏事儿来的。就这样，英若诚坐飞机到了剧组，演了三天戏——演三间大学校长高松年——父子俩在这里边还同了一次台。

这个过程说明英达不仅没借他爸爸光，关键时候还拉了他爸爸一把。父子之间的关系有时候就这么微妙。过了这么多年，英达都说他一直生活在他爸爸的阴影之下，想极力摆脱他父亲的影响。最开始英达想进人艺，那时英若诚是人艺的副主任，他为了避嫌不让自己儿子报。后来英达有点儿成就了，他才说那你报人艺还行。因此，老爷子不仅没帮英达，可能在一定程度上还阻碍了他的成长。

现实生活当中也是如此，大家会注意到一个奇特现象：儿子有什么心里话愿意跟妈妈说，可是见了爸爸没什么话。跟爸爸坐一起，爸爸最多问一下工作怎么样啊，交代一下要跟领导关系处好，跟同事处好，父子说话一般不过四句。跟自己妈就不一样了了，什么我处了个对象啊，哪个女的把我抛弃了，什么都能说，跟父亲就说不出来了。有首民歌《北国之春》，里面一句词就是“家兄酷似老父亲，一对沉默寡言人”。

因为父子俩之间话少，所以感情的交流就很微妙了，有的时候往往通过一些其他的事情，才能看出父子之间的沟通和了解。我们说到现在为止，英达在电视剧领域最高的成就，毫无疑问是《我爱我家》。这里头有个经典角色——老傅。那老头儿很有意思。他的形象是从哪儿来的呢？有一部分就是来自英若诚。

写剧本的是梁左。英达现在的夫人梁欢，就是梁左的妹妹。那会儿跟梁左合作，还不知道梁左是自己将来的大舅哥呢。现在，梁左先生已经仙逝了。梁左当时写这剧本的时候，写到老傅这块儿就是按自己的爸爸写的。革命老干部，有些毛病摆架子什么的。英达看完了说，你这不全面，我给你补充一下，那个老干部有这个特点那个特点。俩人在背后交流自己爸爸的特点，其实是互相说自己爸爸坏话。他说我爸爸脱离群众，我爸爸官僚主义，我爸爸自高自大；他说我爸爸刚愎自用，我爸爸好大喜功，我爸爸贪小便宜，俩人在这揭发自己爸爸。就这样，写完了剧本。老干部英若诚的地位无疑挺高，符合这个革命老干部形象，所以这些事多数来源于英达他爸爸。英达把这个稿子都弄完了，回去给他爸看。英若诚一看，瞪了他一眼——老头儿心里很清楚，这不是写他自己的吗？英达就说那你能不能演这个老傅？英若诚来气了，把我写成这样你还让我演，这不是羞臊我吗，不干！但是他也表示，儿子这么大的一个事儿，我在里面要出演个角色，而且是本色出演。剧本里面有个老胡，胡学范，跟着老傅对着干一辈子，也是个“海归”，英若诚在这里边就演了这个“老海归”胡学范。

张默：请不要叫我“张国立之子”

张国立和张默这对父子明星有个特点：老爸成名已久，现在不仅是一线演员、一线导演还是第一流的制片人。儿子在腕儿上就差了不少，算得上一个后起之秀。而且这个“秀”字，得有一半归到 2010 年的一部电影《让子弹飞》里。张默在里边演小六，显得特别狠——为了澄清自己干爹的清白声誉，宁可划开肚子，把凉粉拿出来。据说有不少朋友看完这个情节以后，都不敢吃凉粉了。

张默在《让子弹飞》这个片子中表现出了他与众不同的演技，就是骨子里头带着那么一股狠劲儿。我想，如果他生活当中不是一个挺狠的人，在这个剧里那种狠劲儿他是装不出来的。所以姜文看演员，注重的是真性情。那么，张默在生活当中也对自己这么狠吗？答案是肯定的。因为张国立、张默这对父子，相比前面说的葛优父子俩、陈佩斯父子俩，关系不是那么正常。

当年张国立在四川待着，后来演戏有名了，跟以前的老婆离婚了。这离婚没办法，因为张国立要到北京发展，跟自己的老婆聚少离多，后来俩人一点点没有感情了。张默是张国立跟前妻的儿子，离婚时法院判给张国立抚养。但是一个男人，在北京带着孩子多难啊。所以张国立出钱，这个孩子一直跟自己亲娘在一块儿生活。后来张国立在北京混好了，才把儿子接到身边好好培养。

把儿子接过来的时候，张国立跟邓婕已经好上了。邓婕离过一次婚，张国立也离了一次婚，俩人凑到一块儿，就组成了一个家庭。所以张默跟张国立在一块儿过的时候，显得很叛逆。他有种什么感觉呢？自己原先有父爱、有母爱，现在这么一来，母亲在四川，父亲身边却又有女人了。小的时候他不懂事，不知道怎么宽容地看待自己父亲的生活，所以表现得特别叛逆。

当时张默有个表现，在家里没事儿就玩摇滚，把乐器声音放得很大很吵。家里有条狗，这个乐器一响，狗也跟着叫唤。张国立进屋说声音小点儿吧，结果声音反而更大了。他就成心气张国立。这还不算，张默当时叛逆到什么程度呢？现在好多年轻人，甚至男孩打个耳洞戴个耳钉，这都很正常的事。但是张默在两个耳朵上打一排耳洞，然后戴耳环，就跟非洲土著似的。而且他一个人在家里不戴，专等着他爸爸下班。张国立一进屋，他在这边对着镜子装扮上了，然后走到他爸跟前晃荡。他爸一看，什么呀这是！一走他摘下来了，等他爸回来他又戴上了，成心气他爸。

有不少单亲家庭的孩子，也像张默小时候这样。因为孩子是弱小者，而每个弱小者都渴望别人对他的关心和爱护。拿小孩子来说，有的孩子愿意骂人，可是他连骂人的话什么意思都不理解。为什么骂人？有一个最显见的道理。他平常说话的时候好像父母不理他，孩子一骂人，突然间都关注他了，孩子有一种被重视的感觉。他意识到我是存在的，我是有价值的。所以孩子骂人是为了吸引爹娘注意。张默戴上耳钉气他爸爸，也是为吸引他爸注意，他渴望能够拥有更多的父爱。面对如此叛逆的儿子，张国立心里头也不好受。后来张国立看一个剧本叫《挣脱》，里面有一句父子之间吵架的台词。张国立看完了，心里翻江倒海不是滋味儿，这句台词放到家里太像了。

我们都有一个常识，生活当中，父母离婚了，孩子跟一个生活，过了一段时间再到那边去。如果哪边要组建了新家庭的话，往往这个孩子就有一种叛逆心理。这跟父母对孩子的教育有关。比方说，父母感情不和了，要是男的带着孩子，他要有股怨气就会说：孩子啊，别相信女的啊，这女的都是狐狸精啊！要是女的带着孩子就会说：孩子啊，天底下男的没好人，没好东西！就这样，他们不知不觉地把上辈人的一些仇恨和偏见都转移给孩子了。所以，为什么有些单亲家庭的孩子心理容易出问题？不是这个孩子先天就有毛病，全怨他爹妈。现在的社会，离婚的也不少。当父母的得好好想想，别把自己那点儿怨气都强加给孩子。有什么意思呢？

张默就是在这样的一种环境下，叛逆着长大的。他跟着爸爸时间比较长，爷儿俩血缘关系近是近，但总是像哥儿俩似的吵来吵去。后来，张国立是真想提携张默。孩子想要从事演艺事业，那就应该由我扶你走上这条道。

后来他们拍了一个片子，这个片子很有意思，叫《我这一辈子》。《我这一辈子》是老舍先生的一部名著，讲一个巡警福海从旧社会走到新社会，一辈子起起伏伏的故事。这里边的福海，原先有个妻子，生了孩子后就死了。多年以后，福海又碰上了一个女人，然后俩人一起在一块过日子。儿子也认这个女人当妈了。这个女人谁扮演的呢？邓婕。儿子谁扮演的呢？张默。这个关系跟现实当中的张国立、邓婕、张默的关系一模一样的。所以我想这部片子之所以张国立能拉着张默演，恐怕还有让这个家庭通过这一部戏更加和谐、和睦的想法。这部戏，实事求是地说，张国立、邓婕演得都没问题，其他配戏的李成儒、何兵，都是大腕儿，也没问题。整个戏拍完了，张默看了一遍之后，羞愧得无地自容。跟那几位“老戏骨”，像李成儒、何兵，自己父亲张国立一比，演技差太远了。

演戏受到打击的张默，终于知道父亲的良苦用心。而天生叛逆的他，为了向父亲证明自己，通过自己的努力终于考上了中央戏剧学院。结果证明，考上中戏还真不是什么好事儿。有不少读者朋友可能还记得当年的事。张默到中戏读书，赶上青春年少，开始谈恋爱。谈恋爱嘛，过来人都知道，俩人在一块吵架是很正常的事。吵架吵急了，张默没控制自己，把女朋友给打了。这一打背后还扯出一堆事儿来，弄得满城风雨。娱乐记者、狗仔队争相报道，闹得沸沸扬扬。

要是普通学生把女朋友打了，背后有再多的事儿也没人管。年轻人吵吵闹闹挺正常！可这是张国立的儿子，这下媒体抓住炒作的由头了。结果这个事影响了中戏的声誉，中戏领导决定开除张默。这时候张国立着急了，跑到学校去，拽着自己儿子连打带骂的，当着领导的面，请求给孩子个机会。可是中戏领导想，越是名人的孩子，越不能轻易放过，要不然这不没有规矩了吗？所以最后还是坚持原来的决定，就这样，张默从中戏退学了。

退学之后，张默明白了：他爸是真爱他的，只不过是隐藏在心里，父爱不像母爱那样容易表现。有那么句话，叫“多年的父子成兄弟”，就是这个道理。那一瞬间，张默长大了不少，理解了父亲对自己的一片苦心。后来张默拍了《济公新传》。这是张国立给张默找的角色，真是想提携自己的儿子，让他演济公。张国立演什么呢？演奸臣秦桧。里边有一段济公打秦桧这个场面，说济公抬起手就给秦桧一嘴巴。这是戏里，戏外不就是儿子打老爹吗？爷儿俩演对手戏之前，张默心里就说，我打我爹这不像话啊。有人说：“警察打爹，公事公办。”这是拍戏，能算公事吗？就跟他爹商量说，爸，你看这样吧。我把这戏改了，济公不是会法术吗？设计个棒子追着你打。打奸臣，走哪儿打哪儿！省得我动手了。张国立说不行，这个戏呢，不是你济公在打我，你是代表人民群众打我。秦桧是奸臣，这一巴掌多痛快啊，要搁棒子追着，效果就差很多。张默一想也是，进了片场，准备就绪，要拍这场戏了。张默换好了济公那身行头：破扇子、破帽子、芒鞋，一歪扇子，"各位、各位、各位、各位"，片场人都奇怪地看他。他抬起手来："今天这场戏我要打我爹了，打我爹是大逆不道，我先打我自己。"张默先对着自己脸上打了几巴掌，把张国立心疼的。这说明什么呢？这是儿子在公共场合对父亲的真情流露，是很少见的。也说明这个时候，在张默心里，张国立作为父亲已经有一定的地位了——他了解了父亲对自己的苦心。所以他要通过这个场合，说是给各位看，等于也是给自己父亲看呢。

张国立在各个方面提携了自己儿子张默，可是正是由于这样，张默好像在自己父亲的庇护之下，永远走不出来。行家人都说，要没他爸他哪能演这个角儿啊。后来张默一气之下，对外宣布，以后不会再跟张国立先生合作。在片场见面叫张导、张先生。这个很像什么呢？像成龙和他的儿子房祖名一样。成龙在公开场合见着房祖名的时候，都直接叫房先生，不叫儿子。什么意思呢？我尊重你的独立人格，你凭自己的能力打拼出来了。因为房祖名演戏演不过他爹，他是从唱歌上起家的。大家都知道成龙的"公鸭嗓子"，你看我唱歌唱得好，这可跟你没关系吧！所以成龙尊重自己儿子的努力。这个时候张默说，我就管他叫张国立先生，也表示我不受你庇护。

自那以后，凡是自己父亲介绍的活儿，张默都不去，要凭自己能力打拼。后来有一个戏叫《父辈的旗帜》，招演员的时候，面试了好多人都不理想，然后张默去了。去了之后人家介绍说，这人了不起啊，是张国立他儿子。当时张默说，他跟张国立没有任何关系，别提那个。弄得那制片人很尴尬。后来进来这剧组了，大家认为张默演技不错。

有一场戏是讲吵架的，要从七八个角度、换不同的机位来拍，显得吵架剑拔弩张、内容丰富。所以说同一场吵架，得吵七八遍。一个架吵七八遍，还能吵起来吗？张默就问这怎么拍呀，导演告诉，他你想想，你当初是怎么气你爸的，怎么跟你爸吵的，你就怎么来。张默找着灵感了，现场跟吃了呛药似的，劲儿那个足，弄得跟他演对手戏的演员都傻了，全场哄堂大笑。

在这个戏里，张默开始把生活当中的一些经历融入到片子里，融入到表演中。今天来看，张默依然算不上一线演员，但是他拥有像《让子弹飞》里头那种狠劲儿——不有个广告说吗，男人就应该对自己狠一点儿。他有这股狠劲儿的话，肯定能走出他父亲的阴影，拥有更广阔的演艺天地。

草根传奇

百变媳妇海清的成名路

2010年的电视荧屏上，哪些人最火？说到女演员可能有很多朋友会脱口而出一个名字，那就是海清。确实，凭借着《媳妇的美好时代》，包括后来的《黎明之前》，海清在荧屏中的形象可以说是深入人心。但也有人对海清颇有微词，说她就会演一些媳妇之类的角色。除了媳妇以外，她还能演什么样的角色呢？

我们说海清年轻，其实这句话是相对的，跟上岁数的人比年纪算轻，但是从一个演员的角度来讲，她已经过三十了。很多人觉得她挺奇怪的，她火得晚。对，海清就是一个大器晚成的演员。我们看不少的演员，比如说章子怡，人家大学二年级就演了张艺谋的片子《我的父亲母亲》；赵薇还在学校读书的时候，琼瑶就挑中她演《还珠格格》，这都是红得比较早的。

海清为什么要演媳妇呢？因为在她青春美少女的时代，没人找她演戏，这些年岁数有点儿大了，那行了，就演媳妇吧，不能演未婚的闺女了。按道理说这么好的演员她当初怎么就没火了呢？我们可以从她演的角色里面分析一下。因为她那个时候有毛病，什么毛病呢？不少人看过海清演的《王贵与安娜》，她在里面演一个叫安娜的媳妇。安娜自负、清高、孤傲，瞧不起人。这其实就是海清早年间性格的真实写照。

海清 16 岁的时候，就已经成了南京一个歌舞团里的台柱子。她从小学舞蹈，舞蹈跳得非常好，所以那个时候她就很自信。她在高考的时候，理所当然就报考了北京电影学院和中央戏剧学院。老师都看好她，觉得这个孩子悟性不错，底子也不错。北京电影学院有一个老师非常欣赏海清，打算特招她，就把她叫到一边，告诉海清准备特招她，问她愿不愿意到北京电影学院。结果海清说她不用特招，而且还想到中戏去。意思就是没相中这电影学院。这老师一看这孩子，心里想你这么想也不能这么说啊！但是海清特有优越感，根本不在乎。老师就想，她岁数小不懂事，也不跟她一般计较，并且告诉海清，如果中戏没录取，就给她打电话，回头还特招她。海清当时说我就回来也不用特招。她为什么把话能说绝了？海清报考北京电影学院那年，文化课排第一。就是说如果不考艺术类院校，单凭文化课，她上南京大学、中国人民大学也没问题。后来，中戏跟北京电影学院都相中她了，也都录取她了。海清自己综合衡量了一下，到了北京电影学院上学。她整个报考过程特别顺畅。在这个顺畅的过程当中，人心气就高——有的时候这不见得是一件好事。

看看海清现在这个样子，就可以想见，她在青春美少女的时候不是特别漂亮。而且她气质好吗？也不见得。所以海清当时在学校里边，她自己这边很孤傲，可是外面人家没有相中她。她当时一毕业拍戏，很难，这也跟她的性格直接相关——她挑戏挑得厉害。自己不满意的剧本，直接就给拒绝了，有时候甚至就把人家直接赶走了。还有的导演找上来说让她演三号配角，她也把人家赶回去了。你仔细想想，导演来找你演戏，你要是个大腕儿，像葛优这个级别的，不给一流角色不演，有这个份儿。可你当时籍籍无名，什么都没有，还在这儿挑三拣四，你想导演能愿意要你吗？她当时因为这种孤傲的性格，在北京吃了好几年苦。

我们经常说，一个人想成事，三分能耐、六分运气、一分贵人扶持。这个时候海清的“贵人”出现了。谁啊？也是个明星，黄磊。黄磊就成了海清的一个贵人。怎么说呢？就在 2005 年前后的时候，黄磊把她推荐到《双面胶》剧组，演那个刁蛮、自私、很任性的媳妇胡丽娟。有人说黄磊怎么会帮海清推荐戏呢？主要是来自他们俩在学校时候的一些了解。

中戏、北影的这些学生，普遍有一个特点，就是在学校的时候，能接多少戏就接多少戏。刚才咱们说的章子怡、赵薇在校就拍戏。那个时候，这么多人红红火火地出去拍电影、拍电视，唯独海清不为所动，就老老实实跟着老师黄磊拍话剧。当时跟着黄磊努力地拍话剧，确实是海清长能耐的一个过程。黄磊问过海清，怎么不到外面接片子，非要跟着他学话剧？海清说上了北影要交学费，既然交学费，当然要跟着黄磊学东西，要不然学费就白交了。黄磊一听这个孩子真是有出息，她能够抵住眼前的一些诱惑，认清自己，以后肯定大有出息。于是当他碰到合适的角色的时候，就把海清推荐出去。

《双面胶》里，海清是女一号，演刁蛮任性的媳妇胡丽娟。当李亚平和胡丽娟吵架的时候，胡丽娟把那种蛮横表露得淋漓尽致，不但要上法庭，还要让儿子跟别人的姓。在和婆婆的交锋中，也是寸步不让。为了争得家里女主人的地位，逼着李亚平把婆婆搬出家里去。

当《双面胶》演完后，找海清的都是演媳妇的，因为海清把媳妇这个角色演绎得特别到位。后来大家也都知道，像《王贵与安娜》，里面安娜那个角色也是找的海清，海清一下子打开了她通往一流演员的星光大道。

当然，海清演的这些媳妇，胡丽娟是一种性格，安娜是一种性格，没一个好媳妇，不是刁蛮任性、自私自利，就是目空一切、瞧不起人。反正她演的这些媳妇都有一个特点——保准跟公公婆婆打得不可开交，把家庭闹得非常不和。其实海清自己也别扭，你说我演媳妇怎么就不能演一个好媳妇，非演不好的媳妇？等着等着，机会来了，导演刘江找她演《媳妇的美好时代》。这里面的毛豆豆不光是一个好媳妇，还是媳妇里的“圣人”。生活当中基本见不到毛豆豆这样的，能把这么多关系都摆平。一般来说，家里有一对公公婆婆这就够头疼的了，她还不是，她婆婆和公公早年离婚了，这就是公公那边一个家，婆婆一个家。原先是一个公公、一个婆婆，现在俩公公、俩婆婆。

其他女孩一个婆婆就够麻烦了，她可是两个婆婆，外加一个嫁不出去的小姑子。都说“三个女人一台戏”，四个女人那不炸锅了？她这个婆婆不是省油的灯，那个“后婆婆”也不是省油的灯，这两个凑一块儿就掐架。毛豆豆夹在中间很为难。这处理起来就需要更高的技巧，就需要她更加谨慎。有意思的是，她这个小姑子也不是省油的灯，尖酸刻薄，到处挑她毛病。可最后毛豆豆处理的结果是，把两家公婆哄得都围着她转，一提就是毛豆豆比我女儿强，女儿都不行。那个“新潮婆婆”，还给毛豆豆买礼物，要求她经常走动走动。毛豆豆一下子成了男人结婚以后理想当中的媳妇。这不网上都喊：“娶妻当娶毛豆豆。”网友们以为这是最理想的。

但说实在的，面对两个婆婆，做媳妇的得多宽容！毛豆豆是影视剧的角色，不可能挪到现实里来，那么好的儿媳妇，现实中找不着。但是海清把毛豆豆这个形象演活了，短时间恐怕别人很难超越。

而且这部戏里面，海清跟黄海波两个人演对手戏，海清也像一些大牌演员一样，敢在里头加戏。比方说她跟余味两个人谈恋爱的时候，有初吻的镜头。本来戏里头象征性地吻一下就得了。海清加戏，说她想象当中，这个初吻不应该这么简单，两人不应该光吻一下就完了，还得有身上动作，所以她设计两人同时下腰 90 度。导演就把这段加上了，也挺好玩儿。而且这个戏并不是她灵机一动的想法，因为她想起来跟黄海波的一段往事——他俩谈过恋爱吗？没谈过。他俩是大学同学。那个时候北影的学生考试，跟一般学校一样，要交作业——两人当着老师面表演一段，这就叫交作业，也就是我们常说的电影学院那种小品。当时跟老师交作业的时候，黄海波跟海清一组，他俩儿拍一个恋爱短剧。短剧最后的结尾，是两人和好了，拥抱在一块儿。本来就是抱一下，抱紧点儿就行了。海清要加东西——最后一次在老师面前演的时候，她问黄海波敢不敢吻她，黄海波说行，于是海清就把这段戏加上了，最后两人抱一块儿吻上了。可是刚吻了有五秒钟，黄海波说停停，受不了了。那时候海清的牙不好，她戴着牙套进行矫正，结果这牙套位置戴得不怎么正，这黄海波跟她吻了五秒钟，嘴上被划了一口子。这件事海清记了很长时间，所以她在《媳妇的美好时代》里加了这么一出戏。

毛豆豆这个形象，树立了好媳妇的一个标杆。胡丽娟的形象，又是坏媳妇的一个标志杆。因为出演各种各样的媳妇，海清名声大噪，与此同时，她的荧幕角色也被定位在媳妇上。人们开始质疑，说她只会演媳妇。

每个女人，都轻易不肯承认自己长得难看，气质不好，认为即使现在岁数大了，她也年轻过、漂亮过。为什么自己就不能演年轻漂亮的，演姑娘呢？何况现在化妆技术那么发达。所以，她在等一个这样的角色。等来等去，刘江又找她了，说他有一个剧本叫《黎明之前》，里面有一个姑娘的角色，就是《黎明之前》里面那个地下党顾晔佳顾小姐，学校老师，跟刘新杰谈恋爱。这个角色有点儿类似《潜伏》里面的翠屏，但还不完全一样，是一个大姑娘。

当时海清接了这个剧本一看，觉得女主角年轻漂亮，就答应出演。但是，实事求是地说，这个角色海清没挑好，没有体现出海清那种演技。这从一个侧面也说明，海清这样的演员是需要台词和身段来衬着的。让她多说话，全身动作使足了，又撒泼、又打滚的，她演技发挥得好。可是顾晔佳是一个很文静的角色，可能往往需要通过不经意的一个眼神，不经意的一个动作来展现人物内心的一些秘密。这时候我们发现，海清通过细小的、方寸天地之间展现人物的能力有欠缺。

这同时也说明一个问题，就是一个演员，要转型，往往有一个过渡期。转型的过程不是那么轻而易举、一步到位的，往往可能会演几部烂片，承担几个烂角色。我们说顾晔佳这个角色很可能是海清转型的一个机会。但《赵氏孤儿》中她又演上了媳妇。那么海清将来凭借一个什么角色，摆脱这个“媳妇”角色给她带来的荣耀和负担呢？我们对海清下一部戏充满着期待。

李玉刚的坎坷成名路

有一位从《星光大道》上走出来的优秀歌手，他在台上是一个风华绝代的“女人”，在台下是一个英俊潇洒的帅小伙，没错，他就是李玉刚。李玉刚的表演风格，被人称作“让男人心动，让女人嫉妒”。确实，在台上看李玉刚，真看不出来他是个男人，就是一个漂亮的女人。要说像女人，穿上女人的衣服很容易，长得皮肤细点儿白点儿这也不困难，有这样先天条件的男人也很多。难得的是，他举手投足之间，把女人的妩媚风情演绎得非常到位。

为什么李玉刚扮女人这么像？他是怎么做到的呢？有的说演员登上舞台看什么？看身上？看姿势？看服装？都不对。过去郭兰英老师有句话说得好，登台看眼睛。眼睛是心灵的窗户，眼睛也能带领着观众的注意力在台上各处转。所以，眼睛起到一个领神的作用。李玉刚能把女人演绎得这么像，跟他的眼神有直接关系。开始李玉刚对着镜子练，女人的眼神怎么才能媚气呢？大伙儿说应该是小眯眯眼，长睫毛。他试了几次发现有效果，可是很多人说这个有点儿做作。

不管怎样，李玉刚在学女人这一块儿下足了功夫。当然这些年一步一步走来，在舞台上摸爬滚打十几年，李玉刚吃了很多苦。有的人说吃什么苦，谁成名之前不遭点儿罪呢？你最后出了名就好了。不是，李玉刚跟别的演员还不一样。有的人是成名以前遭罪，成了名之后就享福了；有的人是入行的时候挺难，但是接下来一帆风顺。李玉刚不是，他是入行前难，入了行以后还难。就是因为扮演这个形象不完全被大众所接受，所以他入行以后也有不少的坎坷。

我们可以从头数数，看李玉刚开始什么样。李玉刚是吉林人，出生于 1988 年，家是农村的。念完高中以后没钱再考大学，他就从家里来到长春、吉林这样的城市打工。他别的不会，就是能出力气。干什么呢？干服务员吧，到餐厅里端盘子、端碗上菜。他开始打工的那家餐厅挺时髦，是个歌舞餐厅。现在有的人不知道歌舞餐厅，20 世纪 90 年代那会儿，歌舞餐厅在东北好多地方很流行，有时候里边会来驻唱的歌手。李玉刚从小爱唱歌，就想着要能像他们似的登台就好了。有时候听得入神了，给客人倒水，经常倒满了洒到客人身上。有一回一个客人不高兴，把这水就泼他脸上了。李玉刚那时候很不容易。他想学唱歌，就跟到歌舞餐厅来演出的歌手套近乎：大哥，你看我就愿意唱歌，能不能教教我？人家说你个跑堂服务员，学这个干嘛。他不抛弃不放弃，跟许三多似的，接着套近乎，就希望别人能教他唱歌。

后来，李玉刚跟这些歌手在一起，把他们的琐事全给包了。例如，有个歌手大半夜想吃方便面，李玉刚就挨个儿敲小卖部的门，结果人家都不给开门，以为是抢劫的呢！后来最后一家，李玉刚把玻璃敲碎了，才最终买到方便面。就是凭着这股精神，李玉刚才打动了这些歌手，跟着他们到处跑。可是一般人不给他登台的机会，不知道什么能耐，就一个学徒，谁敢用你登台，你演砸了怎么办。后来他一看不行，还是自己去闯，跟着团是没戏了。就这样，1997、1998年的时候李玉刚到了西安。西安当时歌舞厅挺多。他就到歌舞厅去应聘，说我能唱两下。老板一听嗓子不错，小伙子挺好，来吧，上不上台再说。天天人散了他还得扫地，就是打扫卫生。后来老板用他上台了，登台是登台了，可观众见不着他。一般晚上歌舞厅一开场，都是一帮小丫头上去蹦蹦跳跳的，唱《开门红》。《开门红》头一句是念白，李玉刚在里面喊，开门红了！这些人上去跳去了，他在那儿，一天说这么三个字就完事儿了。所以李玉刚开始的时候，在歌舞厅过得很不如意。

有一天，歌舞厅里要排个音乐剧，晚上上演，一开场就是歌曲《为了谁》，弘扬主旋律。说这个歌谁会唱呢？李玉刚说我会，一唱，老板说行，那你唱——反正开场也不重要。你唱这个男声的，再找个女演员，男女对唱。可是有一天晚上，节目单的顺序没调整好，音乐都响起来了，和他对唱的女演员却没来。李玉刚就灵机一动，干脆男女声都自己唱。

老板一看，这小伙子有能耐呀。这老板很有经济头脑，第二天马上挂上海报，李玉刚，一人独演男女二重唱。当时西安有一些人，到点儿就来听李玉刚唱。李玉刚从那以后，发现自己唱男声不是很出色，可是学女声这方面厉害。时间长了堂内有个老师就跟他说，我发现小伙子你这个身段不错，你应该不光是唱歌学女的，相貌、动作也得学女的，在台上咱们“反串”。所以从那以后，李玉刚开始思考“反串”。但是“反串”的道路非常坎坷。为什么呢？中国传统观念认为，女扮男装行——你看花木兰替父从军，再看女驸马，这都是女扮男装。女扮男装有特殊历史背景，过去女的在家里大门不出，二门不迈，在家里真想做点儿事出去不方便，就得装老爷们儿。这往往能突破了女性的常规，能干出点儿惊天地泣鬼神的事。可要倒过来，在男权社会，老爷们儿要扮女的，那是神经病，有很多人看不惯。说实在的，李玉刚后来在星光大道都出名了，他爸爸妈妈还不知道他在外面主要是“反串”。很长时间他那乡邻都说，你儿子怎么学女的呢？这不太好吧！出名归出名了，心里不是太舒服。所以李玉刚一开始反串的时候底下说什么的都有，有的扔瓶子，说这是什么玩意儿，甚至更难听的话都有。那时候李玉刚的压力很大。

最初男扮女装备受歧视。由于社会舆论带来的各种压力，他甚至都不敢告诉父母自己到底在从事什么职业。不光是这样，他就是在反串已经很有名气的时候，想登上“大雅之堂”都很难。那时候李玉刚上《星光大道》,《星光大道》也顶了很大压力。当时报批到中央电视台文艺节目中心，好几次领导都不批，说这个“反串”和咱们传统的伦理道德有点儿距离，是不是这个节目不符合主旋律？到后来报到郎昆那里——郎昆我们知道，当过春晚的导演，也是文艺部领导。郎昆仔细看了看，说这李玉刚不错，你看他唱歌很有功底，顶着压力批了。

这其实是李玉刚男扮女装反串的真实写照。李玉刚演唱的这些，包括《贵妃醉酒》，真是按艺术的方式，而不是哗众取宠的方式在表演。李玉刚出名的时候，在国内已经有些文艺选秀节目哗众取宠，让男的扮成女的表演；后来还出过什么伪娘，没什么艺术价值，所以有些领导对这个是有疑虑的。但是一看李玉刚的表演，觉得这叫艺术，这不是为了能出名而故意搞怪。就这样，李玉刚才得以上《星光大道》。

在比赛中，李玉刚每一关、每一个细节都想得非常好，甚至有时有所保留。在周赛的时候，他跟导演反复强调，说女装想留在月赛表演，导演说你还是上吧，如果周赛不用女装来征服别人的话，你有可能拿不到周冠军，连月赛的参赛资格都没有。尽管有分歧，他还是听从了导演的话。就这样，李玉刚女装上场了。他跳了一个舞蹈，冰清玉洁的感觉，像一个古代的侍女。跳完了以后，底下一点儿掌声没有，只能听到呼吸声。因为在中央电视台这种节目几乎是没有过的——有也是凤毛麟角。李玉刚有些担心，好在不大会儿掌声就爆发起来了。

有人说这出了名了，该一帆风顺了吧？也不是。他出了名倒有个好事，李玉刚本来是"北漂"，2009 年中国歌剧舞剧院把李玉刚以正式的编制招进来，落北京户口，给分房子，给了他"国家一级演员"的名号。可是李玉刚是一个不安于现状的人，他就想继续推广反串艺术。当年梅兰芳先生到美国演出去，引起那么大轰动，为什么我这个演出不能走出国门呢？说去哪儿演呢？悉尼歌剧院。那是什么地方？麦当娜在那儿演过，迈克尔·杰克逊在那儿演过，帕瓦罗蒂在那儿演过。去演出的都是这个级别的艺术家，中国有没有去的？有，宋祖英在那儿唱过。结果他一说这个，歌剧舞剧院说你是不是疯了，你这想一步登天了。

他们都笑话李玉刚，认为这个是不可能的事情。但李玉刚没有放弃，他把所有的材料都给交过去，一次一次地审核。前五次的时候都非常非常的难，每一次都会被驳回来。第五次被打回来的时候工作团队都不干了，他们说李玉刚你就别做梦了，咱别干这个事儿了，这是不可行的事。李玉刚说你们不做我来做，所以包括所有的台词都是他自己一个字一个字写上去的。在悉尼歌剧院演出的第一个篇章，叫《红楼花情》。当时是这样写的：中国的历史源远流长，中国的文化世代流芳，《红楼梦》这部著作早已成为中外文化史、文学史上的巅峰之作。李玉刚向听众娓娓道来《红楼梦》中黛玉散花的故事。所以第六次的时候，悉尼歌剧院那边的人说 OK。

于是 2009 年 7 月 28 日，李玉刚在悉尼歌剧院上演了一台个人的演唱会，叫《盛世霓裳》。霓裳我们都知道，唐代的舞蹈，宽袍大袖。在这次演唱会上，他把《盛世霓裳》演绎得非常到位。当时很多老外看了以后都觉得很惊讶，没想到这种反串艺术美轮美奂，看着确实挺漂亮。

凤凰传奇的传奇故事

有一个歌唱组合，他们的歌，可能是这几年咱们听到次数最多的。在哪听的呢？电视上吗？演唱会上吗？收音机里吗？都不是。在手机上。为什么呢？每个人都有手机。这一屋子人凑一起了，突然间一个人手机响了——“昨天遗忘，风干了忧伤，我要和你重逢在苍茫的路上”——说到这儿有人说知道了，那不就是《星光大道》里的凤凰传奇吗？

凤凰传奇这首歌这几年可是“铺天盖地”地流行，音乐彩铃下载量过亿。不光彩铃，这首歌可能有人叫不出名，但是起个头，好多人接着就能唱下来，这就是“口水歌”了。“口水”到什么程度呢？到菜市场买菜，看见那卖肉的，五大三粗，拿着刀剁肉的时候还在哼：“在你的心上，自由地飞翔。”这说明什么？“但有井水处，皆能唱柳词。”他们的歌曲人人会哼唱，流传的范围非常广。

凤凰传奇出名是在《星光大道》上。那一年他们没有得年度总冠军，是亚军。冠军是谁呢？阿宝。有人说他们运气不好，跟阿宝这个实力派凑一块儿去了。其实不是。凤凰传奇是个组合，男的叫曾毅，女的叫杨魏玲花，是蒙古族的。当初《星光大道》把他们叫来比赛的时候，是俩人住一屋，这个曾毅跟阿宝住一个屋。结果这两个人生活习惯不太一样，阿宝习惯早晨起来练嗓子，曾毅原先是在深圳各个酒吧夜总会唱歌的，白天都得睡到 12 点，晚上到后半夜才睡。他刚刚进入梦乡的工夫，阿宝起来了：“山丹丹花开红艳艳”。就把曾毅给吵醒了。吵醒之后，阿宝说，你听听我这行吗？今天我跟谁谁 PK，能不能把他拿下？结果最后他们两队 PK，阿宝倒把凤凰传奇赢了。当初他们那一拨一起摸爬滚打，还留下很多动人的故事。以前，到分赛的时候，阿宝有一场不敢上场了。因为前面有一个云南拉祜族的歌手，叫扎约，唱得非常好。这个扎约带来不少贫困山区的孩子，凤凰传奇就领养了其中一个，而且一直坚持到现在，供孩子上学，给孩子买衣服，吃穿什么的都管。

《星光大道》早期，选手都很纯朴，来的都是那些在各个地方吃了不少苦的，对各方面规则也都很熟悉。后来《星光大道》很多歌手真就是没有多少在基层的经验了。阿宝我们介绍过，跑场子跑了二十多年。凤凰传奇组合从 1997 年到现在 14 年了，以前一直在深圳各大酒吧里演唱。他们都是在基层里扎根多少年才把自己的能力修炼上来的。

凤凰传奇最早的时候不是这样演唱的。现在我们看，比方说唱《月亮之上》的时候，女歌手杨魏玲花在那扯着脖子喊，调门也高，也好听。那个男的曾毅呢，就在那玩儿，来回打转，嘴里在那儿说，“看得见的看不见……”你到底看见没看见呢？有的人就讽刺，说那男的就会转圈，嘴里喊这也不知道，那也不知道，什么也不知道。

其实这是大家的一种误解。曾毅能耐很大。他是湖南宜阳人，当年在老家的时候修家用电器。到 20 世纪 90 年代初的时候，流行霹雳舞。有人跟他说，你跳舞跳得不错。那时候改革开放没多久，业余的演出团队很多。曾毅觉得自己跳得很不错，湖南离深圳又近，就到深圳混日子去了。他当时坚持做一个电子元件厂的维修师——他怕没饭吃。那时候他跳舞在深圳跳出名了，很多歌舞团要他。然后他代表歌舞团去挑舞蹈演员。杨魏玲花虽然老家是内蒙古的，但也在深圳打工。就这样，她被曾毅挑上了。曾毅觉得这女孩舞蹈功底不错。再加上蒙古族女孩是从小在大草原长大的，都是“百灵鸟”，基本上一张嘴就会唱。那会儿曾毅领着她，还有另外一个女孩，三个人组成一个歌唱组合，跑场子挣钱——这比光跳舞挣钱多多了。当时的组合模式是曾毅唱，杨魏玲花和另一个女孩给伴舞，或者是伴唱。当时他们三个组合叫什么呢？叫“发神经组合”，挺前卫的。这是 1996、

1997、1998年这几年他们的情况。隔了一段时间之后，他们也没唱火，而且跑场子很辛苦，挣不了多少钱。一个女孩坚持不住，走了。

这时候曾毅想，就俩人了，“耍单”了，这也不好。想来想去，咱们还坚持下来接着唱吧。这组合就打自己名字了。可是这两个人没什么太大名气，尤其像杨魏玲花，这名字看着挺怪的；杨小姐，不是；魏小姐，也不对！她的名字就叫杨魏玲花，什么意思呢？其实这是蒙语，意思是“天上的云彩”。

这时候他们俩就考虑，咱们换个名字吧！当时他们看韩国有个“酷龙组合”，两个人改名叫“酷火组合”，唱歌方面也是仿照韩国的歌曲。从那个时候开始，他俩发现自己的唱歌方式应该改一下，由男的主说，女的主唱。就是从那个时候，凤凰传奇组合变成女的主唱。为什么呢？杨魏玲花经过几年的锻炼，嗓子上来了。前面我们说阿宝，原声带伴奏的时候经常能压下去。他们那时候也是，模仿韩国歌曲——你拿过来人家的歌曲是混音，有唱有伴奏，这音响师就得尽可能把原唱抹去，但是抹不干净，总还有点儿。所以唱的时候就得一个劲往高了拔调，把声音盖住。那几年一练，杨魏玲花嗓子上去了，担任主唱合适了。所以两个人以“酷火组合”的形式在深圳各个酒吧演出。当时演出也得追求一下舞台效果，前面说了，曾毅那时候光头、墨镜、黑手套、风衣，就是现在我们看到的这身行头；杨魏玲花经常是一身红衣服，皮装，然后头发整成“爆炸头”，上头插两个鸡毛之类的。这样的组合，求新求奇，还真就在深圳有了一点儿小名头。后来他们碰上了一位贵人——音乐制作人何沐阳。他和曾毅是老乡，也是湖南宜阳人。何沐阳当时写了一首歌，就是后来很出名的《月亮之上》。这首歌当时还不叫《月亮之上》，大概是叫《你不情愿》之类的这么一个名。这个歌的要求用很高亢、沧桑的语调唱出来。找谁唱呢？那英？田震？请不起。他在酒吧里听过凤凰传奇的歌，觉得不错，就找他俩吧！一打听杨魏玲花是蒙古族。他就把这个歌歌词改得很大气，名字变成了《月亮之上》，适合男主说女主唱。既然是蒙古歌手，好，在里面再加上一段马头琴的伴奏！

这个歌确实是好歌，很多人听了以后觉得真不错，他俩形成组合之后，靠着《月亮之上》这首歌，参加了 2004 年的“中央电视台青年歌手大奖赛”。第一次参加这么大的比赛，两个人挺紧张。何沐阳在幕后说别紧张，发挥正常水平就可以。越说不紧张俩人越紧张。杨魏玲花一登台，一张嘴，节奏就没对，跟伴奏慢了半拍。开始就唱错了，心里能不慌吗？越慌越没底气。幸亏两个人把这歌已经唱熟了，最后获得了第七名，成绩一般。但是在“青歌赛”上亮相之后，这两个人开始得到关注了，于是有公司来包装他们俩，这首《月亮之上》也传唱开了。两个人接着在《星光大道》上出名了。

由于是在央视自己的节目火起来的，俩人顺理成章地被安排上春晚。几道关都过了，排练也过了，到腊月二十八那天出事了——有人说《月亮之上》这首歌是抄袭。一有这种抄袭丑闻出现，就不能上了，春晚节目组就把这个节目停下了。俩人错过了当年的春晚。后来经专家鉴定，确实是相似，但不存在抄袭。第二年春晚凤凰传奇才上去了，再唱《月亮之上》。

前面说了，在深圳跑场子，这两个人什么歌都能唱，不光是国内的通俗歌曲，很多年轻人喜欢听的韩国、日本的歌曲，他们也都会唱。跟阿宝相似的是，他们走上了《星光大道》的舞台，像阿宝的《山丹丹花开红艳艳》一样重点突出了民族风格和原生态风格。凤凰传奇的歌有着浓郁的蒙古族歌曲的特点。因为蒙古族歌曲有一个好处，适合大场面。小屋里唱不出来效果，要广场、操场、草原等，越大越好。《星光大道》的舞台本身比一般电视节目的舞台要开阔，所以在这种情况下，再加上舞台效果，蒙古族的歌曲就非常优美动人。而且蒙古族歌曲听起来很深情，我在呼和浩特，晚上十点以后到呼和浩特的酒吧，都在唱蒙古族歌曲，能唱得让听起来都有种流泪的冲动。所以凤凰传奇组合的好多歌曲都是采用蒙古族曲子的风格。

后来两个人越来越熟。我们有不少朋友想，这俩人天天这么熟，要是两口子多好！严格来说，曾毅跟杨魏玲花算师徒，因为杨魏玲花的舞蹈是曾毅教的。两个人在一块儿唱歌，但不是夫妻——两个人就跟兄妹一样。多年在一块儿演唱，利益也捆绑在了一起，所以从这点上来说，凤凰传奇这个组合能够走到今天，确实很不容易。因为一般情况下，两人没有血缘关系，有点儿事有点儿矛盾，一翻脸，就谁也不见谁了。现在发展得还是不错，说明两个人这些年在一起，能够同甘苦共患难。两个人也都有这样的抱负，希望把自己的艺术提升上去。面对媒体，两个人也是多次表示对方只是像家人一样的朋友。主唱杨魏玲花 2011 年更是被曝出已在内蒙古老家低调完婚的消息。在祝福玲花的同时，也希望凤凰传奇能一直这样为我们带来更多好听的歌曲。

阿宝：你为什么这么高

一提起阿宝，肯定很多人首先想到的是什么呢？是羊肚毛巾、羊皮袄，然后头上系一个红绸子这么个形象。

阿宝刚出道的时候，大家管他叫原生态歌手，就他这身打扮，给人感觉好像是放羊没放完，就急忙赶回来唱歌。这是阿宝的第一个特点，是外形上的。第二个特点毫无疑问，阿宝的歌声音非常高。阿宝的音调到底有多高呢？我们知道，世界三大男高音中的帕瓦罗蒂，唱《重归索连托》《我的太阳》，调门多高！阿宝能唱两个，意思是说他比帕瓦罗蒂声音高八度。这是阿宝最突出的一个特点。正因为他有这个高音，2006 年春晚把已经成名的阿宝请来，干了件什么事呢？接着，又请了中国另两位男高音歌唱家来。一位是民族唱法的吴雁泽，老先生了；另外一位，是有“世界第四男高音”称号的戴玉强。戴玉强是中国美声唱法的绝对实力派。这两位跟阿宝一块儿唱吴雁泽老师的成名作《蓝蓝的天》。

结果三个人在春晚舞台上唱完了以后，网友都表示喜欢阿宝。原来一对比发现，不是说那两位唱得不好，那两位单独唱都是顶级的，但是阿宝本身调门特别高，听起来感觉很酷很炫，所以好多人喜欢阿宝这种唱法。这三个人分工很明显，各唱各的。排练的时候阿宝遇到点儿麻烦，阿宝那会儿不认识五线谱。人家戴玉强、吴雁泽都非常专业，一看这谱就知道这段要有什么变化，或者说换一种唱法怎么唱。阿宝没办法，就得先录下来，然后听录音自个儿再学。所以跟这两位专业人士比，阿宝就像民间艺人里冲出的一匹黑马。阿宝的高音不但为他铺平了星光大道，还有一个最最重要的作用——这成了他的标志。以至于后来赵本山小品《不差钱》里面，小沈阳都得学他那个《山丹丹花开红艳艳》。

有人好奇，说小沈阳调门高，阿宝也高——他俩谁比谁高呢？有一年有人专门把他俩请到一起比拼了一下高音。就在两个人互飙高音的过程中，一个意外发生了，现场一些观众注意到，小沈阳竟然用的是假唱。因为这个尴尬场面的出现，所以两人后来在辽宁卫视的节目中又有了一次高音对决。

实事求是地说，阿宝肯定比小沈阳要全面得多，而且音域的开阔程度也要好于小沈阳。但阿宝这样的嗓子，之前好多专业人士认为他发声不对。发声不对怎么还能练出这么好的嗓子来呢？这跟阿宝的成长经历有关。阿宝原名叫张少淳，山西大同农村出身的。为什么叫阿宝呢？是因为当时有一个电视连续剧，里面的主人公就叫阿宝，长得跟阿宝挺像。这同学就说你就是那阿宝。小时候的阿宝挺高兴，我像明星还不好吗。就这样阿宝这名儿就叫开了。阿宝小时候在农村是地地道道的放羊娃。农村不像城市，原野开阔，空地方很多。阿宝放着羊，闲着没事在旷野里就大喊大叫，什么声高就喊什么。他喊得非常痛快——在家里喊不行，家里大人得揍你，在外边没人管。当时他们那里有个艺人，这老头姓邢，好喝酒，人称“酒疯子”。他每天必喝，逢喝必多，喝多了就唱。别的孩子见他害怕，阿宝却喜欢他。那老头一喝多了唱歌他就在旁边听，跟着老头学了不少西北地区的民歌。

少年时的这段经历，让阿宝学会了大量陕西民歌。那让他名扬天下的独特高音又是怎么得来的呢？他在旷野无人放羊的时候，高声喊，最后把羊都喊跑了。他再把羊往回找。再大一点儿了，胆子大了，就敢离开村子往外走，怎么走呢？村子边上有铁路，阿宝每天就顺着这个铁道线走。这样不会走丢，走多远沿着铁道线再回来。有的时候铁道上有火车经过，那个时候火车大多数属于货运——山西多是拉煤的货车。这火车过来就开始“拉鼻儿”。阿宝一到火车“拉鼻儿”的时候就喊，他跟火车比，音调硬往上喊，这是中国音乐史上的奇迹！这种不规范的“训练方法”——当然这根本称不上训练，居然让阿宝把嗓子硬喊上去了，

阿宝自己觉得自己有这特长，就不愿意正经念书了，想上艺校。大同当地有个艺校，他 12 岁那年去考，结果一下就被录取了。但等他去报到的时候才发现，因为他是农村孩子，被别人“走后门”顶下来了。阿宝这个气，他听说北京有个中央音乐学院，在 16 岁那年，偷拿了家里几十块钱，坐上火车就奔北京来了。那时候是 20 世纪八九十年代。这里得补述一点，阿宝生于 1969 年，他在星光大道出名的时候才三十五六。阿宝看着挺年轻，其实岁数已经不小了，吃了很多苦。阿宝来到北京，打听中央音乐学院在哪儿。到学校门口谁也不认识，一看有个老师在教室里教小提琴，他就站着看。进到里边就要给老师跪下，你收我当徒弟吧。老师说哪儿冒出来这么个孩子，一问哪儿来的，大同来的。这还了得，赶紧报案，意思别让人贩子拐走，你赶紧该上哪儿上哪儿去。就这样阿宝明白了，北京不是他想象的那样，不是到这儿来就学艺，不是遍地黄金，不是立马就能挣着钱。所以阿宝垂头丧气又回去了。回到家里也待不住，后来又先后有四次从家里拿点儿钱就走，最远跑到广州。那么点大的孩子就出去混世界，而且当时他的唱功也没有完全成型，所以后来还是回来了。他去广州是因为当时有音乐茶座，刚改革开放的时候，音乐茶座里面跟台湾学，搞驻唱歌手。像李宗盛、周华健都是驻唱歌手。抱个吉他，往吧台那儿一坐，你下面点，歌手就给你唱，唱完给钱。阿宝当时在广州看这个挺好，等他回到大同的时候，大同也有音乐茶座了，不多，就一家。阿宝去了，老板说你会啥呀。我给你喊两嗓子，比方说《山丹丹花开红艳艳》，西北民歌《兰花花》。这老板一听，这嗓子厉害呀！来，我要你了。

凭借一副奇特的高嗓子，阿宝顺利地进入了音乐茶座，获得了人生中第一个与唱歌有关的工作。可是没几天老板跟他说，你还是走吧！他问为什么？原来，这个阿宝调门高，听众业余的多，一听这个高我就爱听，都来听他的。人家别的歌手都是大同歌舞团的，专业是专业，不如阿宝这个好听。所以人家说阿宝再来唱，我们没买卖，没饭吃了，他别来了。阿宝说那我要硬来呢，他说硬来没人给你伴奏。不要紧，没人伴奏我清唱，有伴奏带没？没有。有磁带没有？有。把磁带放上！说磁带里有原声啊。不要紧，我一唱就把原声盖下去了——调门儿高。阿宝在音乐茶座里到后来还是没站住脚，为什么？人家歌舞团到这音乐茶座里，把各种各样的设备都带来了。这孩子再在这儿唱我们全撤，买卖也别干了。阿宝没办法，挣了没多少钱，就从音乐茶座撤出来了。他再想演出怎么办呢？跟着团走。那时候有“走穴”，说是“走穴”，其实和现在的专业演出不一样，唱歌就是唱歌，说相声就是说相声。当时这一个团队里说快书的、说相声的、打快板的、唱京剧的、唱歌的、舞蹈的，什么都有。那个时候，对阿宝来说特别重要。他因为跑场子，底下观众要什么他得会什么，所以学会很多歌。不要以为阿宝只会唱原生态那些歌，现在我们耳熟能详的流行歌曲，没有阿宝不会唱的。这都是在基层锻炼学会的。

当时，他跟团里的很多老艺人也学了不少歌曲，对于他后来的成长帮助非常大。那个时候由于赶上年节就得出去演，他经常唱一些《过大年》《红灯笼》这样喜庆的歌。所以阿宝当时的活路非常多，会的东西很多。可是阿宝自己不甘心就这么跑场子，他觉得自己能当歌手。后来阿宝再大一点儿，二十多岁的时候来到北京。他来北京只有一个目的，就是一边在各个酒吧里唱，另外一有歌唱比赛就参加。结果他一参加比赛感觉很泄气。基本上一轮就被“刷”下来。为什么呢？人家歌手大奖赛都是专业评委，他这一唱，专业评委一听，就知道这人没练过，发声明显不对。这么唱下去嗓子唱坏了，容易唱成哑巴。于是，第一轮就把阿宝“拿下”了。所以阿宝参加了好多比赛，都是第一轮就被淘汰。

到后来阿宝有点儿麻木了，有比赛还去，他想着参加比赛就当是买彩票，万一中了呢。人只要有实力，就算吃苦遭罪是必然的，但是时间不会等太长。阿宝等着属于自己的机会。他在酒吧唱歌的时候就被《星光大道》一个编导看上了，说这个人不错！因为那个时候《星光大道》是一个刚刚成立的节目，刚起来的时候始终不温不火，毕福剑也着急。编导说我们找来一个阿宝。那会儿《星光大道》是一期节目分两天录，选手多，第一天录一半，第二天录一半。结果第一天这一半录完了，一个出彩的都没有。老毕一晚上没睡好觉。到第二天开始录了，阿宝第一个就上来了。老毕一看这选手：羊肚毛巾、羊皮袄，系个红绸子，不像有戏的样。老毕也无精打采，介绍完了，说你唱吧。没想到阿宝第一嗓子把全场都给震住了，他唱的是《山丹丹花开红艳艳》。

第一嗓子就非常高亢，穿云裂石一样，有点儿像宋丹丹小品中那个台词——大姐，大哥这一嗓子太突然了。底下观众精神了，老毕也精神了。就这么着阿宝把全场都给震住了。为什么？《星光大道》是给老百姓看的，没那么多专业评委，他的评委来自哪行的都有，我就当过好几次《星光大道》评委。我敢说我唱歌专业吗？不行。但是我能当它的评委当它的嘉宾。所以《星光大道》就是面对普通老百姓的。结果这一嗓子，把台上台下都震住了。阿宝由此周冠军、月冠军地这么一路走到了全国总冠军。冲破这一关之后，阿宝的星途是一片坦荡。

造星平台

《超级女声》的超女密码

现在有很多人一打开电视就会发现，各大卫视都在播放一些大型综艺节目。那么，这些大型的综艺节目当中，哪类节目最火呢？毫无疑问，“真人秀”节目最火。不说其他，只看2012年，浙江卫视火了一个《中国好声音》，湖南卫视火了《我是歌手》，还有浙江和江苏两家卫视PK得不亦乐乎的跳水节目：一个是《中国星跳跃》，一个叫《星跳水立方》。“真人秀”节目为什么这么火呢？很多人觉得这种节目现场感强，给观众的感觉非常真实，而且有各种各样的娱乐点、煽情点，观众们看起来很精彩。

那么，“真人秀”节目的老祖宗从哪儿来呢？这就得从最开始火起来的节目说起了。这个节目很多“80后”、“90后”的读者们都有印象，那就是2004年、2005年湖南卫视搞的《超级女声》。尤其2005年那一届，当时不仅是那些年轻人，就连好多已过了年龄，早就不看这类粉丝偶像节目的人也给卷进去了。那个时候，好多当时三四十岁的、四五十岁的都在一块儿议论，你是看好李宇春、周笔畅啊，还是喜欢张靓颖、何洁？总之，那时的超级女声在当时引起了很大的轰动，现在的任何一档真人秀节目跟它相比，都没有达到当时它那个高度。在这一篇中，咱们就一起解析一下当年的《超级女声》是怎么火起来的，为什么现在这类节目的动静远远不如当初那么大了。

现在细想一下，当年的《超级女声》之所以会火，之所以能掀起一个全民都看真人秀的高潮，主要是因为在这之前我们大家从来没见过这样的节目。如果让那些看过《超级女声》的朋友现在重新把 2004 年、2005 年的《超级女声》拿出来放一遍，大家会发现其实它也没什么意思，甚至会觉得这个节目很土——至少跟现在的电视节目比那是算土的。

当年的超女选手，一个个的都是染着黄头发，烫得老高，跟美国火鸡似的，有点儿类似于现在我们在发廊里看到的那些打工妹，很让人觉得像是发廊“15 元洗剪吹”那个感觉。但是当时这被很多人认为非常时尚，很有意思。除了发型外，更时尚的是什么呢？这个里边不是有参赛歌手吗？李宇春、周笔畅、张靓颖等人都在比赛唱歌，当时还不叫节目真人秀，而是说这是一场歌唱比赛。在中国人的印象里，歌唱比赛是什么呢？就是像“CCTV 青年歌手电视大奖赛”一样，选手在那里哆里哆嗦很紧张地唱，然后台下都是音乐界的大腕儿在打分，每一分都得有来历。比如说这 1 分是怎么扣的，是选手唱腔出了问题还是发声有问题。而且，这明明是一档电视节目，却没有半点儿娱乐性，还弄得就跟三堂会审似的，选手紧张，评委也紧张，观众看了心里更纠结，这也是“青歌赛”收视率不高的原因所在。

所以，当超女一出现的时候，本来很多人还是按照“青歌赛”的模式来看的，觉得这就是普通的歌手比赛。谁知道一看，了不得，这节目新鲜极了，大家就没见过这样的比赛。而且，这些选手之间明明是竞争关系，节目组却非得把这些选手弄到一块儿集体跳跳舞、唱唱歌。等到有人被淘汰了，按正常的比赛规则淘汰了你走就是了，可是这节目却不一样，选手被淘汰了还有镜头在追着拍，然后还放那种非常凄惨的音乐，场面特别煽情。

《超级女声》这节目在当时还跟其他节目不一样的是，一般节目里，评委一般来说得有模有样坐那儿，扣除选手 0.1 分，或者给加上几分，都会严肃、明白地讲清楚。可是《超级女声》里评委不是那样，这些评委在节目里头净说难听的——当然也有专说好话的。譬如说当年的柯以敏评委，评论得非常非常好，但是人也显得比较冲动。无论这些评委说的是真是假，观众们一看还有这样的评委，就像进动物园看戏似的，觉得新鲜、好玩儿！所以说节目娱乐性很强，看着跟以往的比赛完全不一样。

除了上述的那些不一样外，超女当时还带动了一些名词的发展，让一些名词一下就火了。像“粉丝”这个词，现在大家都司空见惯了，可是“粉丝”这么个概念，就是从那时候开始有的。再有一个词就是“PK”，这个词也是从那个时候开始的——它的特点就是一对一淘汰，俩人一对一单挑，显得紧张刺激。“PK”这个词为什么能流行开来呢？无论从汉语拼音来看，还是从英文角度分析，PK 就是“我 P 死你，你 K 死我”的意思，意味着竞争非常激烈。当初《超级女声》这个节目把这些词给弄火后，形成了一个非常好的局面，那就是主办方和相关利益方都发财了。首先是湖南卫视的广告卖疯了，竞拍价越来越高；其次是相关的明星火了，那些实力唱将，如李宇春、张靓颖等，一直火到现在。

当然，《超级女声》真正火爆的就 2005 年那一届，在这之前之后的“超女”都火不到 2005 年那届的程度。难道是因为李宇春、张靓颖她们的实力超过之前之后的超女吗？也不见得。主要原因还是在于她们这一届在当时获得了最高程度的关注。她们是怎么获得关注的呢？这主要归功于当时的移动公司、电信公司。不知道大家还记不记得当时有这么个场面，就是比赛一开始是评委说了算，可是当选手进十强以后，评委说了也不算了。那么是谁说了算呢？是全国的观众朋友们。当时的节目赛制是这样的，观众们根据选手的编号发短信，到最后谁的短信得票人气高谁就进入下一轮比赛。结果这一点彻底把很多热心观众给刺激到了。以前观众只能坐在电视机前看，评委负责评分，就算得高分的不是观众喜欢的选手也没办法，因为决定权不在观众手里。这次的节目可好，让观众来评分，喜欢谁就发短信支持谁。这就有点儿类似于 2012 年的《中国好声音》，原先都是导师往这儿一坐收学生，现在是导师得求着学生拜他（她）为师，顿时观众朋友们有了一种“翻身农奴把歌唱”的感觉，觉得自己很厉害，能决定这些选手的生死。

当时的《超级女声》比赛还形成了一个巨大的“舆论场”，社会上各界不同的人士，就这个热点事件纷纷表达了自己或赞许或反对的意见，好像他们不参与表达就失去了存在感似的。当然，没有任何一档节目一出来就会受到所有人的认可。当时，有很多搞文化评论的人就提出，说这个节目隐含的价值观有问题，觉得这个节目在毒害青少年。有人专门分析过，这节目里的选手，如李宇春、张靓颖她们，原先要么是学生，要么在酒吧里头演唱，一场只有几百块钱，还籍籍无名的。可是这一下在节目中脱颖而出，一个晚上全国人民都认识她了。接着出场费翻番地往上涨，各大公司也争相跟她们签约。这让很多学生、孩子看完之后，都在幻想一夜成名，而不愿意脚踏实地艰苦奋斗了。其实这些人说得没错，这确实会让一些看的人浮想联翩，心想：她们能这样，为什么我不能呢？如果我真要有这么个一夜成名的机会，我就不用天天在这儿辛苦读书、工作了。

想是这么想，可是，大家什么事都得看其两面性。当年，“超女”最主要的受众是哪些人呢？是那些 10 岁以上 25 岁以下的孩子。这些人看《超级女声》比赛后之所以会幻想一夜成名，也是有着比较深刻的社会背景的。在 2005 年的时候，往前 6 年是 1999 年，那时中国大学面临第一次扩招。现在的绝大多数“80 后”、“90 后”能上大学恐怕都是拜扩招所赐，否则的话，当时至少有一多半人根本没有可能上大学。扩招后，大城市的升学率都在 80%~90%，这导致当时的大学生在迅速“贬值”，国家也不包分配，许多毕业生都找不着工作。以前，比如说那些“60 后”、“70 后”，之所以要上大学，是因为在他们那个年代的人看来，上大学就是进“保险箱”了，一毕业就分配正式的工作，就等于人生更上一层楼了。可是现在呢？这些年轻人就是考上大学了，也不一定能找着工作，而且分配的时候还面临各种各样的困境。所以对于这代人来讲，上大学之前确立的那些明确目标就“坍塌”了，这人要没了目标了就容易迷茫，一迷茫就容易产生幻想，而这个时候《超级女声》的出现就给大家提供了幻想的目标。所以，你看，认为它毒害全部青少年是不太恰当的，在很多青少年眼里这是“正能量”——我们起码有了个目标了，不管我能不能做到像李宇春那样一夜成名，也比原先毫无目标好吧！

因此，要从这个角度看，《超级女声》其实也给这些人带来了一些希望。而且话说回来了，人有幻想不是坏事儿。虽然《超级女声》在那时候遭到很多人的批判，但是要搁到今天就不一定了，因为当今我们中国都提倡“中国梦”。如果“中国梦”下一个小时就能实现，那就不叫“中国梦”了。梦想是什么？一定是离你很遥远，实现起来很困难的目标。如今我们提倡大家都要有自己的“中国梦”，小到个人，大到一个国家，我们都希望富强，在世界上地位越来越高。这个是我们看着能实现，但是需要付出艰苦卓绝的努力才能实现的。“中国梦”的核心也正是如此。所以，我们其实可以这样理解，在那个时候，很多青少年对《超级女声》的幻想，其实就是一个个人主义的小小的“中国梦”，因此，我们才能说当年的《超级女声》给社会带来的“正能量”要大于“负能量”。

与此同时，《超级女声》又带动了一批人，我们称之为“粉丝”。粉丝是什么呢？就是追星族。不过，确实有孩子，尤其是有的“90后”孩子，追“超女”追得都不像话了，天天不想别的，甚至上学都不去了，就在家里琢磨着要拿手机给谁谁投票，弄得自己的日子都混乱了。有些年长的人说不该追这个星，那你们说让年轻人追谁？如果不是我们社会给孩子们提供的所谓大家都认可的正面典型太远了，让孩子们感觉不到亲切，他们会追这些“超女”吗？就像我们以前听邓丽君的歌，为什么感到亲切呢？就是因为我们课本上的那些东西冷冰冰的，但是听邓丽君的歌就觉得接地气。再比如说，很多人说现在的孩子不像话，一张嘴就唱什么“爱你一万年”，再不就是“死了就要爱”这样的歌，问题是适合孩子唱的歌有人写吗？现在这么多音乐创作者，就没人能写出一批让孩子喜欢的歌。所以，这也不能怨孩子，我们只能说，这个社会氛围虽然绝对支持“正能量”的人，但是他们却没有把自己更多的精力用到教育孩子方面，给孩子树立“正能量”的偶像。所以，这种粉丝现象在当年也是完全可以接受和理解的。

但是这个《超级女声》本身，它又有非常多的负面的东西值得我们思考。比方说它开创了一个很恶劣的先例，就是把一些不够美的甚至是丑的东西也翻了出来。我们还记得《超级女声》前后播了很多海选的画面，比方说在北京进行的海选。一般来说这都是电视台内部资料，存个档就得了，要是真要播，也得找出其中唱得比较好的播出来，而不是播一些像精神病一样，一上台就疯疯癫癫、唱歌跑调的选手的视频。但是《超级女声》开创了个先河，它既把唱得好的拿出来，也把唱得不好的拿出来，这样一播出来，让电视机前的观众感觉挺新鲜的。由于观众们没见过这个，给人感觉这像是窥探到电视台的隐私了，再一个，观众看完也特自信，觉得这样的水平也能上去表演？这让观众获得一种“智商上升”的错觉。所以当时把这播出来是真的能提高收视率。可是这种风气开辟得太坏了，到后来很多的选秀节目甚至都不播一些好的，专挑这样的播出来，让大家“猎奇审丑”，这是一个非常不好的现象。

另外，围绕选手进行的“炒作”也是一个不好的现象。就拿 2005 年的《超级女声》来讲，那会儿大家都说黄健翔和张靓颖这两人之间有关系，有私情，后来证明这是无稽之谈，是相关人员在利用这个事来炒作，把张靓颖的人气推旺。当时李承鹏支持李宇春，马上就有人利用这个，说一查谱系他俩都是四川人，说李承鹏是李宇春的男朋友，其实这也是无稽之谈。选手炒作是这档节目出现众多负面新闻的一个重要源头。随着后来这种手段越来越多，大家也就见怪不怪了，所以很自然的，《超级女声》在往后也是一届不如一届。

《超级女声》给后来中国的选秀节目还带来一个影响，就是本来我们这个选秀是真人真事才打动人，选手的硬件是她们的嗓音条件好，可是到后来我们会发现游离于唱歌以外的因素越来越多，不光是什么“毒舌评委”，选手自身也出现很多问题。比如我们这些年看选秀节目常有的事，就是选手一上台没说几句话就得说自己家里出事儿了，什么他爸爸瘫痪，他妈妈化疗，他弟弟截肢，他哥哥打工生死不知，其实一打听，发现全是假的。这种恶劣的风气现在在中国选秀节目里铺天盖地，看得观众们也越来越反胃，觉得假得恶心。这种事情就是“狼来了”的故事在现实生活当中一个活生生的翻版。

有位老前辈很早就预见到这种状况，他就是周星驰。当时周星驰看了香港的娱乐节目后发现了这一问题，所以他在1993年上映的电影《唐伯虎点秋香》里，就讽刺这种“比谁惨”的情节。记得在电影里，华府要聘一个仆人，周星驰就和另外一个人在门口争。为了唤起主审官秋香的同情心，在各种比惨。这段镜头大家现在再重新看一遍，就能理解当年周星驰是怎么讽刺香港娱乐节目的荒诞的，也能理解如今我们大陆娱乐节目的荒诞之处在哪儿了。

《超级女声》选手的生存现状

前面给大家介绍了那个火得一塌糊涂的选秀节目《超级女声》，这时就有人提出疑问了：有些选手明明是一届出来的，名次也差不多，为什么有人火成这样，有人却过得很落魄？为什么同是歌手，彼此之间的际遇会差这么多呢？现在，我们就来说说《超级女声》出来的这些选秀选手为什么有着“判若云泥”的际遇。

说到这个，咱们首先得把这些选秀歌手分成几个类型：“生不逢时型”、“一帆风顺型”、“历经坎坷型”，还有“过把瘾就死似的打酱油型”。这些人都是谁呢？我们来一个个指名道姓地仔细讲解一下。

生不逢时型的，就是第一届《超级女声》的冠军安又琪。这个安又琪，现在可能一说名字很多人都不知道，会问她唱了什么歌？具体什么样啊？这些年都干了些什么啊？恐怕大多数歌迷都说不上来。而且，2004 年冠军安又琪，2005 年冠军李宇春，2006 年冠军尚雯婕，都是冠军，出场时可不一样。曾经有一场活动，邀请这三位冠军来造势演唱助威。由于都是《超级女声》出来的，又都是冠军，因此这三人一同上场。主持人一介绍这是李宇春，台下的一帮“玉米”就用各种方式欢呼，像“李宇春我爱你”之类的，声音响得不得了；当主持人说到这个是 2006 年的尚雯婕时，台下的“我喜欢你”、“我爱你”之类的声音就不如欢呼李宇春的高了；等到说这是 2004 年冠军安又琪时，台下只有零零散散的鼓掌声。由此可见，这个差别是非常大的。但是，安又琪就比她俩差很多吗？不是。大家想想，安又琪也是经过《超级女声》这些环节一层一层“PK”，海选出来的，然后进决赛，最后得冠军。她超出第二名 30 多张票，实力绝对不差。但是，观众能否记住这个艺人，看这个艺人红不红，不完全是由实力决定的，还要看机遇。安又琪 17 岁就跑到北京来演唱，后来又出唱片又参加演唱会，把各种招儿想尽了，还是没红。就这么等着等着，在青春就要过去的时候，湖南卫视的这个选秀节目来了，于是她去参加了 2004 年的超女比赛。在夺得冠军之后，她马上就跟天娱公司签约，出唱片。这在普通人看来是多大的好事啊，安又琪怎么还会生不逢时呢？她差就差在这个签约出唱片上。

当时湖南卫视下面有个公司叫天娱公司，专门等着从选秀推出来的人物中寻找合作对象，然后跟她签约。安又琪得冠军后，马上就与天娱公司签了合同，一签签五年，然后天娱公司负责包装她，迅速给她出唱片，当时出的第一张唱片叫《你好周杰伦》。有人说这不好事吗？顺风顺水的，也签了约了，也出了唱片了。可是，坏就坏在当时的这种情况。因为对天娱公司来说，要包装选手，肯定得挑那些名气大的人来。所以天娱公司要重点包装 2005 年《超级女声》新上来的这些歌手。一包装新人，这些“旧人”就被扔一边了，没有那么多精力照顾到，结果安又琪就受冷落了。冷落归冷落，倒霉就倒霉在她跟天娱签了五年合约，还不能随意走，一走就有巨额的赔偿等着，她得赔偿人家。所以，安又琪在天娱公司里这五年就等于耽误了。虽然这五年间公司给她出了两次唱片，可是也没怎么重点推她。等过了五年的时间，她虽然解约出来了，可是最好的那五年时光已经过去了。所以，我们才说这安又琪生不逢时，没赶上好时候。假如 2005 年没有这么火的《超级女声》，或者她赶在 2005 年参赛，可能效果就会完全不同。而且这种跟天娱公司签约、一签签五年的行为，在当时引起很多人的诟病。包括周笔畅，据说就是花了五百万元人民币才解约，在当时还闹得沸沸扬扬的。

李宇春当时跟天娱签约时，网上就有人写了一个声泪俱下的万言书，说李宇春不能跟天娱公司签啊，否则将来这“星途”堪忧，就让天娱给耽误了。可是奇怪就奇怪在李宇春没给耽误。大家看李宇春，从当年到现在八九年过去了，依然很火。而且就现在这个架势看，她不仅唱歌，还在拍电影，简直是越来越火。

所以很多人就奇怪李宇春这个现象。李宇春可以说是《超级女声》中的最大获益者，因此我们把她归为“一帆风顺型”。

什么叫一帆风顺呢？有人说李宇春这个长相“火”，男的看她像男的，女的看她也不像女的，而是总感觉她特中性，不是那么女性化。李宇春最大的好处其实就两点，一个是台上特别霸气，无处不透露着一种“我就是明星，这个舞台就是我的”的感觉；第二个她的中性打扮确实有好处。好处在哪儿呢？大家在电影里看美女都看腻了。就连张艺谋，以前拍的电影里头的女人都很“媚”，一到《山楂树之恋》就要找清纯型的演员。就是因为大家看腻了，想换换口味儿。李宇春就是这种完全不一样的口味儿。很多男的看着她感觉她这个英气勃勃跟一般女孩不一样，而女孩看她觉得跟看到帅哥似的，很喜欢。

当然，只是靠这种打扮也不可能火多长时间，李宇春会火，在当时有三个很重要的原因。

第一个是“胆儿大”。什么叫胆儿大？刚开始火的时候就敢全国开巡回演唱会。或许有人会不屑地说，那叫什么演唱会啊！大家可别小瞧这演唱会，好多红了多少年的歌手也不敢开演唱会。因为开演唱会是检验一个歌手实力好坏的最重要的标志。在中国开演唱会，至少要两个半小时，一般都是两个半小时到三个小时之间，基本上得唱 25 首歌。李宇春当时刚出道，她能有多少首歌？没什么原创，她却敢开演唱会，这一点不得不让人佩服。当时在“粉丝”的这种疯狂的推崇之下，李宇春的全国巡回演唱会获得了空前成功。所以说，这一着看似险棋实则大获成功，一下子把李宇春在乐坛的地位巩固住了。如果一个歌手没有气场，压不住现场的几万观众，之后又会有谁听她唱歌？所以这次全国巡演，把李宇春在歌唱界的地位给定了下来。这之后，很多商演的人都想找她，都想借她的影响力赚钱。

第二个就是“多变”。怎么多变呢？大家印象中的李宇春就是中性造型，但其实李宇春后来不玩儿这个了，经常改变自个儿的造型，无论是头发还是衣服。许多人说小沈阳永远不脱那裙子，而李宇春永远不会穿裙子。然而李宇春偏不，她就穿裙子给大家看，还整个露背的，头发弄得蓬蓬松松的，造型多变，不断地给人带来一种惊喜。

第三点也很重要，那就是她及时的“转型”。不知大家是否还记得《十月围城》这部电影？这是陈可辛监制的片子，李宇春在里面演那个老板的女儿——方红，为了保护孙中山，跟杀手引爆炸弹同归于尽。有不少人在电影院里看着就哭了。后来，李宇春又拍了《龙门飞甲》《血滴子》，以至于在这两部电影要上映的时候，很多电影院专门开辟了一个“玉米购票通道”，让捧李宇春的“粉丝”们专门到这儿来买票。大家可别小瞧电影！这个电影李宇春加盟了固然是个看点，但是要想卖好的票房还要经过宣传，一宣传，铺天盖地的海报、艺人通告、访谈就来了。尤其是在李宇春没什么新歌的时候，无形中就把李宇春推到了荧幕的前面，让她又火一把。而且李宇春的电影，实事求是地说，演得还是不错的。她以前并没有接受过任何演技方面的训练，却演得很好。不像有的人，无论演了多少年还是会让观众觉得别扭。但是李宇春还真没给我们这种感觉，不会让观众看到她后瞬间从电影的情节里跳出来。这就说明李宇春基本上合格，不能说她演得多好，但起码没给电影减分。所以李宇春这种转型是相对比较成功的，我们可以把她视为“一帆风顺型”。她到现在还非常火。

还有一种我们叫“历经坎坷型”，谁呢？周笔畅。周笔畅现在也挺火，2013年春节期间，大家打开电视，会看到好几个卫视的春晚都有周笔畅，外面商演也搞得不错，那为什么说周笔畅历经坎坷呢？因为她和李宇春不同。周笔畅刚和天娱公司签约的时候，就闹出了五百万天价解约的风波，她为什么跟天娱公司闹呢？我们都知道，一个唱片公司要包装一个歌手，那她就得听公司的，比方说公司告诉这个歌手今天接受哪个媒体采访，今天要什么头型，穿什么样的衣服，说话得按哪个方向走，有男朋友也不能说，甚至歌手接什么代言，演什么戏都得公司给安排。但是周笔畅不是这样的人。了解她的人都知道，周笔畅是一个纯真、直率的人，大家都觉得这丫头性子很直，想到哪儿说到哪儿，特别有个性。结果这种个性跟天娱弄不到一块儿去。解约了之后，这个圈子就这么大，其他公司一听周笔畅怎么怎么样，都不敢接了。为什么？哪个娱乐公司都不是绝对要为人民服务的，都是先为人民币服务的，公司只有挣着钱了才能经营下去。如果签约艺人不听公司的安排，挣不着钱，那公司签你干吗？所以有很长一段时间周笔畅都游离在这个圈子之外。

后来，等周笔畅再出来，签约新的艺人公司后，我们就发现周笔畅变了：发型变了，留了长头发，不再是假小子了，穿上了裙子，很女性化；对着记者也能谈笑风生了，有时候还能开一些半荤半素的玩笑。当时很多人看到后都很疑惑，这还是周笔畅吗？这还是当年那个纯真直率的周笔畅吗？已经不算是了，因为她已经有了很大程度上的变化。所以，周笔畅也许是经历过这么些年的风风雨雨，明白了这个圈子的生存法则，才以抛弃自己当年的一部分个性为条件，换来了今天的“星途”坦荡。虽然这是娱乐圈一个很无奈的现实，但是周笔畅这些年确实是经历了坎坎坷坷才走到了现在。

最后，我们再说说最后一种歌手，就是之前提过的“过把瘾就死的打酱油型”的。选秀里头这种类型的歌手非常多，我们说一个典型人物——现在有的人还在学她，什么“绵羊音”啊，什么狮子座啊！对，我们要说的这名歌手就是曾轶可。

曾轶可当年出场的时候，用现在话来说，就是亮瞎了，雷倒了！不少观众都在问：这人怎么这么厉害？随便拿吉他出来一哼——哼哼呀呀的，听着跟牙疼差不多，而且还是牙疼后期——就出来参赛了。当年曾轶可一出场，关于她的各种话题瞬间就有很多，她当时也成了大众关注的焦点，“PK”掉了好多选手。说曾轶可五音不全吧，她当时把刘惜君给PK掉了，还有一个选手叫王隽逸也被她淘汰了。说到王隽逸，大家可能不知道她是谁。但是我们一说她另一个名字，大家就知道她是谁了。她就是后来的《中国好声音》选手吉克隽逸。

其实，曾轶可的很多表现都是设计好的。首先，曾轶可在进20强的时候，评委席上的沈黎和包小柏两个人就因为她吵起来了，包小柏站起来就走了，当时叫“离席门”。后来又说曾轶可这歌是抄袭别人的，她爸爸是富豪什么的，这些话题都是相关方面有意识地炒作出来的。其实作为曾轶可来讲，她坐那儿就是个玩偶，是个工具，她出来就是专门制造话题，给《快乐女声》博取收视率的。当然，在这个过程中，她也出名了，说白了这是“双赢”。所以曾轶可就是“过把瘾就死的打酱油型”的，制造完话题她就撤。确实，从唱功各方面来讲，实事求是地说，曾轶可还真不值一提，五音不全，让她来就是起到这种“闹”的效果。

像这种状态的选手，是不可能红多长时间的，在选秀舞台上也是一闪即过。除了曾轶可外，大家还会发现有很多选秀歌手在比赛后就是火不起来。当年那么多人捧他，怎么就不行了？因为选秀歌手出现最多的时候就是在选秀这个舞台，这些选秀歌手在上舞台之前就是“草根”，我们每个人看他的时候就感觉他是代表大家在台上，甚至可能还不如大家。等到他在舞台出名了，成明星了，也不新鲜了，因为现在的明星太多了。而且，原先观众看这些选秀歌手是草根，觉得他亲切，观众们看他就等于在“捧红”他。可是现在他是明星了，地位高了，观众们再看他就有些眼红了，于是不再捧着他了。所以，我们这才看到有那么多的选秀歌手在选秀结束之后迅速销声匿迹，因为这个舞台本身就是一个流水线——快速制造明星的流水线。什么东西是快速制造出来的，往往也意味着它会像流星一样快速消失。

华丽转身的《中国好声音》

“真人秀”节目的鼻祖《超级女声》在2005年达到了一个高峰，在这个高峰之后就是“王二小过年，一年不如一年”了。因为它达到了那个巅峰之后，其他电视台都在按着这个套路来复制，让观众产生了审美疲劳。而且，《超级女声》从2005年的顶点走到了2012年，已经七年时间过去了，俗话说这叫七年之痒，《超级女声》的制造者湖南卫视都觉得厌倦了，不干这个了，退出了这个舞台。可就在这个时候——几乎所有电视台都觉得这种歌唱类选秀节目山穷水尽的时候，突然间有一档节目异军突起，杀出了一匹“大黑马”，那就是2012年年度最佳综艺节目——浙江卫视的《中国好声音》。

作为一档选秀节目，它为何能在同行中异军突起？华丽大转身背后究竟有什么样的秘密武器？争议不断的背后它又有着哪些不为人知的故事？通过这一节的内容，咱们来慢慢揭开《中国好声音》的内幕。

《中国好声音》从观众那里得到的好评是不容置疑的，可以说电视机前的观众朋友“上到九十九，下到刚会走”，都会对这档节目记忆犹新。这是因为《中国好声音》是2012年年度最火的、让国人都在议论的节目，甚至中国电视榜“最佳综艺节目奖”都给了《中国好声音》。

这么一档优秀节目除了能让观众们看起来感觉赏心悦目以外，大家还应该仔细分析分析为什么它能火成这样。它能在《超级女声》把唱歌真人秀的节目做到极致之后，在人们经历了充分的审美疲劳之后再度调动大家关注的神经，这一定有它合理的东西。那么，它合理的东西体现在哪儿呢？经过分析，不外乎那么几个层面：选手、评委、主持人、营销水平，包括它的播出模式，等等。

当然最核心的首先是选手。我们说《中国好声音》确实推出了非常多的优秀选手，大家得扳着手指头来细数这些耳熟能详的歌手：吴莫愁、吉克隽逸、金志文、平安、张赫宣、金池、梁博，等等。就连那些已经远远超过了追星年龄的中年人、老年人，都能对这些人如数家珍。不仅因为他们的声音特别有特点，而且因为他们每个人都能用不同的演绎方式打动某一部分观众。此外，这里还有一个特别奇怪的现象，就是如果把这些人的图像、照片放到我们眼前时，我们会发现这些人跟任何一个电视台组织的选秀选手比，长相都略有不如。也就是说就没有哪个是令众人惊艳的大美女、大帅哥，而这也恰恰是《中国好声音》成功的重要原因。

其次，《中国好声音》好就好在，虽然它也有那些歌唱以外的话题，可是这个节目把这些东西都放到了次要的位置，回归到了歌唱的本源上。这个节目把观众们听歌、欣赏声音放在了第一位。通过四个导师坐在椅子上盲听来选择歌手的方式，让我们去“听音乐”，而不是“看音乐”。由于这个节目针对以前选秀节目积攒下来的那些恶习，针对大众的逆反心理成功地进行了一次逆袭，让大家在这个过程当中发现音乐的本质是听而不是看。这也反映了，观众内心其实是渴望有这么一档能带着大家一起回归音乐本身的节目出现的。

除了选手外，还有其他几个因素也非常重要。比方说大家的关注焦点——导师，别的节目可能叫评委，这个节目叫导师。不知大家是否注意到这个微妙的变化。评委是什么？是置身事外的，等歌手唱完了再来点评好与坏，但导师不是。导师不是来点评选手的，而是来教选手、带选手的，这一下子就把这个评委和选手的距离给拉近了，迅速提高了两者之间的“亲和度”。我们再看以往的其他选秀节目，评委们都已经模式化了，像《超级女声》中诞生的“毒舌评委”，好像不把选手说得无地自容，摁到地下再踩两脚他都不解恨。甚至这个“毒舌评委”都成了一个话题，这也导致后来的一些选秀节目，虽然不都是“毒舌评委”，却都有一个模式。比方说，大多选秀节目设置评委一般设置四个，这些评委都有功能性，其中一个就是“毒舌评委”，负责说选手这不好那不好，怎么“损”怎么说，用来制造话题；再来一个评委是负责煽情的，往往是女性，负责打动一些老头、老太太内心最柔软的部分；第三个评委就比较专业了，在业内水平很高，来评论选手的唱功技法、音准，等等，以此来告诉观众这个节目是唱歌节目；还有第四个评委就是负责活跃气氛，在这儿搞笑。例如，辽宁卫视《激情唱响》节目里，把范明这个小品演员请去当评委，别人说 NO，他就说 YES，到最后给他外号就叫“范 YES”，他就是来活跃气氛的。

所以，很多选秀节目评委已经模式化了，固定地承担着某些功能，给大家的感觉就是这些评委跟选手之间隔着一层皮。但是《中国好声音》的评委叫导师，一个是拉近了距离，另外一个是它满足了我们观众一点儿小小的想象。在我们平常的想象中，评委都是高高在上的，那些选秀歌手离他们很远，而且选手表演完了，还得什么都求着评委，求评委给说两句好话。《中国好声音》不是这样，而是四位导师在表示欣赏选手之后，四个人来争一个选手。可能这导师还要低声下气地跟选手说“你到我这儿来吧”“我有什么优势”之类的话。所以就有人评论说：导师刘欢是来开家长会的，一般都是说我爸爸喜欢你，我妈妈喜欢你；而那英是负责坐在这儿来唠嗑的；庾澄庆是来当主持的，负责活跃气氛；杨坤是专门来宣传自己那 32 场演唱会的。这四个导师，每个人都在展示自己的优势，目的是什么？就是要把选手收入到自己的队中。这种做法让导师的功能得到了强化，导师不再置身事外，而是和选手一起努力，一起做同一个事业。这个不仅仅是导师功能的强化，也是吸引这些人来参赛的重要原因。

再一点，这个节目请来的导师腕儿都够大。刘欢一般是不参加别的综艺节目的，那英是天后级的人物，庾澄庆在台湾、在大陆都有很广泛的影响，而杨坤虽然稍微有点儿过气，但是依然还算是一二线的歌手。我们再看其他的音乐节目，评委往往都是过气歌手，譬如说《超级女声》的评委柯以敏。她就说过，如果没有《超级女声》，她就没办法再火一把。《中国好声音》不是，人家找的都是真正一线的腕儿，所以导师这个环节也是特别重要的。

第三点，就是它的主持人环节比较成功。这个节目的主持人是华少，很多人刚开始看到他，都说这叫主持人吗？因为他这个主持人基本上是“失踪”的，顶多就是出来报广告。所以，我认为《中国好声音》的成功跟这也有关系，正因为主持人经常“失踪”，这个节目在这一点就成功了。为什么？同样是选秀节目，其他节目的主持人在那儿站着，观众们看着都难受。而且，这个主持人动不动还要煽情，这慢慢地会让大家厌倦，不想再听这些老生常谈的话。这时候华少这位主持人干脆利落地出现，说完广告、报完幕就干脆利落地“失踪”，什么事儿都是选手自个儿来，这才是一大亮点。

相反，在场上谁真正在主持呢？其实庾澄庆是主持人。庾澄庆是一个优秀的音乐制作人、歌手，稍微年长一些的朋友都很喜欢听他的歌曲。当时有首最经典的歌叫《让我一次爱个够》，就是庾澄庆的代表作。另外，庾澄庆在台湾参加过很多综艺节目，综艺主持能力也非常强。当选手唱完歌后，有些人还是很紧张的，尤其在选择导师的环节，所以这个时候，庾澄庆的作用就发挥出来了，适当充当“松紧带”的作用。当气氛不够活跃的时候，他就搞笑一点儿；若气氛有点儿过了，他就再压一压。因此，这档节目真正地实现了主持人“春梦了无痕”的感觉，就是观众感觉不到主持人在里边有多少痕迹，但他又确实是存在的。

当然，哪个选秀节目没有造假似的煽情呢？都有。如果没有所谓的话题，就没有卖点。《中国好声音》里边同样有话题存在，什么话题呢？它利用现场制造的东西来进行微博营销，一次又一次地让大家来探讨这个话题。大家可能还记得里头有一个这样的场景：一个名字叫徐海星的女孩，她出现的时候跟刘欢说她爸爸很喜欢刘欢，杨坤就问了一句："你爸爸来了吗？"大家这才知道这女孩的爸爸在三个月前生病去世了，当时这件事还引起了挺大的反响。

但是，后来有人说这不是真的，说她参加《花儿朵朵》选秀的时候就说了，并且因家里有人生病退赛，等等。是真是假，我们先不探讨这个，我们大家应该记住的是：任何一个选秀节目都离不开"作假"。包括吉克隽逸，有人说她是一个山村来的姑娘，还有人说她是一个总逛夜店的"富姐"。至于是真是假，这些都不重要，因为任何选秀节目都会制造话题，但是一个核心在于它这个情感线、这个话题是否左右了比赛的结果。所以，《中国好声音》不是没有情感线，也够观众们鼻涕一把泪一把跟着哭，它也可能"造假"，但是它有一个最好的地方，就是开始先盲听，导师背对着听，然后觉得好了，就一掌拍下去，接受这个选手。这些过程完事儿了以后，选手已经是晋级了的。这个时候，选手再把自己的情感线露出来，这是不会影响到最终的评判结果的。所以说，这是《中国好声音》最为精妙的一个设计。至少，这样的设计能使观众们少了很多口水，要不然大家会觉得这个选手哭了一通就晋级了，或者说如果没晋级会显得导师没爱心……可是它通过这样的设计就避开了大家关注的焦点所在，让观众先听声音，行就晋级，不行就淘汰。等到选手晋级了，我们再听听他的故事，不影响比赛结果。

所以，这个节目里面的导师环节，包括选手的唱功，设计的这些PK环节，再加上一些营销手段等，才让这个节目这么火。要知道，当年《超级女声》的营销手段靠的是什么？短信。然而到了《中国好声音》这个时代，就变成了微博。正是有相当多的人在微博上看到大家都在疯狂转发，这才开始打开电视看《中国好声音》。所以微博时代这种"病毒式营销"，《中国好声音》是玩得非常好的。

当然它还赢在诸多的细节。例如，做电视的人讲究这个机位怎么给，那个机位怎么给。比方说这块儿为什么要设个机位，这块儿灯光为什么要这么打，这都是有固定学问的。往往一个环节破坏了，整场气氛就完了。《中国好声音》好在原汁原味地把荷兰版权彻底给引进过来了，包括那四把椅子，都不是中国造的，是从英国空运过来的。这四把椅子精致到什么程度呢？比方说一个人面对面听对方唱歌，那种感受和他背对着听是不一样的。那椅子我们都知道，是超过人头顶的。大家别小看这椅子，我们这样隔着椅子听，就可能造成视听效果的失真。而这几把椅子把这个差别也考虑到了，能够保证导师背对着听的时候和正面听的时候音响效果几乎没有差别。所以正是《中国好声音》把各个细微的环节都考虑到了，才形成了我们今天看到的《中国好声音》。

那么，《中国好声音》给我们带来的最简单的成功经验是什么呢？那就是告诉大家，既然做的是歌唱节目，那么一定要回归音乐的本源。另外一个，就是在节目里头不要有一些明显的东西来干扰大家的评判，要拿出真正的诚意来面对音乐、面对选手。这也应该是今后一些选秀类节目应该做到的。其实所谓“真人秀”，最终还是一个字——真！大家只有把这个“真”字把握住了，才能够赢得更广泛观众的支持！

《星光大道》的草根之路

现在说到很多明星，我们发现中间有那么一类比较特殊，他们也是这几年把一个专业名词用得最多的。这词儿是什么？叫“草根明星”。“草根明星”是什么意思呢？古诗说：“离离原上草，一岁一枯荣。野火烧不尽，春风吹又生。”顾名思义，草根就象征着无权无势，没什么根基，但是生命力特别旺盛、坚韧的那些人。明星当中也有这么一类，出身一般，但是经过自己坚韧不拔的奋斗后，最终获得了成功，我们管这样的明星就叫“草根明星”。比如说近两年大家非常熟悉的李玉刚、朱之文、刘大成等人，他们就是“草根明星”。由于这些人都是从《星光大道》里出来的，所以《星光大道》又号称是“草根的舞台”、“老百姓的舞台”。这一节，咱们就来讲讲陆续输送出很多草根明星的《星光大道》以及从里面走出的那些草根明星。

我们所熟悉的《星光大道》，节目里面的白领、工人、农民等，个个身怀绝活儿，无论是城里人、农村人还是外国人，都能在这里技惊四座，这完完全全是一个属于普通百姓的舞台。为何《星光大道》会偏爱“草根”？为什么这些“草根”会在《星光大道》的舞台上大放异彩呢？对于这几个问题，我想我是有发言权的，因为《星光大道》我去得是比较多的，经常在那里做嘉宾，而且台前幕后也和这些“草根明星”多少都有一些接触，要比大家对他们多一些了解。这些“草根明星”都是什么出身呢？观看过《星光大道》的观众们知道，节目里的参赛选手大多数是农民、农民工，或者是那些到处漂泊、四海为家的人，有些草根音乐人身体甚至还有点儿残疾。总之，就这么几类人，我们都可以把他们笼统地称为《星光大道》里走出来的“草根明星”。

首先，我们介绍一位从众多农民中走出来的一位草根明星，他就是马广福，现在有好多电视机前的观众都认识他。马广福是从2008年的《星光大道》比赛当中出来的农民草根明星，那年他还上了春晚，代表全国农民唱歌。这位马广福可是一个地地道道的农民，来《星光大道》参加比赛的时候都50多岁了，但是嗓子非常好，一开口唱歌，一首《乌苏里船歌》立刻让全场的观众震惊了，最后得了亚军。

看到马广福这么惊艳的亮相，有人会问了：“他真的是农民吗？”真的假不了。这马广福是地地道道的农民。为什么这么说？见过马广福长相的人就了解了。因为这马广福的手、脸，一看就是农民，糊弄不了人。大家想想，农民是干吗的？就是脸朝黄土背朝天地在土里刨食儿、干活儿的。所以干活儿和不干活儿的人的手，明眼人一看就看出来了。再看马广福的脸，那个风吹日晒的，脸上都留有痕迹。所以才说他是个地地道道种了一辈子地的农民。马广福来自黑龙江省佳木斯市下面的一个叫桦南县的地方，他又是怎么从人堆里头被选拔出来，来《星光大道》参加比赛的呢?

当时，黑龙江电视台文艺频道有一个综艺节目，很有地方特色，叫《咱村也有文艺人》。这个综艺节目的比赛形式比较独特，不是一个人与另一个人比赛，而是一个村和另一个村比拼。比方说，这边的代表是佳木斯某地的一个村，那边可能是绥化某个地方的一个村，然后这两个村的代表 PK，看看这两个村的文艺人儿到底谁厉害。当时桦南县广播电视局的局长一打听，听说他们那儿有个能人叫马广福，歌唱得好，是公认的“金嗓子”，于是局长亲自下去请他表演。结果，马广福这一唱大家都服了，就让他去省电视台录制节目。在录节目的时候，老马的惊人表现被省电视台的专业人士——黑龙江电视台的艺术总监黄凯——看上了。黄凯一看这老马的歌唱水平太高了，而且还是地地道道的农民，一点儿不掺假，回头就把他往上推荐。老马这才参加了《星光大道》。

就像马广福歌里唱的那样，“关东风，黑土地，瑞雪纷飞情更浓，情更浓。点燃了心中的希望，照亮了锦绣好前程”。这老马在比赛中得了亚军，还能参加春晚的演出，可谓是前程似锦。现在有很多农民出身的“草根民星”，出了名之后就再也不回到农村了，因为唱歌挣钱比土里刨食容易。可是马广福偏偏不是这样。按理说马广福已经是名人了，可是他在《星光大道》2008 年年度总决赛第四场分赛得了分冠军后，是这样说的:“没什么可说的，我还是这么想，不管能不能拿到冠军我都会回家种地。拿上我也回家种地，不拿我也回家种地。谢谢大家了，谢谢。”原来，在马广福的认知里，他就是一农民，农民才是他的本行，唱歌他就是来玩玩儿，并不是他的正当行业。因此，马广福唱出名了之后依然回到老家该干吗干吗，这种精神可不是一般人能具备的。所以马广福是非常值得佩服的。

除了越来越多的农民选手来到了这个舞台上，还有一种人我们别忘了，那就是农民工。随着中国城镇化进程的推进，有大量的农民从农村出来到城市打工，形成了中国一个独特的风景——农民工。农民工里边也有很多人来到了《星光大道》，这里边最出名的恐怕就是大家耳熟能详的二人组合——旭日阳刚。

旭日阳刚是两个人，他们都是地道的农民工。这两个人，一个叫王旭，一个叫刘刚，一个干过木匠，一个干过瓦匠，后来据说也干过销售什么的，总之干了不少杂活儿。不过，令人奇怪的是，这两个人中当时刘刚 29 岁，王旭却 40 多了，这俩人差十几岁，他们俩是怎么认识的呢？原来他俩在自己打工的时候觉得收入很微薄，有的时候甚至就挣不着钱，正好这俩人都愿意唱歌，于是决定去卖唱。他们卖唱的地方大家都很熟悉，就是北京的地下通道。北京的地铁站有好多这样的地方，曾经还有一个“西单女孩”也是在这儿卖唱的。在那里卖唱的人大部分都拿着把吉他，在那儿弹唱，然后面前放一个盆，过往的路人如果听着好，就给他扔点儿钱。就这样，王旭和刘刚两个人就经常在北京的地下通道里头唱歌。照理说北京的地下通道有很多，俩人也不可能有多少机会总在一块儿，而奇怪就奇怪在这两个人在生活当中十分有缘分，总能碰到一块儿。时间长了他俩就有了一些共同的朋友，然后他们的朋友就安排他俩见个面喝点儿酒，建议这两个愿意唱歌的人凑一块儿唱。巧合的是，这两个人见面后，一打开话匣子，才发现彼此志同道合，有着同样的生活际遇和同样的命运。就这样，这同样穷不啦叽的俩人就凑到一块儿了。

俩人凑到一块儿后，经常在一起喝个小酒儿、抽抽烟，然后拿吉他唱唱歌。这么一来二去的，有人就觉得他俩这歌好听，就帮他俩录了一段视频，这段视频就是后来在网上疯狂流传和点击的《春天里》。当时录视频的时候，这俩人都喝了一点儿酒，而且还是别人拿着普通的 DV 机给录的，画面的品质不是很好，可是搁到网上一下就火了。这是为什么呢？主要原因在于很多人看了有共鸣。看过视频的人都知道，这俩人住的出租屋破破烂烂，屋里头还乱七八糟的，这两个人坐在那儿，一个抽烟一个弹吉他，桌上一些空啤酒瓶子——俩人面前还有没喝完的。对于这个场景，很多在北京、上海等这些大城市奋斗的朋友深有同感。有很多人都在经历这些，在坚持自己着的理想，想要自己过得好一点儿。所以这个视频在网上一出现，点击量非常高，大家看了以后都很感动。所以，当时有人说《春天里》这歌有意思，汪峰那么唱都没唱红，结果让一个木匠和一个瓦匠整两罐啤酒、光着膀子给唱红了。

后来，《星光大道》的导演就找到他们，让他们参加《星光大道》。这俩人也不负众望，获得了 2010 年《星光大道》的亚军，然后也上了春晚，还是唱的这首《春天里》。人一红，麻烦就多。这后来的事儿，大家应该都清楚了。这《春天里》给这两人带来了好运，但是也惹了一些麻烦。为什么？因为汪峰不乐意了，觉得这两人唱他的歌，侵犯了他的版权。人家汪峰强调自己的版权是非常正确的，他不准旭日阳刚再唱这歌，这从版权来讲是理所应当的，我们不能因为人情、怜悯而忽略法律上的版权意识。所以，旭日阳刚后来就不能再唱这歌了，这也成为了《星光大道》里面歌手共同的一个局限。比如说现在另一个很火的组合——玖月奇迹，他们虽然很火，经常出来表演，可是他们没有一首自己原创的歌曲，都是翻唱的。为什么会出现这样的情况呢？这是由《星光大道》这个舞台决定的。一直以来，翻唱都是占便宜的。大家想，如果有些选手在这个舞台上唱首自己原创的新歌，可是大家都没听过，让观众现去识别、融入这新歌，这是很难的。但是，要是选手唱的是别人唱过的歌，他来翻唱，大家都熟悉了，只要选手学得像，大家就会觉得好。所以从《星光大道》出来的歌手，哪怕后来也有诸多自己的原创，开始一般都是在翻唱人家的歌。当然，这也不是百分之百的，也有一个例外，是谁呢？他们就是 2012 年《星光大道》总决赛出来的冠军选手，叫安与骑兵，他们就打破了这规律，从一开始就是搞原创，最后获得了 2012 年的总冠军。

从严格意义上来说，这个组合其实也是地道的“草根”音乐人。安与骑兵这两个人是很有意思的。大家首先听这组合名字，女孩儿叫安静，男孩儿叫骑兵，所以合起来叫安与骑兵。这两个人，男孩骑兵是哈尔滨人，女孩安静是哈尔滨下边一个小县城双城的，后来这俩人凑到一块儿组成个安与骑兵组合。这两个人刚开始还跟主持人毕福剑在台上开玩笑，说他们为什么能拿个好成绩呢？因为《星光大道》先出了个凤凰传奇，后来就有个玖月奇迹，再然后就是他们安与骑兵，这三个组合都是“奇”字辈的，所以才能脱颖而出。

关于安与骑兵这俩人的相识，一开始还挺尴尬的。他俩刚开始不认识，后来中间有一个朋友是他们俩共同的朋友，对他们的情况都十分了解。这个朋友就对安静说，骑兵这个人作词、作曲挺牛的，在北京还学过点儿摇滚乐，很有才华，在县城唱歌也小有名气，就是有些恃才傲物，你俩见面看看怎么样。结果，这两人一见面是话不投机半句多，没说两句就你压着我，我压着你的。后来，骑兵说，安静，你有什么牛的？我听听你唱歌怎么样。没想到安静一开嗓就把骑兵给镇住了。原来，安静的嗓子非常特殊，在唱歌时会突然间来这么一声狮吼音，“啪”地就起来了，但是要是她往低了唱，给观众的感觉就是像在模仿田震，而且还模仿得惟妙惟肖的。

安静亮了一嗓子，当时就把骑兵折服了。骑兵觉得安静是一个有真能耐的人，而安静也非常佩服骑兵的作词、作曲能力，所以两人就组成了组合。在这个组合中主要是安静负责唱，但是词曲都是骑兵作的。刚组成组合那会儿，骑兵就看上安静了，后来他俩就成情侣了。安静一毕业，就跑到北京来找骑兵了。可能有些人不了解情况，其实在北京“漂”的音乐人有的时候是过得很凄惨的，住在地下室不说，有的人还到酒吧去驻唱。可是并不是所有在酒吧驻唱的人都能挣到钱，有时候来的客人少就挣不着钱，因此艺人的生活是漂泊不定的，是很苦的。安与骑兵刚到北京的时候也是这情况。困难到什么程度呢？有一次快过年了，大连那头儿有个商演让他们去，能挣几千块钱，俩人挺高兴的，正好挣点儿钱回哈尔滨过年去。可是没想到的是，他俩都答应人家到场了，临到要去了，结果这俩人感冒了，嗓子坏了唱不了。那天恰好是大年二十九。唱不了，这钱就拿不到。后来在大年三十那天，安与骑兵又接到一场活动，有个酒吧老板说他们那儿有客人不回去过年，让他俩去唱一场。当时他俩就特别高兴，觉得身体有病又是过年的，还有人请他们唱歌，就觉得有一线希望了。结果，等他俩去了之后，那儿只让他们其中一个人唱了一晚上，给了 200 块钱。

200 块钱，少得可怜，买火车票回去吧，从北京到哈尔滨俩人二百块钱也不够啊！但这是过年，怎么也得回去。二百块钱不够怎么办呢？骑兵跟安静商量了一下，把安静的金戒指给卖了，然后这俩人才回了一趟家。从这儿我们知道，这两个人之前吃了很多苦。现在好了，俩人已经成名了，在《星光大道》舞台上大放异彩。到最后的时候，安静的姐姐也来给助演了，同时还表示家里人最后同意这俩人在一起了。所以《星光大道》舞台上有一段歌曲展示叫《嫁妆》，这歌唱得很优美，就是反映安与骑兵这俩人的心情的。

这就是我们说的“草根”音乐人。其实看看其他选秀节目，里边的“草根”音乐人出现的概率也不小，农民、农民工上台的也挺多，但是《星光大道》舞台上有一类独特的草根人物，好像其他的选秀节目里极少出现，那就是残疾人。不知大家是否还记得 2011 年总决赛的冠军刘赛，她就是一个盲眼女孩儿。2007 年《星光大道》总决赛的冠军杨光，来自哈尔滨，也是一个盲人。其他的选秀节目里头很少出现这样的人，为什么《星光大道》这个节目却认可他们呢？为什么这个节目就能给这样的选手提供一个上升的通道呢？不说别的，我们就从选手杨光说起。

虽然杨光是一个残疾人，但我们再怎么同情他，也不能因此代替大家的艺术标准。所以说，这个杨光之所以能夺冠，还是有两把刷子的。杨光这个人唱歌唱得好，能作词能作曲，钢琴、电子琴玩儿得都很溜，最绝的是什么？他模仿能力强，善于模仿别人说话，既能模仿曾志伟，还能模仿马三立，模仿得非常像。

这种模仿能力是哪儿来的呢？杨光八个月大的时候眼睛就失明了，从小他母亲带着他。但是他母亲完全是把这孩子当健康的孩子带的，因为她不想让自己的孩子心里有阴影。到八岁那年，家里给他买了个电子琴，就这样，家里人发现杨光挺有音乐天分的，别人告诉他哪个键是什么音，他很快就学会了，甚至能哼哼出来旋律。由于他是盲人，家里人一看这是一条生存的道路，而且学音乐还是一件很“艺术”的事情，于是家里人就给他买了钢琴。所以说，如果他母亲不在他身上花这么大精力的话，也没有杨光的今天。因此杨光后来在《星光大道》总决赛的时候唱了一首歌——《你是我的眼》，来献给自己的母亲。这首歌在当时打动了现场所有的人。所以，咱们不要过多地渲染自己如何苦，如何凄惨，你只有以一种阳光的心态面对生活，生活才可能向你打开无数扇门。

老梁说天下

LAOLIANGSHUOTIANXIA

读史：

自古功名亦苦辛，行藏终欲付何人

明宫三案

乱世三雄

清宫传奇

晚清三杰

民国才女

明宫三案

明末疑案之妖书案

近年来，打开电视我们会发现，里面有好多涉及宫廷斗争的电视剧。像前两年热播的《甄嬛传》，里面的皇帝、后妃、宫女、太监，还有朝中大臣，为了权力争得你死我活。我们在看这些争斗的时候，往往会发现，残酷的政治斗争有一个特点：就是你逮着机会，就得一剑封喉，把对方往死里整。你要给他留下活口，反过来可能就是你的末日。

当然，也不是没有例外。这一节给大家说的这位，他在复杂的政治斗争当中，自己没有主动害人，反而太太平平过来了，最后还当上了皇帝。他的名字叫朱常洛，也就是明光宗。很可惜他在位时间很短，由于身体不好，只当了一个月的皇帝。但是他即位之前这段历史，却可能是中国历史上皇位斗争最为波澜壮阔的一段。

他不光留下很多刀光剑影的历史，而且这里面有诸多谜案，是咱们现在都解释不清的。明代宫廷斗争的四大奇案——妖书案、梃击案、红丸案、移宫案，都和这位泰昌皇帝朱常洛有着直接关系。现在我就从头给大家说说这个“妖书案”。

什么是“妖书”呢？按我们现在的说法，就是反动文章、妖言惑众的东西。这是大明万历三十一年十一月发生的事儿。万历皇帝是谁呢？就是下面要说这个主角——朱常洛的爸爸。万历三十一年十一月，大明都城北京城的街头巷尾，突然间出现很多类似大字报的东西。最开始是北京的知识分子在私下传看一个几页纸的东西，字数也不多，叫《国本攸关续忧危竑议》。这几个字，你可能不知道什么意思，我来解释解释："国本"就是立国家之本，就是立谁当太子；"国本攸关"就是生死攸关，有关太子、生死攸关的；"续忧危竑议"，"续"就是即位；"忧危"这方面出现了令人担忧的局面。"竑议"就是对这事我们要发表看法。"妖书"用一问一答的形式写成，主要内容是说，皇上立皇长子为皇太子实为不得已，他日必当更易。

那么说到这儿，为什么这个叫"妖书"呢？要了解这个问题，咱得先说说朱常洛出身。因为朱常洛是庶出，所以他这个太子当得很勉强，不得万历皇帝欢心。朱常洛的母亲就是一个普通的宫女，说白了就是皇宫里地位最低的那一类。为什么说万历皇帝不大喜欢他呢？嫌他母亲出身卑贱。朱常洛的母亲姓王，儿子出生后，万历皇帝勉强给她封了个妃子，也就是母以子贵。后来，万历皇帝宠爱一个叫郑贵妃的女人。这个郑贵妃给他生个孩子叫朱常洵，被封为福王。

由于宠爱郑贵妃，万历皇帝就想立福王为太子。所以，他从小对朱常洛就不管不问，等于是"散养"。过去我们看电视剧《康熙王朝》，康熙小的时候，顺治就得给他找老师，首先让老师在宫里教他四书五经；到一定年龄，还得换个老师，领着出去游学；等等。而朱常洛从小就没受过系统教育，万历皇帝不待见他，压根儿没给他找老师。一直到十二岁那年，朱常洛才算开始读书。用我们现在话说，朱常洛就是个"错学儿童"——错过上学时间的儿童，所以没得到过什么好的待遇。万历皇帝并不喜欢他，可是不喜欢归不喜欢，到了立太子的时候了，满朝大臣就建议按规矩来。

皇帝即位有什么规矩呢？"父死子承"。就是说当爹的死了儿子继承，这是第一条。第二条叫做"有嫡立嫡，无嫡立长"。这个是什么意思呢？“嫡”叫嫡子，就是皇后，也就是正宫娘娘生的孩子。一般是从里面挑岁数最大的男孩立为太子。而万历皇帝的皇后没有生育能力，这可怎么办呢？有嫡立嫡，无嫡立长。这就是说，如果没有嫡子，那么就得把你所有孩子找过来，谁岁数最大立谁，这叫“无嫡立长”。第三条是“帝无子嗣，兄终弟及”。就说如果皇帝没有儿子，那怎么办呢？就是他死了，他弟弟即位。这是三条原则。按这些原则来看，毫无疑问，万历皇帝没有皇后生下来的嫡子，那就得“立长”。而朱常洛是老大，所以满朝文武都说，不能坏了祖宗规矩啊！于是，万历皇帝蛮不情愿地把朱常洛立为太子，把朱常洵封为福王。

可是朝廷当中有些大臣很有心眼儿。因为皇上喜欢福王朱常洵，所以有些人就建议皇帝“废长立幼”。“妖书”中，也就是“续忧竑议论”里面花很大篇幅讲的，就是说当朝可能出现的趋势——废长立幼。所以当时这个“妖书”一出，满北京风言风语地都传遍了。

这事儿一出，万历皇帝勃然大怒。皇位继承的合法性问题，是一个根本问题。大家记不记得，雍正即位之后，写了一本书叫《大义觉迷录》，他想告诉天下人——他即位是合法的，是前任皇帝康熙爷钦点的。咱们不少人听过那个传说，说当时康熙帝写的诏书上“传位于四皇子”，本来应该“传位十四皇子”。结果雍正把这“十”字上面填一横，底下填一钩，改成了“传位于四皇子”。也就是说，康熙皇帝本来是要传位给十四阿哥的，结果雍正篡改了诏书，所以就即位了。其实这个说法是无稽之谈。为什么呢？因为这个“干钩于”是民国以后才大量使用的。那个时候的“于”字，是哪个字呢？清朝前期，用的是“於”，没有说用“干钩于”的，这是第一个。再者说了，当时清朝满蒙不分家，凡是大清皇帝主要的文件，均备有汉、满、蒙、藏四种文字，把汉字改成这个“于”了，那三样没法儿改也没用，所以这是无稽之谈。明明是无稽之谈，雍正皇帝为什么下这么大力气呢，就怕人对他说三道四，说他皇位来得不正。所以从中国历史上来讲，皇上是特别忌讳这种事儿的。

“妖书案”一出，京城谣言四起，朝中大臣人人自危。这件事，皇上当然不能简单了结。安抚完朝臣之后，他底下要调查。可是调查这事，要经过首辅大臣——相当于丞相。首辅大臣沈一贯就觉得自己很委屈，书中公然指名骂他为人阴贼，还说他躲到一边，任凭郑贵妃策划要立福王为太子。

这个沈一贯回到家里就琢磨，这事儿是谁干的呢？这妖书里面提到“内阁三大臣”，就说了沈一贯纵容此事，还说朱赓要促成废长立幼，唯独就没提到沈鲤。这不是“此地无银三百两”吗？所以当时沈一贯带头站出来了——我吃了亏我得报复。大伙儿可注意了，人呢，普遍有这种心理：你要怀疑这个人害你，就会先入为主，越看越像。就这么着，沈一贯带着东厂跟锦衣卫的人找上门来了。

沈鲤也不是吃素的，立刻上疏反击，最后万历皇帝下旨告诉沈一贯，你别骚扰人家沈鲤。这时候，沈一贯才发现这个沈鲤后台很硬，自己动不了！这不，这件事现在就弄得乱七八糟了。其实这件事，作为沈一贯来讲，也不见得非要查出真相。因为这件事他有利可图。他可以借着这件事实现朋党之争的目的，打击沈鲤这派的势力。所以，现在为什么有不少历史谜案，一说就是不知道什么情况。其实对于当时的很多人来说，真相不重要，关键是这个事情能不能被利用。这件事查到这程度已经是骑虎难下了，所以万历皇帝也急了。于是，让东厂、西厂、锦衣卫限期破案，结果朝廷上下乱成一团。皇帝命令下来了，找谁去，哪儿找去呀？满大街这么些人，也不知道哪儿传来的，所以迟迟破不了案。在大家忧心忡忡的时候，有人检举说，制造“妖书”这个人找到了，是个读书人，叫皦生光。

这个人是妖书的作者？是他散布传播出来的？那不用问了，那跟朝廷大臣一定有关系，可是哪一派的分子呢？一调查，发现这个人跟沈一贯扯不上关系，跟沈鲤也扯不上关系，甚至他连官员也不是。他是一个秀才——顺天府秀才。而且再一查呢，这秀才功名还是“过去时”，他已经被“革职”了。为什么呢？这个秀才有“前科”，再一调查还是个诈骗犯。严格来说，是敲诈、勒索、诈骗。他是怎么跟这事扯上关系的呢？

他得罪了一个人，这个人叫郑国泰，是当朝国舅，也就是郑贵妃的弟弟。他怎么得罪郑国泰了呢？原来，皦生光竟然讹诈过郑贵妃的兄弟郑国泰。

这是怎么回事儿呢？当时有个富商，叫包继志。他为了附庸风雅，想找人替自己攒本诗集，好显示自己有学问。找谁干这个事儿呢？找来找去，他找到了皦生光头上。皦生光满口答应，还真给他攒了部诗集，像模像样的，可把这位富商高兴坏了，立刻重谢皦生光！但没想到，皦生光在这诗集了埋了颗“地雷”。什么“地雷”呢？他在里面放了首诗，其中有句是这么讲的，叫“郑主乘黄屋”。这是什么意思呢？原来，这句话涉及当时的立储之争。“郑主”就是暗指郑贵妃，这是暗示郑贵妃要为自己的儿子夺得皇位。但那位富商包继志是草包一个，哪懂这个啊！一看诗集还挺文雅，大喜之下就直接找人印刷了！后来，诗集一出来，皦生光就找上门来了，说他这本诗集里有“悖逆之言”，也就是大逆不道的话，被皇上知道了要砍脑袋！这位富商一看，知道上当了，只能自认倒霉，花钱买个平安吧！给了皦生光一笔钱，把这事儿了了。

皦生光一看，这个来钱挺快！一只羊是养，两只羊也是放，干脆一不做二不休，直接拿着诗集找上了郑国泰，说哥们儿，你犯事儿了，你看诗集里……这都是说的你老郑家的事儿！这等“悖逆之言”，你听到了竟然也不禀报圣上，这是大逆不道啊！郑国泰胆子也小，一看这个，没辙了，也给了皦生光一笔钱，把这事儿捂住了。这样一来，皦生光算是彻底把国舅郑国泰给得罪了。这一结下梁子，皦生光能不怕郑国泰报复吗？所以，他一心要把郑国泰扳倒。

可郑国泰的势力在郑贵妃那儿呢！要借这个事儿把郑贵妃扳倒了，那不就等于把郑国泰扳倒了吗？所以有人检举说皦生光是为了这个原因，才制造“妖书”妖言惑众的。

这一下找到原因了，东厂、西厂、锦衣卫这些人都松了口气，三下五除二，把这个案子给结了。犯了这等罪过，毫无疑问是砍头大罪啊！可是这样的死罪不一般，这是政治犯罪。这种事情不经过皇上，最后是定不下来的。而且那时候和我们现在一样，比如地方的法院判死刑了，只要是立即执行的，一定要上报最高人民法院，最高人民法院拥有死刑核准权。当时的死刑核准权在皇上那儿呢！而且这是政治案件，皇上必须亲自过问，得有个形式啊！干脆来个“三法司会审”。照理说，“三法司会审”那得是天大的案子，像皦生光这么一个落第秀才，临死来个“三法司会审”，也算是祖坟冒青烟了。

前面有了皦生光的口供，说这事儿是我为陷害郑国泰写的，看样子“妖书案”将要水落石出。可就在此时，皦生光突然当堂翻供，拒不认罪，说自己是被屈打成招的。你们也知道东厂、西厂、锦衣卫，这些人如狼似虎，根本不听申辩，把我一通毒打，我没办法屈打成招。确实，“三法司会审”的官员都是“文明”人，不能打，马上就翻案了，这一翻案麻烦了，这事儿怎么定案呢？

这个时候，首辅大臣沈一贯想了，这也是个机会，假如能借这事儿揪出幕后主使，往沈鲤那儿一引，自己这仇就报了。所以后来沈一贯找到了大理寺的负责人，商量说你能不能往沈鲤那儿引一引。当然他们这是一伙儿的，大理寺这人是他的门生。就这样，上刑审这个皦生光，说你这事儿背后有没有主使？这皦生光还挺光棍儿，咬紧牙关否认有人主使。说不干也是我，干也是我，反正没有主使。总之，怎么问也问不出来。

这下坏了，这案子成死案了，也没有什么别的更明显的线索能证明。这一拖又受不了了，“三法司会审”这案子，按规定在半个月到一个月之间必须得结，这是大明的规矩。结果拖了一个半月了还没结案，皇上天天催，“三法司”面临巨大压力。没有办法，采用东厂、西厂的办法，给他上刑吧！结果最后皦生光受刑不过，屈打成招，承认这个案子就是他犯下的。这个事儿就告一段落了。口供虽然拿到了，但其实所有朝臣都明白，这事儿估计与皦生光关系不大。你想啊，“妖书”中所写的朝廷内幕，是一个落第秀才所能了解的吗？但万历皇帝和诸大臣急着平息事端，了结此事，也就匆忙结案了。最后，皦生光被凌迟处死。

把他一杀，这个事儿就风平浪静了，“妖书案”就算结了，但朝廷中的政治斗争它不会停。我刚才说了，这个事情的真相根本就不重要，重要的是谁能利用这个事情，来实现自己的利益。所以“妖书案”虽然说以皦生光被处死告一段落了，但是大明宫廷的政治斗争，远远没有终结。这个“妖书案”后来被反复提及，一直到后面和“梃击案”、“红丸案”、“移宫案”连成一串，形成了一个完整的大明宫廷你争我夺的“四大奇案”。

明末疑案之梃击案

历朝历代，都不乏关于皇位继承的剧烈争斗。而这种剧烈争斗，往往演化成为一种高级形式，也就是明刀明枪和暗箭并举的状况，比较典型的，就会出现很多刺杀事件。今天咱们说这个事儿，就是针对明太子朱常洛的一次刺杀事件。而这个事件留给后人好多扑朔迷离的谜团，历史上称为“梃击案”。

什么是“梃击案”？“梃”，是木字旁，旁边一个朝廷的“廷”。说白了就是大木头棍子，这为“梃”。“梃击案”是什么意思呢？梃击案就说我拿这个木头棍子当作杀人武器，一闷棍把你放倒在地，这叫“梃击”。这个事发生在什么时候呢？公元1615年，就是明朝万历四十三年。这个万历皇帝在位时间很长，在位48年。他在位第43年的时候发生了这件事，而这件事是针对当朝太子朱常洛的。

这时候太子朱常洛已经33岁了，住在慈庆宫。有一天，就是大中午过后，这慈庆宫门口两个太监在那儿看门。这俩人闲得无事，正在这儿聊天呢，就看见大老远过来个人，手里拿着木头棍子。刚一愣神的工夫，这人挥起棒子就是两下子，劈头盖脸地把这俩太监就给打晕了！有人说这两个太监就没防备吗？谁能想到啊！你别忘了，这慈庆宫可是大内，外头一些刺客、奸细，想混到这里边，那得经过多少道门？这一棒子打下去，两个倒在地上的太监是晕了，可是还没有完全丧失神志，就大喊："来人哪！有刺客！"

这一喊，太子宫殿周围的一些侍卫就杀过来了。一看这大汉抡着棒子还往里冲呢，这时候大家有防备了，侍卫手里都有绳子，上去把他摁地上就给捆上了，五花大绑。什么叫"五花大绑"呢？脖子这儿用绳子系个花，俩肩膀头用绳子捆俩花儿，俩手上用绳子捆俩花儿，是为五花大绑。捆到后头，把他摁地上了。大伙儿想想这个事儿，太子所在的宫殿居然有人大老远闯进来了。毫无疑问这是要行刺啊，要害太子！可是谁吃了熊心吞了豹子胆呢？最可气的是，就算他有这么大胆子，怎么就没人拦他呢？他一路是怎么进来的？受谁主使？他怎么这么容易进来了呢？

这刺杀太子是重罪，过去讲要诛灭九族的。咱们在电视剧里总听这个词，把某某诛灭九族，这是最大的惩罚措施。何为九族呢？他是要把你的父族、母族、妻族都诛灭，就是你爸爸这边，你妈妈这边，你老婆这边。怎么算九族，这不三族吗？不是这么算！父亲那头是四族，母亲那头是三族，妻子这边是两族，四、三、二，加起来九族。父亲这边就是你家里人，包括你自己这一族，还有你姑姑那一族，你姐姐妹妹那一族，你女儿那一族，就是连从你家里嫁出去的都算上，这加一块儿就是四族，"父族四"。"母族三"，母亲那边，也就是你姥爷那边，你姥姥的娘家，还有你姨的婆家那边。这为"母族三"。"妻族二"是什么呢？就是你的岳父、岳母，这是两族，反正你老婆家里的都算。这为"妻族二"。所以你想想，这九族加一块儿得牵连多少人？所以过去最重的惩罚措施，就是诛灭九族。而刺杀太子就得这么惩处。可是这样的事情，不是说把他摁住就拉倒了，你得问，他自己一个人怎么能完成这么大的事呢？

一审问，这人名叫张差，是蓟县人，务农为业，平日吃斋信佛，一点儿坏事都不干。据他说是误闯皇宫，迷了方向，有人阻拦他，他怕被抓住杀头，所以就胡乱冲撞进来了。说得好轻巧！误入皇宫，皇宫能轻易进得来吗？所以一看他这就是胡说八道的。再往下问，他疯言疯语，一会儿装疯子，一会儿装傻子，就是不说实话。给我上大刑，没想到这张差还真是个硬骨头。那时候老虎凳、辣椒水都用了，还不招，还是装疯卖傻。后来大家说硬的不行，来软的吧。来什么软的？美人计？不，这人没这待遇。有人说，人是铁饭是钢，一顿不吃饿得慌，咱们饿他一下。你看他是个彪形大汉，这饭量肯定好，咱就不给他饭吃。这一饿，张差真就招了，他这一招。满朝上下吓坏了！他招的什么内容呢？

张差招供说，有两个人告诉他，他们在宫里面经常受小爷的气，让他把小爷给打死，替他们出出气。只要帮他们干了这件事儿，他这一辈子吃穿都不愁了。审问的人就问这张差，找你这两位是什么人呢？张差说就是宫里面的，反正穿着那种衣服。一比画都知道是太监。说你知道他俩姓什么叫什么吗？一个姓庞、一个姓刘，姓庞那叫庞宝，姓刘的叫刘什么我不记得了。这是重要线索呀，把宫里花名册打开一看，果不其然，庞宝这个太监是郑贵妃手底下的。这朱常洛是王妃生的，王妃原来就是个宫女。后来郑贵妃得万历皇帝宠幸，生的是福王朱常洵。朱常洛是长子，被立为太子了。这郑贵妃不太服气，总想利用万历皇帝对她的宠幸翻盘，让自己的儿子当上太子。这么一理，线索就清楚了。把庞宝一抓来，再找另一个，说那个跟你一块儿的是谁，很顺利就审问出来了，那位太监叫刘成。庞宝、刘成是郑贵妃手底下两个得力太监。位置就像李莲英和慈禧太后、小德张和隆裕太后那个关系，是贴身太监。

所以审到这儿，这案子不水落石出了嘛！因为张差把这二位供出来了，跟郑贵妃有关系，怎么着郑贵妃的嫌疑也摆脱不掉了。案情本已趋向明朗，可刑部官员却定下这张差是疯癫伤人，与郑贵妃无关的结论。一时间群臣激愤，人人声讨。这个事出来，太子心里得怎么想？我都成太子了，你还不放过我，还要派人来杀我！这太子也不干了。虽然他懦弱，可现在命都要没了，他得闹。这一闹万历皇帝不好办了——大家都指着郑贵妃，说最毒不过妇人心，你居然想刺杀太子，这是大逆不道啊！

这皇帝也很恼火啊，自己宠爱的妃子，怎么能派人进宫行刺太子呢？话说要干也干得漂亮一点儿啊，还明火执仗地蛮干，事情闹到这个地步，群臣舆论汹涌，叫我该如何维护你呀？这郑贵妃就在这儿喊冤，痛哭流涕地说自己是个受害者，有人要栽赃陷害。万历皇帝一看这边是太子，这边是贵妃，万事抬不过一个理字。万历皇帝就说了，我相信你没这心思，不是你干的，可我信，别人不信啊。现在最大的受害者是太子朱常洛，你呀，别在我面前哭，你要哭你找他哭去。你要能求得太子的原谅，我也不会追究。事到如今说什么都不管用了，解铃还须系铃人。你只有放下架子，去东宫恳请太子，请他出面斡旋，或许还有一线生机。要是太子都不原谅你，我这当皇帝的也没办法。

其实万历皇帝很高明，第一，给郑贵妃指点一条明路——你去找正主儿，你朝他哭去。而且太子为人比较软弱，比较好办。第二，这个事要由皇帝决断该怎么决断？自己怎么包庇郑贵妃？现在我把这皮球踢到太子这边，让太子做决定。太子假如说杀，那好，我一处罚郑贵妃，天下人得说太子绝情——不管怎么说郑贵妃你得叫母亲。太子要是心一软，或者一害怕，想着别跟皇帝较劲儿，高抬贵手了，正好我借你这个台阶。所以说万历皇帝是老油条，当了那么些年皇帝他明白这个事理。

于是，郑贵妃就去面见太子，一进来就“扑通”跪下了。太子，这事儿不赖我呀！我真是冤枉啊，我哪有那心思呀！我下边两个太监这是受奸人所使，要诬陷本宫！这一通哭，太子没理她。郑贵妃一看不行，立刻就声音高八度地哭了：太子呀，幸亏你在这儿，不是你在这儿我都洗不清冤屈！

就这样，太子妥协了，晚上来见万历皇帝，禀告父皇说，这事我看不管怎么着也不像是郑贵妃干的。万历皇帝就等着这个呢，到了第二天，把朝中大臣都给叫来了。

其实太子心里很清楚，皇上宠幸郑贵妃，不愿意处罚她。而太子也知道，小胳膊拧不过大腿，他不敢跟自己老子较劲儿。老爹把这个事儿推到自己身上了，朱常洛心里明白，他得接着这个。所以他说这事就算了吧。

哪个大臣看不出这事儿来？得，你们家的事儿我要是参与了，回头你们一家人和好了，就把我们绕进去了。所以“梃击案”这事儿就这么风平浪静地过去了。

那么这个案子到底是怎么回事呢？很多人说，那不用问，郑贵妃指使的！在她指使之下她那些贴身太监才干这个事。可是，这种说法不堪一击，这不像郑贵妃这种高智商的能干出来的！所以说郑贵妃有点儿被栽赃陷害了。那么除了郑贵妃还能有谁干得出这种事儿呢？有人想到，太子朱常洛！这是太子朱常洛有意设计的一出“苦肉计”——你看她要害我，所有的舆论都对自己有利，对郑贵妃不利。这一下，就把郑贵妃陷入到不仁不义的环境当中了。所以有人说太子有重大嫌疑。反正这个案子被皇上硬给压下了，谁再说什么没有用了。围绕太子之争的这个“梃击案”暂时就算告一段落了。

事情的结果大家都知道，满朝的舆论对郑贵妃非常不利。有朝臣就上奏说，尽快让福王到封地去才能解决这个问题。意思就是说，这个人走了这事儿才算消停。于是在“梃击案”发生之后没多长时间，万历皇帝迫于压力，让郑贵妃的儿子远赴洛阳为王，避免扰乱朝纲。当然万历皇帝是真宠爱这个福王朱常洵，光给他在洛阳建行宫就花了大概有三十万两黄金，规格比普通的皇子高出十倍；此外，还给了他数不清的金银财宝，并把当地贩卖盐的权力交给他。福王朱常洵到了洛阳后更是大肆敛财，最后可以说是富可敌国，甚至他拥有的钱比大明当时的国库都差不到哪儿去。

可是这钱多了也引火上身。这个朱常洵也没什么能耐，天天在这儿吃吃吃，最后胖成什么样呢？体重达到三百多斤。总之，当时大家都知道福王有钱。所以，后来李自成起义时，从陕西杀出来就直接奔河南。他奔河南干吗？如果把福王这儿拿下来，军费不就有了吗！这个福王太不争气了，他一听李自成来了就赶紧躲，跑到外面去了。不过最后也没跑了，李自成还是把他抓住了。别人是宁死不屈，这福王呢？见了李自成跪地下就磕头。当然，他长得长宽一样，跪下挺费劲儿。李自成一看他，突然想起一个主意。让手下把他给脱光了，告诉那杀猪的，把他身上所有毛发刮干净了，指甲拔掉。干吗呢？李自成想了一个特狠的招儿，支起一口大锅，在后院里找了四头梅花鹿，把梅花鹿杀了，扔到锅里炖，有人说这不是炖鹿肉吗？不光炖鹿肉。李自成吩咐把这福王弄干净了，也扔锅里炖。然后，他手底下这些所有的将领，共同吃这一锅肉，这锅肉叫什么名呢？“福禄宴”。不是有鹿嘛，这儿又有个福王，所以叫“福禄宴”。

最后福王惨死，被李自成给吃了。听着挺残忍，但是你想想，福王朱常洵一辈子在世上没干什么好事儿，这也是恶人有恶报。当然“梃击案”之后，朱常洛平平稳稳当上皇帝了，可当上皇帝并不意味着他天下就坐得稳。他是中国历史上正式登基的皇帝中最短命的一个，当皇帝没一个月就一命呜呼了。死到什么上了呢？有人给他进献两颗治病的红丸，这两颗红丸要了皇帝朱常洛的命。这就是咱们下节要讲到的“红丸案”。

明末疑案之红丸案

讲到明朝朝廷里面的明争暗斗，就绕不开皇帝。其实皇帝这个职业是中国历史上风险最高的职业。中国历史上的皇帝，咱们从头数到尾，平均年龄不超过 39 岁。这一节说的这位皇帝，正好压在这根线上，38 岁死的。这个皇帝就是 38 岁登基的明光宗朱常洛。

其实朱常洛挺能熬的。他 20 岁时候被立为太子，熬了 18 年，直到 38 岁这年，他爸爸万历皇帝一命呜呼，他这个多年的“媳妇”才熬成“婆”。照理说这么能忍的一个人，他的生命力应该很旺盛，怎么能登基一个月就死了呢？而且他刚登基的时候，史书上明确记载，说皇帝“玉履安和”，走道看着挺有劲儿，脸上没有病容，就是说是属于很健康的人。有人说，是不是有人害他呢？这么健康一个人，谁害的呢？登基坐殿以后，泰昌皇帝朱常洛还干了几件好事。比方说原先欠部队的兵饷挺多，他一上来就跟户部商量，说赶紧给补上。还有几个地方开凿煤矿之类的，收税收得比较高，他一上来就把个税给免了。

一登基就办了几件好事儿，上上下下还都满意，那看来也不像他杀。真有仇敌，那也只有一个——他一生的敌人，郑贵妃。虽然自己儿子福王朱常洵去了洛阳，但是郑贵妃跟朱常洛的仇恨没有化解。为什么没有化解呢？这事不怪郑贵妃，而怪朱常洛了，因为朱常洛他爸爸万历皇帝临死前，在病榻之上嘱咐朱常洛：我死之后，有一件事儿你必须办，要把郑贵妃封为皇后，意思是说追认她是自己的皇后。这样一来，泰昌皇帝朱常洛登基之后，郑贵妃就是皇太后了。

为什么万历皇帝这么想呢？他知道他俩有仇，就怕他一死，儿子秋后算账。封她为皇太后，也就成了你的母亲，你敢拿你母亲怎么样？你要动她可就是不孝，天下人也不答应你呀！所以万历皇帝明白这事儿。说完以后，万历皇帝咽气了。可惜的是，他吩咐得晚了，咽气得早了。他把这话吩咐出去的时候，已经是朱常洛说了算的时代了。自己父亲咽气之前，朱常洛在病榻前胸脯拍得山响，大表忠心。可是万历皇帝一死，朱常洛登基可就不认真办了，这是一个历史惯例。

登基后，朱常洛把这事儿交给了礼部右侍郎孙如游来办。咱们都知道，“尚书”一般就是这个部的部长，“侍郎”是这个部的副部长。孙如游也就相当于是文化部副部长。按道理来讲，封皇太后这么隆重的事儿，那是最高层决定的，礼部侍郎也就是跑跑腿儿，执行这个事儿。结果这孙如游一反常态，上了一个奏章。这篇奏章什么意思呢？他从历朝历代的典故、本朝以往的规矩，一直讲到现在天下形势，洋洋洒洒地写了一篇很长的奏折。写这个干吗呢，就是为了得出一个结论：把郑贵妃封为皇太后不行，没这规矩。

其实每个人都看出来了，这两个人唱了个双簧，朱常洛压根儿就不打算封郑贵妃为皇太后，所以把这奏章一压，就当没这事儿了。郑贵妃也不傻，她就想：这什么意思啊？先皇要把我追认为皇太后，你拖着不办；这是皇上刚死，你怕天下人议论，你先把这事儿压下了，有朝一日羽翼丰满、势力壮大了，你非拿我开刀不可呀！她也不能这么等死呀！遇到这种情况，郑贵妃怎么应对，以使自己顺利成为皇太后呢？她就想了个办法——我想法把你耗死！这个朱常洛特别好色。好色也不是多大的罪过，也不是说先天的毛病。朱常洛小的时候不受待见，太子之位也不稳，在这个环境下总担惊受怕，他难以心情舒畅地干点儿什么事。他心里憋屈，一憋屈他就得想法儿找一个宣泄通道。

比方说，有近臣说了，太子，这儿有个女孩挺漂亮，我给你送过来。他一听挺高兴。这也算一个情绪发泄的渠道。而且人的脑子越“发木”的时候，他别的欲望就越强烈。如果他脑子整天琢磨事儿的话，他就没多少别的心思了。所以朱常洛在惊恐的环境当中沉湎于女色，也是为了逃避，为了发泄。而郑贵妃在那个时候就看到这一点了——这小子好色。所以他一登基，郑贵妃先干了一件事儿，她命令手底下的贴身太监选了八个大美人送到朱常洛跟前。这都是在民间千挑万选的，千娇百媚，又会伺候人。而且这八名侍女多才多艺，或通文史、或懂岐黄、或精乐律、或善歌舞。这都不算什么，更无可比拟的是，她们手勤心细，善解人意。朱常洛一看是真喜欢。可是皇帝刚登基，送来八个美人，这算怎么回事儿呢！所以朱常洛假意说，这不大合适吧！

郑贵妃的贴身太监就劝说朱常洛收下美人。而朱常洛则借坡下驴把这八个美人收下了。收下他能不高兴吗？他连夜“检查指导工作”，晚上就跟这几个美人混到一块儿去了。史书上有记载，叫夜间“连幸数人”，接着还有四个字叫“圣容顿减”。你看前面说朱常洛登基时是“圣履安和”，脸上毫无病容，这晚上一忙活，“圣容顿减”，就看出来憔悴来了，这一点大家可以想象。

这皇帝刚登基，白天得处理公务，批奏本什么的，肯定闲不下来。晚上又不好好休息，这麻烦就大了。白天加晚上折腾，体力就跟不上，这怎么办？吃春药，硬挺着。所以这个时候，朱常洛就吃了大量的春药。春药过去不这么叫，统一叫“补药”。壮阳之物都称之为“进补之物”，就是说给皇上“进补”。补药吃多了也是病，而且春药本身就是竭泽而渔、焚林而猎，就是超常地透支自身的生理功能，所以皇上的身体眼见是一天不如一天。那么有病得看呀！宫里有一位太监叫崔文升，是司礼监秉笔太监，同时掌管御药房。秉笔太监一般都是皇上身边贴身的，有“票拟”和“批红”的大权。这崔文升掌管御药房，而且懂医道，同时也得皇上信任，就给泰昌皇帝把脉。“这是补药吃多了，我给您开个方子，您放心吃我这药，一剂下去，明天早上准好。”他给皇上开的什么药呢？大黄！这可不是什么好药，而是一种药性极为猛烈的泻药。

大家想想，中药其实就两样，一个补药一个泻药——你要虚我就给你补，补多了火旺我就给你往下泻。照理说，这补药吃多了，用泻药调和也对。可你得看什么身体，要说这人体格很健壮，泻药下去是管用的；他体格本来就虚，你再让他服泻药，能行吗？朱常洛服了崔文升送来的药，一昼夜连泻了三四十次，顿时起不来床了，而且是头晕目眩，难以行动，更别说处理朝政了。这崔文升是怎么回事儿呢？有人说他是不懂医理，还有人说他原先就服侍过郑贵妃，很可能郑贵妃跟他串通一气。反正朝臣都说这人有不良企图，要求把他抓来问罪。但皇上这病也不能耽误，得治呀！这个时候鸿胪寺丞李可灼找到首辅大臣方从哲，说方大人，当年有位神仙，我帮他点儿小忙，他给我留了点儿仙丹，这个丹能治百病，我愿意献给皇上。

鸿胪寺是掌管朝会、宾客、礼仪等事的机构。鸿胪寺丞是六品官，大概相当于今天的处级。一个处级干部找到首辅大臣，说自己要向皇帝进献仙丹，你说首辅大臣敢轻信吗？方从哲说你给我滚，什么玩意儿，就给他撵走了。要不说这皇上是倒霉催的呢！照理说这事儿过去就过去了，没想到泰昌皇帝身边有个妃子告诉他，说鸿胪寺丞李可灼献上仙丹了。他身边这个妃子叫李选侍。李选侍是由宫女提拔上来的，也就是说伺候皇帝伺候不错，安排到皇上身边了。当时，她很受朱常洛的宠爱，还负责抚养后来的明神宗——天启皇帝朱由校。李选侍平常就爱整个丹药，信一些神仙鬼怪的事儿，一听说这事儿，立刻告诉泰昌皇帝了：鸿胪寺丞李可灼忠心耿耿，进献仙丹，可是被首辅方从哲斥退。这时候这朱常洛也是病急乱投医，就把这个李可灼叫来了。

李可灼献上红丸一粒。一吃这粒药丸，还真好使，朱常洛马上就精神了。史书上记载了四个字叫“思进饮膳”，皇帝开始想着要吃点儿喝点儿了。大伙一看，皇上见好了！这鸿胪寺丞李可灼，果真献的是仙丹妙药！就这样，皇上活蹦乱跳地过了一天零一个晚上。后来皇帝觉得这药不错，说再给我来一粒，李可灼又献上一粒。这粒吃了没过几个小时，皇上两腿一蹬，死了。这第二粒“红丸”，要了皇上的命。

其实我们要用现代医学解释来说，完全解释通的。就是说第一粒春药，透支他的力量，吃完之后就跟回光返照似的；本来他就虚弱，到第二粒再猛催，他的身体功能就支撑不住了。后来人管这个事情叫“红丸案”。出了事以后，满朝大臣分成两派，一派认为李可灼忠心耿耿，献上的红丸确实管用，第二粒红丸变成毒药必有奸人陷害；另一派人认为鸿胪寺丞李可灼和郑贵妃之间有联系，第二丸丹药就是毒药。前面郑贵妃献八个美人，崔文升开泻药，李可灼这儿又献红丸，这叫产、供、销一条龙，最后把皇上给害死了。

可混乱的朝政和激烈的宫斗，并没有随皇帝死去而消失，反而更加激烈。这时候整个朝廷上是山雨欲来，顾不上惩办这些人。皇上八月初一即位，九月初一就没了，得赶紧立新皇上啊！立谁呢？那不用问，太子朱由校，就是天启皇帝明神宗。可是这时候出现问题了。皇上驾崩了，这些大臣得见到皇上尸首赶紧发丧啊！也得见着太子，赶紧立他为新的皇上。可这一找全找不着了。我们前面说的那个李选侍，这时候是贵妃了，李贵妃她把皇上的尸体和太子都挪她住的宫里，控制住了。意思是说，想要皇上，得经过我同意，我说了算。这不跟慈禧太后垂帘听政差不多了吗？而这个时候有几个人不愿意了。

其中领头的是从七品官，兵科给事中杨涟。给事中就是在兵部里帮助皇上处理一些军机大事什么的，说白了级别不高，但是可以接触到一些核心的军事机密。杨涟是大明后来有名的忠臣，在明神宗年间，受奸臣魏忠贤的陷害，死到狱中。这时候的杨涟领头找太子，太子朱由校在乾清宫里待着呢！他领着这些大臣跑到乾清宫，请见太子朱由校。结果半天没动静，太监不让进！这些人真急了，直接到冲宫里面了，一下看见皇上朱常洛的尸体了，可是再找太子没有找到。太子在哪儿呢？李贵妃也不说。

其实她心里很清楚，这些人把太子抢走了，回头太子一登基，就没她什么事儿了。这时候有个太监，叫王安，很有正义感。直接就找到杨涟，说他知道太子在哪儿。那时候有东暖阁、西暖阁，太子被藏在东暖阁。就这么着，他带着杨涟这些人过去把太子找到了。他们随身带着轿子呢；赶紧空出轿子，把太子塞进去。然后由各部尚书等官员充当轿夫——总之是历史上最豪华的轿夫阵容——抬着跑得飞快，跑到了文华殿。文华殿是太子登基之前，必须到这儿的一道手续。到了文华殿，百官在这等着呢，山呼：吾皇万岁！万岁！万万岁！

这一正式登基，就等于粉碎了李贵妃挟持太子的阴谋。接下来李贵妃不甘心退出历史舞台，提出来，你们这样也行，皇上登基了，但所有奏章得先拿到我这儿，我看后再拿给皇上看。皇上年纪幼小，不能亲政。结果满朝文武气坏了，你有什么名分你就亲政，激起满朝大臣的公愤。这李贵妃手里没兵权，她抱着自己的女儿，仓皇地从乾清宫挪出去了。前一个案子我们叫“红丸案”，后面这个叫“移宫案”，跟前面的“妖书案”、“梃击案”合起来，就是明朝时候的“四大奇案”。经过这些事，那年的九月初六，天启皇帝正式登基。可是天启皇帝上来也不怎么样。这位皇帝不怎么好色，却好干木匠活儿。有太监偷着把他做的小箱子、小柜拿到市场，卖的价非常高。老百姓一看，这皇帝真是个好木匠！所以有人就说，不想当木匠的丞相，不是好皇帝。

天启皇帝做上木匠了，他身边有个宦官叫魏忠贤，逮着这个机会了。有什么事想让皇上同意，就专赶着皇帝在干木匠活儿的时候说。他走到身边，“皇上，臣有本，有个什么事儿，你看怎么办？”“你看着办吧，别耽误我干活儿！”都是他说了算，所以就有了后来的奸宦魏忠贤。他们执政的时候，大明朝由此积重难返。所以到了明神宗，乃至后来崇祯皇帝的时候，内有魏忠贤祸乱朝纲，外有努尔哈赤虎视眈眈，所以大明江山岌岌可危，经“四大奇案”之后，不可避免地走向了衰亡。

乱世三雄

袁崇焕：英雄还是卖国贼

咱们本节讲的是位明末清初的重要历史人物，他的争议性特别大。什么争议性呢？有人说这个人是个了不起的英雄，可以和岳飞相媲美，很了不起；还有人说这个人根本不是什么英雄，跟秦桧是一类人，是卖国贼。这一个岳飞一个秦桧，那可是天上地下。大家说某个人有争议，最多也就是说他没那么好或者没那么坏，但是他的好坏基本是定了的，很少听说过哪个历史人物争议到这个说他是岳飞，那个说他是秦桧。那么，这么有争议的明末清初的人物是谁呢？他就是明末名将袁崇焕。

袁崇焕在历史评价方面的争议，可能有些读者朋友是通过金庸的武侠小说《碧血剑》了解到的。书里面写了袁崇焕的儿子袁承志，可是金庸在《碧血剑》的后记里面明确写道，《碧血剑》真正的主人公其实应该是袁崇焕而非袁承志。依照金庸的观点来看，袁崇焕就是一个抵抗努尔哈赤的大英雄。后世的学者里面有不少持这个观点的，像梁启超就认为袁崇焕是大英雄。可是在大明崇祯年间，崇祯皇帝最后把袁崇焕给凌迟处死了，就是在北京菜市口下的手。那个时候，北京老百姓对袁崇焕恨之入骨到什么程度呢？千刀万剐，从他身上每割下一片肉，老百姓站在那儿要买，就手指头这么大的一块肉，一钱银子。老百姓买回去干吗？生吃。看看，大家恨他恨到了这个程度。老百姓之所以恨他，是因为崇祯处死袁崇焕时说他是卖国贼，等于给清军当“带路党”，要把它引进北京灭了明朝。其实袁崇焕一生的这些事，我们细数起来，都会有一点儿争议。为了说清楚袁崇焕这人，咱们得从头儿讲起。

袁崇焕生于1584年，卒于1630年。至于袁崇焕是哪儿的人，这也有争议。袁崇焕祖上是广东东莞的，后来又到了广西滕县，当然这个不是大问题，总而言之他是南方两广一带的人。他的家庭是做生意的，也就是出身于商人家庭。像现在做生意挺好的，子女还能弄个“富二代”当当。可是明清时期不行，“士农工商”，这个经商的人社会地位很低，尤其是当时闭关锁国，不得下海，对经商是有限制的。所以袁崇焕家里头门第不高。那么要摆脱这种情况怎么办呢？只能是通过读书，参加科举考试。袁崇焕学习很认真，但是他考试的天分不是太高，一直连考12年，最后到35岁才考上进士，而且名次不高，名列三甲第40名。不过总算是考上了。考上了，按照道理来讲，当年就得由吏部给他派个缺当官去了。结果第一年因为吏部人事调动等复杂原因，袁崇焕在家待了一年，没给派上，第二年才给派上。袁崇焕总共活了46年，他第36岁的时候才当上官，是属于大器晚成型的。当时给个什么官呢？就是七品知县，挺小的官儿，在福建邵武县当知县。关于这段历史的记载都没有什么争议。根据邵武县志记载，那时有地方着火了，袁崇焕带着自己的衙役亲自救火，在火里救出不少老百姓。而且他经常考察民间疾苦，断了很多案子，解决了很多冤狱，有很多蒙受不白之冤的老百姓都被他给平反了。所以，当时来看，袁崇焕就是个没有争议的好干部。而且，史书记载说他关心辽东兵势。什么叫辽东兵势？我们都知道后金努尔哈赤总在觊觎中原，想打进山海关。所以在辽东一带，大明和后金摩擦不断。这时候袁崇焕虽然远在福建，却关心北疆的战事。

这段历史是很清楚的，没什么争议。出现争议从哪儿开始的呢？三年之后，袁崇焕调到北京。有人说他在福建这个知县当得好好的，怎么跑到北京来了呢？这是因为封建社会有个述职制度，就是官员在任上满三年要来北京进行一次述职，汇报一下情况。所以袁崇焕来到北京述职，结果述职本来给他评定为好，优良，照理说他可以回去了等候调任再往上走，以后当知府、当道台等。没想到北京的一位官员看上他了，这位官员是当时的都察院御史。都察院御史其实在一定程度上就跟我们现在说的中央巡视组一样，他们负责到下面考察，权力不小。这个都察院御史名字叫侯徇，他就认为袁崇焕是个人才，觉得这人了不起，不能再让他在小地方憋着，得把他留到中央。所以在他的通融下，袁崇焕成了六品官，升官了。后来，所有的史书记载袁崇焕刚上任的情形时全是一样的，就是袁崇焕刚到兵部就失踪了挺长时间，没在北京待着。那么，他干吗去了？原来他到辽东一带考察去了，就是现在的辽宁锦州、山海关这一带。前面我们说他当知县的时候就关注这一块儿的事，他觉得大明最大的隐患在于山海关外努尔哈赤的后金，所以他考察去了。考察回来他就又升官了，升成了山海关监军，就是到山海关管军事这些事儿了。

袁崇焕当了监军，也就是说，他来到了和后金对抗的第一线。那么从这一刻开始，关于袁崇焕的争议就开始了。

首先第一个争议，有人说他"妄言欺君"，就是说大话骗皇上。那么，袁崇焕在崇祯皇帝面前说了句什么话呢？袁崇焕说"五年平辽"，这话让当时的崇祯皇帝圣心大悦，乐得都不行了。读过历史的人都清楚，崇祯是个好大喜功的皇帝，一听袁崇焕这样说，自然就对袁崇焕的期望值高了。那么，袁崇焕真的胜券在握吗？不是。袁崇焕在私下跟同僚说，他说这话是在"聊慰圣意"。这不摆明就是在说大话哄皇上高兴吗？别人就说这事儿你得注意，在皇上面前可不能乱说，袁崇焕这才明白过味儿来。当时史书记载说，袁崇焕一听这话怃然若失。这段记载说明袁崇焕说"五年平辽"有点儿说大话，就是说他未必真有这种雄才大略。估计当时也是形势所迫，想让皇上重用他。大话说出去了，但袁崇焕说完也觉得这事儿不对了。但是后来袁崇焕确实是带着一万多精兵浴血奋战，抵抗住了后金 13 万大军的攻击。也就是说袁崇焕可能一开始是逗皇上开心，但是后来看皇上当真，硬着头皮上阵，但他也确实有真本事，硬是顶住了对方的进攻，并非贪生怕死之徒。所以这个“妄言欺君”不见得是袁崇焕真就不行，但也不是说他就是顶天立地的大英雄，一拍胸脯就有把握，“未出茅庐便知三分天下，运筹帷幄之中决胜千里之外”，他也不见得有这么大能耐。所以这是第一个争议，是否“妄言欺君”。

第二个争议叫“卖粮资敌”。说到卖粮，袁崇焕卖给谁呢？卖给蒙古各部。看过《康熙王朝》的朋友们都知道，历来满、蒙之间通婚，是一家人。当时努尔哈赤的后金也和内蒙古一带接壤，离得非常近；而且为了结盟，双方还互相通婚，就像一家人一样。但是当时一个非常重要的情况就是，无论后金还是蒙古，它的畜牧业很发达，养牛养马很在行，但是农业不发达，跟汉族的农业水平尤其不能比。所以，蒙古和后金最缺的就是粮食。当时袁崇焕跟崇祯皇帝建议朝廷卖粮给蒙古。崇祯一听，不乐意了，就问袁崇焕想做什么，问他是卖粮还是卖国。崇祯皇帝这话说得挺对啊！大家想想，这蒙古跟后金都是一家了，如果大明把粮卖给蒙古，蒙古要给后金怎么办？后金这不是如虎添翼了吗？结果，袁崇焕说不是这样。袁崇焕说后金跟蒙古虽然结盟了，但是他们的关系没那么铁，大明要是卖给蒙古粮食没准儿蒙古就倾向于大明了，这样就分化瓦解了敌方的结盟势力。另外，大明卖给蒙古粮食并不是为换钱，而是因为明朝军队的战马不行，但是蒙古有好马，这是为了跟蒙古换马。崇祯听完还是觉得不妥，但是袁崇焕一再坚持，崇祯就说先按袁崇焕说的办，可有一样，这要出了事儿，袁崇焕得负责任。袁崇焕就说没问题，他负责任。结果后来事实证明，这个策略是大错特错。蒙古不仅把粮食分给了后金，而且双方结盟结得非常“瓷实”，结果袁崇焕在这方面吃了大亏。所以，有人说袁崇焕是卖国贼，早就想巴结后金。其实说他是卖国贼是过了，他最多是决策不明，没看清形势。要说他卖国，他把粮食直接给后金多好啊，何必还绕道蒙古走个“曲线救国”呢？

第三个争议是“私自议和”。就是说，跟后金打着打着，袁崇焕主动提出来跟对方谈和。在大家的印象当中，可能都觉得大英雄有一个原则，就是绝不能向恶势力低头，得跟对方死磕到底。如果一个英雄人物向恶势力低头，说不打了，这好像就不能叫英雄了。就因为这点，很多人说袁崇焕绝非英雄。虽然这在当时也是袁崇焕的一个策略，但是这个策略是有代价的，所以当时有人说袁崇焕不是什么大英雄，是懦夫；他议和，就说明他害怕了。有人从这个角度理解袁崇焕，也不是没有道理，他确实对后金的势力是比较忌惮的。

第四个争议是非常大的，就说袁崇焕“擅杀大将”。袁崇焕杀了谁呢？这个人叫毛文龙，是明末一位了不起的将领，开创了一个军事重镇东江镇，就是现在朝鲜平壤一带。这个军事重镇的意义非同寻常，等于在后金的后院钉了颗钉子。大家看看地图就能明白，比方说现在辽宁沈阳抚顺一带那是后金，再平行往东看，平壤那一带就是它的后院。后金军队如果要是往西南方向进军打进山海关的话，只要毛文龙从后边冲上来，后金就够呛了。可是这么有作为的将领被袁崇焕定了 12 条大罪给杀了，史书把这一段记载为“擅杀毛文龙”。什么叫擅杀？就是擅自动手，没经过崇祯允许，他就把毛文龙给处死了。

这个毛文龙一死，对于大明是非常不利的。本来东江那一带都是大明的地盘，毛文龙一死，他下面的将领不服，后来都陆续叛变，投靠大清了。其中最重要的一股势力，就是尚可喜的军队。当时的人都管毛文龙叫海上长城，是说他有水军，他手底下水军里面有个了不起的将领叫尚可喜。一说这名字大家就想起来了，后来康熙平的三藩里就有尚可喜。所以，这个尚可喜后来是投了大清的，他在水军这方面特别厉害，打得大明的水师不敢出港，起到了非常重要的作用。而且更重要的是，东江镇这一块儿一乱，大清没有后顾之忧了，所以后来有个“己巳之变”，就是皇太极当时与蓟辽督师袁崇焕议和失败后，带兵绕过山海关，直接攻打北京。要是在过去，皇太极是不敢的。因为他这么倾巢出动，道路还远，一走一时半会儿打不完仗，担心东江镇这边的驻军直接进兵。后来毛文龙一死，他没了后顾之忧，这才敢进攻了。之前有人猜测皇太极能绕过山海关，必是袁崇焕给带路了，其实是谣传。但是，崇祯就信了，就把袁崇焕凌迟处死了。所以，这有时候就是人在“搬起石头砸自己的脚”，害人最终害己。袁崇焕把毛文龙弄死了，结果他也死在这上面了，而且死得比毛文龙惨多了。

我们把袁崇焕身上的这些争议梳理一遍就会发现，袁崇焕应该不是卖国贼，他如果是卖国贼，他不可能跑到那儿去咬牙切齿地跟后金打仗。但是要说他是英雄也有些牵强，他很多时候判断事情不是很明晰，直到事逼到自己头上了才往前冲，从人际关系各方面来讲也很难说他是个完人。不过也正因为是这样，这个人物才真实可信。因此，我们要客观地看待一个历史人物，必须得认识到人性是复杂的，他身上有好的地方也有坏的地方。所以那种单一地把袁崇焕归为大英雄，或者单一地把他归为卖国贼的朋友们，其实还在受“意识形态二元论”的影响，没有更客观地看待这个有争议的袁崇焕。

“叛将”吴三桂

一说起吴三桂，可能有人会想起在很多文学、艺术作品里面都有这个人物形象。他通常被定义为大反贼、大汉奸。虽然在中国历史上叛国投敌的人不少，可是像吴三桂这样一而再、再而三地背叛的可真不多。比如，吴三桂原先是大明朝的辽东总兵，可是在大明朝最需要他的时候，他背叛了大明朝，归顺了大顺政权，就是闯王李自成建立的政权；等到大顺政权最需要他的时候，他又背叛了大顺政权，归顺了当时多尔衮摄政的大清；等给大清效力 30 多年的时候，当时他作为三藩之一的平西王，又在 1673 年 12 月举起“反清复明”的旗号反对大清，最后落得了个身败名裂的下场。对于吴三桂这一辈子，有人总结说，这个人好比《三国演义》里的魏延，脑后有反骨，天生就喜欢背叛。

我们一提到吴三桂，总是在潜意识里就把他钉到了耻辱柱上。前面我们说他是大反贼、大汉奸，不是胡说八道，大家看金庸的小说《鹿鼎记》，里面有一节说那些江湖豪杰聚到一块儿，开了个“杀龟大会”，定了个“杀龟同盟”。什么叫“杀龟同盟”呢？龟就是王八，谐音就是吴三桂的“桂”字。就是说天底下的英雄好汉，包括什么天地会的、丐帮的都聚到一块儿，要将这吴三桂杀死。此外，吴三桂在我们每个人心目当中的印象，基本上也是一个反复无常的小人。那么吴三桂是不是这样的人呢？大家都知道，文学作品里面描写一个人物总会有一些夸张。可以肯定的是，吴三桂虽然反复比较多，但绝不是一个天生就有“反骨”的人。他的每一次背叛背后都有深刻的人性、复杂的背景，都是为当时的形势所迫，身不由己。现在，我们从头儿理一下吴三桂这几次出了名的背叛，都出于什么原因。

吴三桂的第一次背叛是在李自成逼近北京的时候。李自成当时灭了明朝，逼得崇祯在景山上吊自杀。这也不是说明李自成实力就很强，大家想想，李自成跟明朝作战的时候，多数时候都被明朝军队给镇压了，说白了李自成手下的“游击队”根本没法儿跟人家正规军打。那么李自成后来为什么能打进北京呢？那是因为正好赶上山海关一带吃紧，明朝的大部军队都在那儿跟后金军队打，李自成钻了个空子捡了个便宜，得以长驱直入，一直打到北京。但是这个便宜捡得让人很难受，当时大半个天下明朝还控制着，但是李自成却直接控制了明朝的核心——北京。大明不少高级将领的家眷都在北京城，包括吴三桂家里头 30 多口人全在北京。因为他是大明驻山海关这一带的辽东总兵，皇上肯定不让带家眷，所以这些人都在北京呢。这时候李自成手里就攥着吴三桂家小的性命，用这个来要挟吴三桂，逼迫他投降，吴三桂没办法就屈服了。有人说这得大义灭亲，关键时刻能叛国投敌吗？这是大义啊。其实人和人的想法不一样，吴三桂考虑到自己家人的性命，于是他就归降了，不跟李自成打了。

历史上也有跟吴三桂截然相反的人物。楚汉时候，刘邦和项羽展开彭城之战，他老婆，也就是后来的吕后，抄小路走的时候碰到项羽了，项羽把她抓住了。当时，项羽手头的人质不只有吕后，还有刘邦的父亲刘太公。最后双方打仗的时候，项羽就告诉刘邦，若不投降，他就要烹杀刘邦的父亲。刘邦说："吾与项羽俱北面受命怀王，曰'约为兄弟'，吾翁即若翁，必欲烹而翁，则幸分我一杯羹。"刘邦意思是说，咱俩已结为兄弟，我父亲就是你父亲，煮成羹后，别忘了分我一杯。这话可把项羽气坏了，但项羽也无可奈何。

把刘邦和吴三桂对比，大家可能就会觉得吴三桂背叛大明、对家人有情有义，比那个当皇上的臭流氓刘邦要强百倍。所以吴三桂为了家小的性命，就背叛大明归顺了李自成。有人说吴三桂归顺了，他为什么后来又反了李自成，归顺大清了呢？有人说他知道怎么回事儿，是那个时候吴三桂冲冠一怒为红颜，为了陈圆圆归顺的大清。话说红颜祸水，吴三桂对这个女人一往情深，这在当时，无论是文人雅士，还是民间百姓，都议论纷纷。当时清朝有个诗人叫吴伟业，别号梅村先生，也叫吴梅村，他写了一首诗《圆圆曲》，诗很长，中间有那么几句："鼎湖当日弃人间，破敌收京下玉关。恸哭六军俱缟素，冲冠一怒为红颜。"就是说吴三桂在李自成需要他的时候背叛了李自成，归顺了大清，是为了陈圆圆。据说吴三桂很喜欢陈圆圆，可是陈圆圆让李自成手底下的大将刘宗敏给抢走了。吴三桂受不了，这才反了。

那么，到底是不是这么回事儿呢？现在来看，有这一部分的因素在，但不全是那么回事儿。这个陈圆圆本来是个歌伎，来自江南，是"秦淮八艳"之一。她怎么跟吴三桂认识的呢？这得感谢一个人。这个人名叫田宏遇，是大明朝一个小官，当过扬州把总。本来这个人也不是多大的官儿，但后来发达了。因为他生了个好女儿，他的女儿嫁给了崇祯皇帝。但是他这女儿后来命短，很早就死了。他女儿死后，他这国丈就当不成了，但是田宏遇不甘心，说这个女儿死了他还可以有千万个"女儿"站起来。于是田宏遇就到出美女的江南去转悠，为皇上到处挑美女。他挑了将近上千个美女，全带到北京来给崇祯皇帝看。崇祯这时候刚搞定魏忠贤，国库也空虚，东北那边也乱，哪有心思花在女色上啊！于是皇帝让他把这些美女都弄走，田宏遇碰了一鼻子灰。但是这么多人，田宏遇也不能白养着啊，他养不起。于是他就把其中几个特别漂亮的留在自己府中了，伺候他，其中就有陈圆圆。后来吴三桂出任辽东总兵，这个田宏遇要巴结他，就请吴三桂到家里吃饭。但是酒席面前光喝酒没意思，他就让府上的几个歌伎来唱歌跳舞助兴。陈圆圆一跳舞，吴三桂一下子看傻了，眼珠都不转了。陈圆圆这时候看吴三桂也挺好，俩人眉来眼去的。田宏遇一看这是好机会，平时巴结吴三桂还巴结不上呢，于是就趁机把陈圆圆送给吴三桂了，成了他一个小妾。当然，并没有正式的名分。这时候陈圆圆和吴三桂一家老小三十多口在一块儿住。后来，吴三桂在山海关那边驻守，这边李自成进京就把他家扣住了。没办法，吴三桂说得了我投降。

后来他怎么又反了李自成，归顺大清了呢？这个时候出了点儿变故，一个主要的变故是李自成手底下的农民军无组织无纪律，对吴三桂家人不太客气，吴三桂受不了了。再一个就是李自成手底下有一员大将刘宗敏，这个人太好色。这刘宗敏一看陈圆圆漂亮，就把她给抢走了。结果，吴三桂他爹被打不说，心爱的女人也被人抢走了。于是吴三桂一琢磨，心想，算了吧！就又反了李自成。可吴三桂是驻辽东总兵，后面有后金的势力顶着他呢，前头李自成若是攻过来的话，那他就得腹背受敌。干脆一不做二不休，吴三桂就给多尔衮写了封书信，跟他说自己要投降大清。

多尔衮是个很厉害的人，懂得心理战术。吴三桂这样说了之后，多尔衮根本不理他。为什么？因为多尔衮就是要憋吴三桂一阵儿。俗话说得好，上杆子不是买卖，等到把吴三桂憋急了，吴三桂自然会主动来找他。果然，就这么憋了一阵子，吴三桂受不了了，跟多尔衮说他除了可以投降外，还能引清兵入关。但是吴三桂也不傻，他同时提出个条件，就是把清军引入关之后，要和清军以黄河为界，吴三桂带兵到南京，在南京重建大明政权，拥朱家为正统。而且，清军打过来时不能毁明朝的皇陵，也不能伤害老百姓。这些是吴三桂在历史上跟多尔衮谈的真实条件。当然多尔衮比他还要狡猾，为了控制局面，就都答应了。吴三桂对地形什么的都熟，军事资源也熟，由他引清兵入关最好不过。但是多尔衮说他分不清吴三桂和李自成的军队，两家军队的人长得都差不多，穿着打扮也都差不多，所以要求吴三桂归降后换成他们满八旗的服饰，还要求吴三桂的军队都得剃成半秃头，这在当时叫“留发不留头，留头不留发”。吴三桂当时可以说是急如丧家之犬，忙若漏网之鱼，实在没地方去了，一看人家给台阶下了，于是就这么降了大清了。然后他引清兵入关，给清军立了不少大功。

就这样，吴三桂最后官居平西王，把陈圆圆接到云南，挺滋润地过上小日子了。有人说这日子过得挺好，怎么他又反了呢？难道吴三桂就是一个这么有反骨的人吗？不是。其实一开始，大清和吴三桂就是你防着我，我防着你，心里头都拿对方当个隐患。平西王吴三桂在三藩之中为首，手握重兵，权力那么大，大清对他不放心，就拿他的儿子当人质，让他儿子吴应熊在北京待着，一辈子不能离开北京。后来吴应熊又有了俩儿子，也就是吴三桂的俩孙子。结果这父子三人必须在北京待着，不能动地方。康熙之所以后来有那么大决心削藩，有信心收拾吴三桂，就是因为他把吴三桂的一个儿子和两个孙子都控制了，手里有人质，但是康熙也小瞧了吴三桂，这成大事的人有的时候想法跟普通人是不一样的。一开始，吴三桂三十多口人在李自成手里的时候，他也觉得大明没啥希望了，这才在很复杂的情况下反了大明。而这个时候，吴三桂知道大清要对他下手，于是心一横，找人偷偷摸摸地把其中一个孙子给带了回来，然后直接扯旗造反了。所以在 1673 年，吴三桂 61 岁那年，他正式挑大旗反大清。接着，吴应熊和吴三桂留在北京的另一个孙子马上被清朝处死了，双方就开始打仗了。有人说这吴三桂不是没事儿找事儿吗，其实吴三桂也是被逼的。大家想想，本来他日子过得挺滋润，在顺治年间向顺治皇帝一年要的钱，就是 900 万两银子，可以说是要钱有钱、要权有权。可是即使这样，吴三桂心里也不踏实，他自己明白大清早晚要向他下手。怎么才能让大清不向自己下手呢？就是让自己强大，别人就不敢欺负他了。所以吴三桂这么做的主要原因是自保而不是为了要谋反。可是康熙要削藩，吴三桂就看清楚了，这是清朝要弄死自己啊！于是吴三桂想，干脆反了得了。

其实这也是康熙当时没能审时度势。当时康熙擒了鳌拜，自己临朝刚刚执政，正是雄心勃勃的时候，所谓“初生之犊不畏虎”，康熙直接就跟吴三桂掰上手腕了。一开始大清的军队被打得节节败退，但后来吴三桂的军队就不行了。毕竟吴三桂是以一域之力抵抗全国，当时大清调动全国军援，而吴三桂只能调动云南和附近的定南王和平南王这两个地方的资源，没那么强大。而且，吴三桂犯了个致命的错误，他至少得假模假样地找个姓朱的当皇帝，结果他直接改国号为“大周”，自封为皇帝，这就名不正言不顺了，打着打着就师出无名了。后来，全国各地一致反对吴三桂。吴三桂在 1678 年就病死在湖南了。然后吴三桂的孙子，也就是当初被他弄回来的吴应熊的儿子，又自立为王，退回了云南。在 1681 年，隔了三年以后，清兵大举攻打云南，他的孙子没办法抵抗，自杀了，吴三桂辛辛苦苦创下的基业最后烟消云散。

吴三桂被我们认为是反贼、汉奸、反复无常的小人，但我们回过头想一想吴三桂这几次大规模的背叛，细琢磨琢磨都有他的道理：他反大明是为了亲情，他反李自成是看到李自成是兔子尾巴长不了，他归顺大清是为自己找一份锦绣前程，最后反大清是被康熙逼得没办法了，不反他也得死，不能等着挨刀。所以这才是吴三桂一而再、再而三反叛的一个真实原因。

过把皇帝瘾：闯王李自成

大明崇祯皇帝死于 1644 年，然后是清兵入关，入关前的大清（后金）皇帝是关外的努尔哈赤、皇太极，进到关里就从顺治皇帝开始。明、清衔接得非常紧，大家很容易忽略明清之间的另外一个政权——大顺政权。大顺政权谁是皇帝呢？闯王李自成。那么，为什么历史书上在明、清之间没有把大顺排进去呢？也就是说，在那些史学家看来，在皇帝这个行当里头，闯王李自成就是个“临时工”，不是一个有“编制”的正式员工。为什么会这样呢？有人会觉得李自成比较亏，他带兵打仗打了18年，最后只当了42天皇帝，仓皇出逃，后来还不知所踪。既然李自成身上的谜团这么多，咱们就来仔细说说历史上的李自成到底是什么样的人，揭开他身上的那些谜团。

李自成出生于1606年，陕西米脂人。其实最开始李自成就是个老实巴交、安分守己的农民家庭的儿子，一直到21岁那年他才混成个“公务员”——在银川驿站当了个驿卒。说白了就是个养马的，算是最底层的公务员。可是李自成很倒霉，刚干上不到两年，就赶上国家形势不好，大明崇祯年间财政危机，国库没有多少银子了。在这种情况下崇祯皇帝开始裁减公务员，精简机构，下令大幅度地裁撤驿站，就把李自成给“精简”下来了。李自成“下岗”后没有什么事儿干，就回家种地了。恰好又赶上崇祯年间的赋税非常重，李自成也没钱了，于是就借了当地一个举人一点儿钱，一部分交赋税，另一部分维持日常生活。李自成没有想到的是，他借的钱还不上，这个举人就把他告了，于是李自成就进监狱了。李自成因此怀恨在心，从监狱出来后，就把这个举人给杀了。杀人是死罪，李自成也知道再这样挺着他肯定也活不了，于是他就揭竿而起，干脆造反了。当时周围有不少不堪压迫的老百姓来投奔他，他的势力一下子就壮大起来了。

有人说造反可不是请客吃饭，这是掉脑袋的大事儿！他自己身上背负人命官司，这等于是死是活拼这一把，无所谓了，怎么还有那么多人投奔他呢？其实这就是我们说的“时势造英雄”，这是那个年代造成的。大明崇祯皇帝没有接到一个好班，前面几任皇帝把天下弄得乱七八糟，到这时内忧外患都来了。外患是山海关外努尔哈赤的后金时刻威胁着大明朝的安全，所以大明的重中之重就是做好山海关一带的防御。打仗打仗，其实打的是钱，所以当时大明朝财政的大部分资金都用来支援山海关一带的战事，维持军备。但是，贪官污吏横行，一来二去把国库就弄空了。到崇祯的时候，没办法，只能赶紧提高赋税。最倒霉的是西北地区，就是李自成老家这块儿，连续三年大旱，粮食颗粒无收，可赋税还这么重，老百姓都没法活儿了。有人说不行就别交税了，干脆留着粮食自己吃，可是那时候不交粮不行。崇祯年间实行保甲制度，就是一甲总共 10 户人家，这 10 户有人跑了，跑的那家该交多少，由剩下那几户给承担。比如说 10 户人家跑了 5 户了，该交 100 两银子，原来一家 10 两，最后剩下的那 5 家，一家 20 两。所以，人们要跑轻易还跑不了，除非这一甲 10 户人家一起组团跑才行。所以当时那种情况就造成了官逼民反。而且，跑还不一定有活路，若是被官兵抓到还是得杀头。所以这个时候李自成揭竿而起，很多人就都来了，李自成的势力自然壮大起来。

李自成的势力既然壮大了起来，这么多人为了活命，就得攻城略地，抢钱抢粮。这一弄人家明朝不干了，就派正规军来镇压。最开始镇压李自成的是明朝著名的将领洪承畴。洪承畴能耐很大，而且正规军打游击队，打这些散兵游勇游刃有余，把李自成打得是节节败退。最后李自成败走商洛山，身边就剩下 10 来个人了，进了山里也不好找了，明朝觉得这股残匪被剿灭了，就把洪承畴给调回去了。没想到，李自成大难不死，得到喘息之机后，就带着自己的残部投奔了当时人称“闯王”的高迎祥。

说到这里，要给大家普及一下历史知识，一开始这“闯王”指的不是李自成，而是高迎祥。后来李自成自称是“闯将”，就是说他是“闯王”手底下的大将。高迎祥死后，整个队伍里没有一个挑头儿的了，剩下的这些人就公推李自成为闯王。后来到了 1640 年的时候，当时明朝在山海关一线军事压力挺大，几乎是倾全国之力去抵抗后金的进攻。这个时候李自成得到喘息的机会了，抓紧时间发展自己的力量，由陕西打到河南。这个时候，李自成又发现了一个问题，什么问题呢？当时多数老百姓都觉得朝廷苛捐杂税多如牛毛，负担太重了。于是李自成挑旗提出个口号，叫“均田免赋”，就是给大家平分土地，然后不要赋税。这一下子打中了当时的命门。为什么呢？原来明末苛捐杂税泛滥，老百姓本来就苦不堪言。而面对当时的内忧外患，朝廷在原来额定的正常赋税外，又加派了“辽饷”、“剿饷”和“练饷”，分别用来与后金作战，平定农民起义和训练边军，以致“民穷盗起”，“天下嗷嗷，朝不及夕”。所以，历史课本上有一句当时老百姓编的顺口溜，叫“吃他娘穿他娘，早开大门迎闯王，闯王来了不纳粮”。自从提出来这个口号，李自成走到哪儿老百姓都归顺他，他就一下子获得民心了。

李自成带领着他的军队，打到哪儿都是不向百姓要钱粮的。那有人就说：不要钱粮他这个军队靠什么养活？李自成当时专门劫富户和大户，就靠这些富人的钱粮养活军队。比如说把这个城攻下来了，先把官府的东西掏走，然后当地谁有钱就冲谁开刀。李自成这么干有一些老百姓很高兴，不仅从此可以不纳粮了，跟着李自成还有饭吃。可是有一样，关于军队有句话，叫“兵马未动，粮草先行”。意思是说不管到哪儿打仗，军队都得备好粮草，要不然这个仗没法儿打。可是李自成没有稳定的钱粮来源，就是靠抢大户来维持自己军队的粮草。这样就造成了什么情况呢？碰到大户人家，他的钱粮就好办了，若是碰不到就等于白干了。我们看，以往凡是有准备的军队往往有屯田制，就是不打仗的时候这些当兵的就得种地；或者是轻徭薄赋，就是老百姓交钱粮，但是交得少。这个时候老百姓要是一点儿钱粮也不纳，这就完了，那是无政府主义，非乱套不可。但是李自成是一个农民起义头领，他哪知道这个？所以当时就是痛快一天算一天，吃大户，逮住这个吃一把，逮不到再说。正是在这种形式下，投他的人越来越多，李自成这个时候野心也膨胀了，心想这么多人投靠他，天下就是他的了。

不过，有些人天生命好，李自成就是这样。当时明朝所有的兵力几乎都弄到山海关去了，这边防守空虚。结果一道走来都没有受到什么抵抗，于是就占了整个陕西，然后从西安往东推进，就往北京城来了。随着李自成一步一步逼近北京，整个京城就乱了，说大军都在山海关，这可怎么办？崇祯一看这不行，就要御驾亲征。大臣们不同意，说皇帝乃一国之本，不能轻易出征。崇祯就问手下的大臣，有谁可以剿灭李闯贼寇？这个时候，有一个大学士叫李建泰，他自告奋勇地“代帝亲征”，带兵跟闯王交火。可是李建泰很有意思，他在皇帝跟前夸下海口了，真见到闯王的几十万大军后，却又“不敢前”。有句话叫“兵至一万铺天盖地，兵到十万彻地连天”，李自成的人这么多，结果李建泰没敢跟李自成打仗，而是烧杀掳掠一通后，带着这些当兵的投降李自成了；他还给李自成领道儿，带着李自成长驱直入进北京城了。后来的事儿大家知道了，李自成打进北京城后，崇祯皇帝一看没出路了，跑到故宫后面的煤山上吊死了。李自成进了北京城，走的是承天门，就是我们现在的天安门。李自成到这承天门前把弓拉开就射承天门中间的牌匾，他想着他要是射到中间天下就是他的，结果一下没有射到正中间，正中间偏下，用射击术语来讲这就算打个8环，旁边大臣就吹捧说这是中分天下。

李自成觉得也挺好，心想起码这天下是归了他了。李自成一开始进北京城时心里就有数，他知道自己下面这些人军纪松弛，基本跟土匪差不多，于是他开始下令约束手下人，告诫他们进城后不要扰民。可是他手底下这些人哪是吃素的，进了北京城后一通烧杀掳掠。明朝这些官僚，主动给他们送钱还好，要是不拿钱，这些人就对这些官员往死里整。大家想想，当年刘邦进入咸阳时是怎么干的？约法三章，“杀人者死，伤人及盗抵罪”。刘邦带领的那些人不是不恨秦朝这些官员吗？可是如果起义军一进来就大搞“恐怖主义”，把秦朝这些官员都杀了，老百姓也害怕。所以，刘邦那会儿连这些有罪的人都不杀，那样老百姓才能民心安定，才愿意归顺他。结果，李自成的手下虽说是拿明朝官员开的刀，但是他们杀得血流成河的，老百姓也害怕了。而且这个时间，他最不应该做的就是容忍军纪败坏。就是说李自成这个大顺政权，在北京城内的所作所为比明朝政府还要残暴，丢失了民心。

此外，在形势判断上，李自成也出现了失误。当时吴三桂驻守山海关，由于自己的家眷在北京，他已经被逼无奈，投降李自成了。可是李自成这个时候没有约束住部下，吴三桂的侍妾陈圆圆被手底下的大将刘宗敏给霸占了。事后，李自成还不好意思说刘宗敏，觉得这些兄弟拼死拼活打下天下来，抢个女人算什么！结果，这个事儿惹恼了吴三桂。吴三桂把驻守在山海关附近的李自成手底下的军队杀干净后造反了。李自成一看，带着大军就要到山海关剿灭吴三桂。历史上说吴三桂“冲冠一怒为红颜”，就为陈圆圆一个人，其实这个事是他的借口。他真实的想法现在已经查得很清楚了，吴三桂一看李自成进北京后干的这些事儿，知道李自成这个人肯定是兔子尾巴长不了，不是什么雄才大略的明主。于是，“良鸟择木而栖，良臣择主而事”，吴三桂虽说为了家小性命暂时投降李自成，但是他也自认为是一世英雄，不能跟这么一个人，所以他一旦有机会就反了。

同时，关外的大清带着兵从奉天一路也赶到山海关，当时中国势力最强的三支军队会师了。这个时候，吴三桂一看得站队了，腹背受敌他可不干，所以当时的吴三桂投降了摄政王多尔衮带领的清军，就这样，两股势力合成一股打李自成的起义军。李自成这会儿哪有那么大的战斗力，被打得稀里哗啦的，仓皇逃回北京。1644 年 4 月 29 日，李自成在武英殿上仓促地搞了个登基仪式，先过了把皇帝瘾，当了 42 天皇帝，然后在清兵的打击下仓皇逃出北京。李自成一路跑，清兵一路追，最后跑到湖北九宫山，据说就死在这儿了。典籍记载，有说他在山上死的，有说让村民给杀的，有说隐姓埋名当和尚的，各种说法都有。

仔细研究一下李自成起义的始末，我们可以看出，他因为当初提出“均田免赋”得了民心，从而赢得了天下。他得天下靠的是民心，最后失天下同样是因为军纪败坏、不约束部下，伤害了人民群众的利益而失了民心。所以李自成一辈子的经历证明了中国古代的那句话——水可载舟，亦能覆舟。

清宫传奇

努尔哈赤杀子之谜

现在打开电视，我们发现清宫题材的电视剧特别多，有那么几个皇上就“忙”得吓人，比如说康熙皇帝，不论是《康熙王朝》还是《雍正王朝》，都有康熙。最近几年时间雍正也比较火，不仅是《雍正王朝》《甄嬛传》，还有《步步惊心》等电视剧，都和雍正有关。还有一段时间乾隆很火，像《戏说乾隆》《宰相刘罗锅》什么的，都跟乾隆有关。也就是说，大清这些皇帝乃至后来像咸丰、光绪、宣统这样的帝王，都经常成为影视题材里的主角。但是这一节我们要说的这位大清皇帝，可没有多少影视剧刻画他，但是要是没有这位皇帝，后边就没有大清朝了。说到这儿，大家就知道我们这一节要讲述的是哪一位皇帝了，他就是“大清第一帝”努尔哈赤。

有人说努尔哈赤也不是清朝的开国皇帝啊！这话说得也对，因为清朝皇帝中立国号为清的是皇太极，后人尊他为清世宗。但是努尔哈赤在1616年建立后金政权，这是清朝的前身，所以后来清朝的皇帝尊称他为开国第一帝。就是说，第一皇帝是努尔哈赤，皇太极算是开国皇帝。说到这里儿，就得先告诉大家怎么记清朝皇帝。众所周知，大清一共有十二帝，有个口诀：努尔哈赤皇顺康，雍乾嘉道咸同光，大清一共十二帝，末代宣统最悲伤。其中，“努尔哈赤皇顺康”指的是努尔哈赤、皇太极、顺治、康熙；“雍乾嘉道咸同光”指的是雍正、乾隆、嘉庆、道光、咸丰、同治、光绪，大清末代帝王是宣统，在位三年就退位了。但是，现在的人说起努尔哈赤，大家只说他是草原上的雄鹰，是雄才大略的了不起的君主。那么，他到底都有些什么传奇事迹呢？让我来一一讲述。

努尔哈赤生于公元1559年，大约活了68岁，这在当时算是高寿。1559年，努尔哈赤出生在现在辽宁省抚顺市范围内一个普普通通的女真部落，他的父亲在这个部落里头还挺有地位。可是，他父亲再有地位也是穷人，家里生活挺困难的。而且在努尔哈赤小时候，他的母亲就死了，她的继母对他非打即骂，十分苛刻。努尔哈赤12岁时，家里人就让他出去干活养活自个儿。那么，努尔哈赤能干吗呢？当时，在东北能干的活儿不外乎这几种：采木耳、弄蘑菇、挖人参，有的时候还帮别人砍个木头什么的，就干这个。

努尔哈赤小时候，家里人给他起名叫努尔哈赤。努尔哈赤是女真语，是什么意思呢？说起来很有趣儿，努尔哈赤就是野猪皮的意思。现在看来，这个名字并不怎么样，不过当时的人可不这么认为，道理其实跟汉族起名差不多。以前很多人起名叫狗蛋、狗剩，为什么这么叫呢？三个字——好养活。当时，东北地区还没开发，野猪比较常见，而且野猪生命力顽强，因而给孩子起名叫野猪皮，意思就是希望这个人本身很硬很坚韧，也很能玩儿命，这也预示着努尔哈赤后来在关外苦寒之地能够成就一番事业。

其实，史书中记载努尔哈赤从小到大只有寥寥几笔，资料非常少。但是有一点记得挺有意思，说努尔哈赤的母亲怀胎13个月才生出了努尔哈赤。有道是“十月怀胎，一朝分娩”，如此看来，努尔哈赤是个“晚产儿”，这种说法的可信度有多高呢？多数人认为这种说法并不可信，就现在的医疗条件来看，胎儿要真在母体中待13个月，恐怕母子二人都活不了，更何况是几百年前呢？既然如此，为什么会有这种记载呢？这就牵扯到中国古代的“惯例”。在中国古代，如果谁出生的时候跟正常人不一样，那么，后天一般就厉害得不得了。比如项羽，据说娘胎里待 12 个月，比平常人多俩月。所以项羽一出生，目生重瞳，俩瞳仁，天生异相。再加上他后来的经历不凡，确实非常了不起。努尔哈赤的这些传说也说明了后人对他的重视，由此也就可以解释前面所说的努尔哈赤 12 岁就能在老林子里生存的疑惑了。

说努尔哈赤在老林子里生存，并非说他独自一人一直在老林子里，而是他通过老林子获取生活所需的物资。老林子里除了飞禽就是走兽，努尔哈赤如何获取生活物资？既然有飞禽有走兽，那就打猎呗！这对努尔哈赤来说可不在话下。

当时明朝在抚顺一代设立了一个集市，主要用于贩牛、贩马、贩山货。这个地方明政府专门划定出来，让女真各部落来此进行交易，也就是所谓的“赶集”。当时年轻的努尔哈赤最愿意干的事儿就是收了山货了，收山货后便通过赶集进行交易、买卖，很快也就成了集市上的老面孔。集市上人数众多，三教九流鱼龙混杂，努尔哈赤小小年纪就尝尽了人情冷暖。其中有一项是他非常感兴趣的。集市上有个算命的，这个算命先生常说替久困英雄指点迷津，而且颇有些道行，因而经常有人来找他。努尔哈赤虽然没有多余的钱，却也愿意在这位算命先生旁边凑热闹。既然要凑热闹，当然是离得越近越好了，可是，每一回只要努尔哈赤挤进来一坐，这位算命先生即使正在给别人算命，也赶紧站起来，收拾摊子走人。这是为何？算命先生说这人的气场太强，自己扛不住，也就只能走为上策了。也就是说努尔哈赤乃真命天子，这算命先生感觉他身上有帝王之气！其实这个传说是后人为凸显努尔哈赤是乃真命天子而附会的。

且不说有关努尔哈赤的传说可信度有多高，单是这么多年在关外白山黑水之间的独自生活，他也确实增长了很多阅历，并且锻炼出了强健的体魄。众所周知，东北人的体格都比较强壮，而且就全球来看，越是寒冷地区的人身体相对来说就越强壮，这是因为客观环境太恶劣，能够在恶劣的环境中生存下来的，无一不是身体素质过硬的。因此，生长在白山黑水之间的努尔哈赤身体条件肯定也差不了。努尔哈赤的身体素质这一点非常重要，千万不可小视，这关系到他此后非常关键的一段经历。也就是后来他投靠大明的辽东守军最高将领、大将军李成梁的这段经历。那么，努尔哈赤是如何投靠李成梁的？

身体强壮的努尔哈赤彼时经常舞枪弄棒。年轻人都有一个从军梦，年轻的努尔哈赤也不例外。于是，当努尔哈赤发现了一伙儿打算投军的女真人之后，也就跟着投军了。当然，他开始投的并不是明朝军队，是女真部落里的部队。不巧，努尔哈赤参军没几天，这个部落的首领就造反，结果很快被李成梁给镇压了，造反的头领当然要被处死，不过小卒子却被网开一面。很自然地，努尔哈赤成了李成梁的俘虏。李成梁也是个爱才之人，努尔哈赤出色的身体条件和机灵的脑瓜儿很快便被李成梁发现了。如此，努尔哈赤就成了李成梁的跟班，这一年努尔哈赤 15 岁。

李成梁也许是真心爱惜努尔哈赤的才华，俩人情同父子。李成梁为了栽培努尔哈赤，还让他接受了明朝正规军的训练，这段经历使努尔哈赤认识到光会武功是匹夫之勇，要真正打仗，将领行军布阵的才能也是非常重要的。本来努尔哈赤按照这个轨迹发展下去，可能也就成了一名明朝将领，不过这时发生了一个小插曲。努尔哈赤的爷爷和父亲当时在部落中已经有一定的话语权了，这时有个女真部落造反，虽然被明军包围了，抵抗力却很顽强。努尔哈赤的爷爷和父亲想着应该替在明军中的努尔哈赤积累一点儿资本，就申请进城劝降。结果进城里一劝人家不降，当然由于是熟人，也没拿他俩怎么着。城外的明军等不及了便强攻，很快城被破了，破城了便开始屠杀，在乱军之中的努尔哈赤的爷爷和父亲也被误杀了。一天之中失去两位亲人，努尔哈赤自然非常悲痛，不过痛定思痛，努尔哈赤还是找到了罪魁祸首，就是图伦城主尼堪外兰，若非尼堪外兰一直撺掇李成梁攻城，他的爷爷和父亲也不会死去，于是，尼堪外兰便成了努尔哈赤的最大仇人。

古人常说“塞翁失马，焉知非福”，此时的努尔哈赤也是如此。李成梁误杀了努尔哈赤的爷爷和父亲后也很过意不去，就上疏万历皇帝，言明为明军效力的努尔哈赤的爷爷和父亲被明军误杀了的事情。万历皇帝了解之后便重赏努尔哈赤，不光给他钱，给他马匹，还让他继承其爷爷和父亲在之前部落里的地位。此外，还允许努尔哈赤在部落里训练军队。如此一来，努尔哈赤平步青云，统治了他所在的整个部落，这是努尔哈赤起家非常关键的一步，后来也正是靠这个，一步一步地，最终于 1616 年在抚顺建立了后金政权。所以为什么说辽宁抚顺是满清发迹的地方？就是因为努尔哈赤在这儿建立了政权。努尔哈赤一步一步起家，可以说是明朝军队给了他机会。努尔哈赤从小到大生活在行伍之间，他确确实实在部队经历过扎实的训练，所以后来努尔哈赤扩充地盘、打仗，可以说是战无不胜，攻无不克。

努尔哈赤一生纵横，又建立了政权，就差称帝了，此时却遭遇了人生的一个重大打击——老来丧子，而且还是他亲自下令杀死了自己的长子褚英，这件事也被努尔哈赤引为平生遗憾。有道是“虎毒不食子”，努尔哈赤雄才大略，为何要杀死自己的亲生儿子呢？其实是迫不得已。

据说，褚英 4 岁的时候就跟努尔哈赤南征北战，而且作为努尔哈赤的长子，受到的重视程度肯定是毋庸置疑的。褚英到 19 岁的时候就可以独自带领部队打仗，到 29 岁的时候努尔哈赤就任命他辅佐朝政，在历史上这种情况有个专有名词，叫“太子参政”。此时，褚英可以替努尔哈赤处理所有的军政要务。

褚英这时可谓春风得意，可是这个人的性格却有些问题。褚英此人心胸狭窄，野心挺大，他知道将来后金政权迟早是他的囊中之物，便愈发嚣张跋扈起来，身边的人凡是得罪过他的，事无大小，统统都会遭他的报复。甚至跟他不对付的大臣说，你们等着，现在你们不是整我吗？等我登基我会把他们宰了！这话太不明智了！还没掌权就如此，等到大权在握那还了得？

努尔哈赤的老战友们一看这情况，全都坐不住了。褚英一旦登基，这些曾经跟他有过摩擦的能有哪个好过？既然如此，那干脆不让他登基不就行了？于是，褚英的继承人地位遭到了一致反对，再加上他下边包括皇太极在内的四个弟弟都怕他，褚英的声望是一天不如一天。四个弟弟为何会惧怕褚英？原来，褚英怕这几个弟弟惦记皇位，处处打压他们，甚至有时会流露出杀心，也就难怪大家都惧怕他了。如此，虽然褚英能力很强，但无奈得罪的人实在太多，最后四个弟弟和当时掌朝的五位大臣联合到一块到努尔哈赤面前逼宫，表明了与褚英势不两立的立场。说大王你看看，褚英这样我们也没办法，他得势我们全得玩儿完，你是留他还是留我们？你要留他，对不起，我们四个皇子自杀得了！这五位大臣也说，你要留他我们就告老还乡！此时，努尔哈赤还挺喜欢褚英，可无奈后金的政权并不完全稳定，一旦继续重用褚英，把这些人得罪了，各个旗主带自己的人走了，后金也就该散伙了。所以努尔哈赤为了顾全大局，就把褚英的官罢免了。可褚英跋扈惯了，突然遭遇到这个待遇他受不了了，他天天在家担心，这是我爸爸不信任我了，将来别的皇子登基自己可就性命难保了。所以褚英就在家找来一些巫医神汉，在家里扎小纸人、祈祷上天，祈祷什么呢？诅咒努尔哈赤，诅咒这些大臣，诅咒他的弟弟们，诅咒他们全都死在外面。这事儿你想想，哪有不透风的墙呢？结果很快褚英就被告发了，努尔哈赤真受不了了，就说我这么疼你，你咒我！震怒之下打算处死褚英。不过在此之前，他还是给了他心爱的长子一次机会。他问储英："如果将王位传给你，你打算怎么处置我？又怎么打算处置你的兄弟和五位叔叔？"褚英回答道："我会为父汗另建一座宫殿，让父汗可以颐养天年。至于其他人，顺我者昌，逆我者亡。"努尔哈赤失望了："马上就是你额娘的忌日，去见见她吧。"

历史上争皇位，有一句话叫"停尸不问，束甲相攻"，意思是皇上死了，那尸体停着，几个皇子就把铠甲穿上争皇位。这是因为利益太过集中的缘故。所以，褚英的死从某些方面讲说不能怨努尔哈赤，只能说他自己的修养不到家，自己不会处世，又对皇位太过贪婪，惹得努尔哈赤不高兴，所以这是努尔哈赤处死皇子的真相。那么，褚英的死对努尔哈赤有什么影响呢？史书记载，努尔哈赤曾多次为此哭泣，并表示这辈子最后悔的事，就是处死褚英。

努尔哈赤虽然为储英的死伤心，却还不至于为此悲痛欲绝，后金的扩张还是他的头等要务。而他的死也正是缘于此，可谓是“鞠躬尽瘁，死而后已”。话说努尔哈赤一辈子打仗鲜有败绩，最后却因为一次败仗而被折腾死了。说起来这是 1626 年的事，当时努尔哈赤带军队已经把这个辽东、辽南一带，包括锦州、松山基本上都拿下了，唯独宁远城是块难啃的骨头。当时宁远城的守将正是大名鼎鼎的袁崇焕。袁崇焕虽然是带兵的将领，却是书生出身，在此之前并没有带过兵，更不用说打过仗了。不过，打仗这东西有时并不只是需要经验，天赋也非常重要。这一仗袁崇焕就使了个计策，把这个努尔哈赤的部队引诱进外城，然后关上外城城门来了个关门打狗，几门大炮一起开火，几炮把清军轰得死伤惨重。结果努尔哈赤被袁崇焕给杀得屁滚尿流，跑了。在这场败仗之后，努尔哈赤半年得一场病，一口气没上来便“龙驭上宾”了。

努尔哈赤可谓雄才大略，我们可以看到他处死自己儿子之时的这种果断。不是他不心疼，哪个人不疼自个儿孩子呢？一筐萝卜一筐菜，谁的儿子谁不爱？他也疼儿子，可是为了大局也没办法。想成大事的人要是不懂得取舍，不懂得决断，他就成不了事儿。所以，这老天爷不会让每个人什么都顺，要了这个要不了那个，所以你要贪婪无比的话，就有可能什么都得不着。

皇太极是个好领导

皇太极是清朝开国的第一位皇帝，他的父亲就是曾建立了后金政权的努尔哈赤。皇太极即位后，才立了国号为“清”。皇太极是一个很有意思的皇帝。他接了努尔哈赤的班，后来等到清兵入关的时候，他却已经死了。由他的儿子顺治带领清军入关，成为入关以后的第一个皇帝。由于皇太极处在这么一个位置，很多影视剧里面在单独描写皇太极的篇幅并不是太多；又由于后来风传他老婆孝庄和他的弟弟摄政王多尔衮之间有些暧昧，所以电视剧就愿意拍这些事情，好提高收视率。给人感觉那个时期的主角就是多尔衮或者孝庄，好像没皇太极什么事儿。其实不是这样的，皇太极是一个文治武功兼具的人，是历史上少有的一个有作为的皇帝，他的眼界、见识、能力，并不比李世民、朱元璋这些人差。

皇太极接努尔哈赤的班不假，但是他接的其实是个烂摊子。努尔哈赤在位的时候，南征北战、东打西杀的，周边这些地区，比如蒙古、朝鲜等地，都让他打遍了，而且他当时竭力镇压自己所属地区的汉族人，不仅把男人抓起来当奴仆、士兵，而且还让汉族女人做王爷、贝勒的奴隶。当时后金属地，就在现在的东北辽宁一带，那里的汉人们对努尔哈赤的行为是很痛恨的，就等着有机会造反。这仅仅是外部矛盾，内部矛盾更多。努尔哈赤临死的时候，这些皇子、贝勒想争这个王位，互相之间斗得特别厉害。努尔哈赤没办法了，就让大贝勒代善、二贝勒阿敏、三贝勒莽古尔泰、四贝勒皇太极这四个人共同执政，以平衡他们之间的权力。大家可以想象一下这种模式，虽说皇太极接了这个摊子，说话在四个人中是最重要的，可是一有国家大事，就得四个人一块儿商量，自个儿不能完全说了算。内忧加上外患，皇太极即位以来面临着诸多的问题。为什么我们说皇太极这个人了不起呢？就是因为他有很多手段。

首先，皇太极为了缓解自己属地的汉人和满人之间的矛盾，大力倡导改革，把所有的闲地都开垦起来，整成公家用地，然后把多余的地分配给汉人耕种，让汉人们交租子。皇太极这样做，一方面发挥了汉族人积极性，提高了生产力；另一方面，汉人们交来的租子既充实了后金的军费，又从极大程度上缓解了满汉矛盾。

其次，为了减轻内部矛盾，皇太极提出来让下面的几个弟弟，比如多尔衮他们也参与到政事中来。皇太极通过这些方式，一点点地让自己手中的力量变大了，其他三个人的力量一天一天被削弱。等到这三个人的力量被削弱得差不多的时候，皇太极就该下手了。

怎么下手呢？皇太极先是把矛头对准二贝勒阿敏。之所以这样做，是因为这个阿敏很特殊。他不是努尔哈赤的亲儿子，而是努尔哈赤的侄子，过继到他这儿的。而这个阿敏因为打仗很厉害，为人很嚣张，尤其不把皇太极放在眼里，所以皇太极一直在等着机会收拾阿敏。在 1630 年皇太极上台四年的时候，这个机会终于来了。当时大清制定的国策就是要打进山海关，攻到北京，吞并汉族的地区。当时清军已经打到了秦皇岛一带，阿敏带兵把明朝的守军给赶走了。大明王朝一看这不行，马上派兵过来收复失地，结果阿敏跟明朝大军作战的时候打了败仗，而且阿敏有点儿惜命，弃城而逃了。走时还在当地烧杀掳掠，杀了不少老百姓。借这个机会，皇太极列举了阿敏 16 条罪状，把他所有的职位都罢免了，然后送到宗人府里头幽禁起来，阿敏自此一蹶不振。

处理完阿敏，皇太极接下来对付的是三贝勒莽古尔泰。莽古尔泰，大家一听这个名字，就知道这是一个稍显鲁莽的人。在清朝，上朝时是有规定的，臣子们都是面南背北地在金銮殿上站着，可以带护身兵刃，但是不能把刃露出来。而这个莽古尔泰违背祖制，在金銮殿上他的刀一直都是露刃的，结果，就让皇太极以“露刃惊驾”的名义把他拿下了。其实，这也说明皇太极这时羽翼已丰，有绝对的胜算和实力才敢对莽古尔泰下手，不然一个弄不好，皇太极就有可能皇位不保。把三贝勒清除后，就只剩下皇太极的二哥代善了。不过代善很聪明，他一看形势，知道他的势力比不上八弟皇太极。为了保命，代善就这么很和平地退出了竞争。到这个时候，皇太极才算是真正掌握了大清所有的权力。

皇太极完全掌权后，就开始向关内进军了。由于他要打进山海关，吞并这些地区，非得跟明朝开战，就遇到了一个最大的障碍。这个障碍就是大明的优秀将领袁崇焕。皇太极要想打到大明朝的腹地，非得拔掉袁崇焕这颗钉子。可是，跟袁崇焕打仗是真不好打，皇太极打不过对方。而且袁崇焕还驻守在锦州新城一带，这个地方是咽喉要地，非常重要。皇太极一看过不去袁崇焕这一关，就另辟蹊径，开辟了另一个线路，带着部队绕过袁崇焕，攻到北京城了。袁崇焕听到这个消息后，快马加鞭地带着军队往回杀，在北京城以北拦截到了皇太极，还把皇太极给打败了。结果，就有人在崇祯皇帝面前嚼舌头了，说这个袁崇焕驻守锦州一带，为什么皇太极就能神不知鬼不觉地带兵长驱直入到北京来呢？是不是袁崇焕他要卖国，为了荣华富贵，把皇太极给放进来的？崇祯皇帝本来疑心病就很大，觉得“没家贼引不来外鬼”，因此就怀疑上袁崇焕了，还派细作出去打探到底是怎么一回事儿。皇太极知道这个事情后，一看这个是好机会，于是就是使了个反间计，差人布了个局，告诉那些打探人员：袁崇焕和清军是一道儿的。那些打探人员获得了这些虚假信息，跑回北京向崇祯皇帝汇报，崇祯一听果不其然，就把袁崇焕从东北调回来，在北京凌迟处死了。

袁崇焕这颗钉子被拔了之后，给皇太极进关扫清了很大障碍。然而，皇太极不仅能使反间计，他在吸收大明的优秀人才这一方面也很有技巧。当时，大明有一位很了不起的将领叫洪承畴，这个洪承畴在松山战败后被皇太极给抓起来，成了俘虏。皇太极知道这个人是个人才，不仅能打仗，而且他本身就是个活地图，对这一带的地形军事情况了如指掌。当时皇太极想，洪承畴若能归顺于他，他就能顺着山海关一线往关里打，这得多省事啊！于是，皇太极就想劝降洪承畴，但是洪承畴对大明王朝忠心耿耿，跟皇太极说要杀便杀，反正决不投降。后来，皇太极反复地派大臣来对洪承畴许下了众多条件，荣华富贵、金钱美女任他挑，洪承畴还是不听。到最后说不管你们怎么劝，我绝食，不吃饭。后来有一天，皇太极派人到监狱里去看他，谈话之间，有灰尘掉在洪承畴的衣服上。洪承畴一面说话，一面“屡拂拭之”。皇太极知道这个细节后，就觉得有门儿了。因为一个真心要死的人，是不会管衣服干不干净的，而洪承畴还爱惜这身衣服，想让自己干干净净的，说明这个人虽然爱惜名声，但他更惜命，只需要给他合适的台阶下就行了。于是皇太极亲自跟洪承畴谈判，终于感化了洪承畴，让他归顺大清。

洪承畴带着清军入关，一直打到现在的扬州一带，给大清立下了汗马功劳。所以，皇太极在知人、识人、了解人的心理状况这些方面还是很厉害的，这也说明这个人不仅智商高，情商也高。大家都知道，皇帝的孩子从小娇生惯养，智商高有可能是遗传，那么，这情商他是怎么练出来的呢？别看皇太极是位皇子，但是他小的时候非常苦。在后宫里有句话叫“母以子贵”，但是在努尔哈赤时期恰恰相反，是“子以母贵”。就是这儿子到底能不能立足，要看他的母亲是不是能得到皇上的喜爱。说白了，清朝皇室看中的不是皇子的母亲有多厉害，而是皇子的姥爷有多厉害。但是皇太极的姥爷不行，无权无势，只是一个部落的首领，关键这个部落还经常跟努尔哈赤打仗，所以，皇太极母子两个夹在其中是很遭罪的。当时，努尔哈赤和皇太极姥爷的部落打仗打到什么程度呢？据说，皇太极的大舅舅叫布斋，在战争过程当中被打死后，努尔哈赤就把他的尸身劈成两半，一半留下，那一半给送回去，导致这两个部族的仇恨越结越深。

皇太极他母亲知道后，心里很难受，在皇太极 12 岁的时候就抑郁而死了。皇太极在宫里头没了依靠，而且加上他是皇子，将来有可能竞争储君之位，所以有很多人都在算计他。皇太极那个时候为了保命，就在宫里练出来了这种“看人下菜碟”的本事。所以，他从小在危机四伏的环境平安长大。而且，正是由于小时候没有人管他，自己父亲的心思也摸不透，所以皇太极打小儿就自强自信，明白一个人要想不被人欺负，只能自己强大起来这个道理。努尔哈赤刚开始创造满文的时候，皇太极是第一批学员，学得比其他兄弟姐妹都强。这都是他自己刻苦学习的结果。所以，从小吃的苦，受的罪，都成为他今后成长的动力，给了他很大的帮助。

不止皇太极，其实我们放眼身边，这种现象比比皆是，你看凡是有大成就的，无论大官、大商人、大学问家，他们如果小时候条件特别优越还真就不行。这个孩子条件优越，想要什么家里都给买，就没有上进的动力，就没有那么大的成功；相反小的时候日子很苦的人，他就有上进的动力；小时候不受人待见，他社会底层待着往上看的时候，他就知道用心观察。从正面来讲，学会观察一个人并了解他的需求，知道怎么样能够顺应他，这也是人在社会上能生存下去一个重要的手段。所以，那些为人父为人母的朋友们，若是想让自己的孩子将来要太太平平过一生，那可以不让他受磨砺；如果是想让孩子将来有点儿出息，最好让他小时候遭点儿罪，多增加一些挫折教育。

孝庄的三角情史

在古代，但凡是女人，只要与政治牵扯上一点儿关系，往往就会为人所诟病。倘若这个女人和多个男人有染，那红颜祸水的大帽子恐怕是摘不掉了。但是凡事总有例外，在清代历史上有这样一个女人，她曾经下嫁自己的小叔子，而且在政治场上长袖善舞。更难能可贵的是，无论正史还是野史，对她都评价颇高，这个人就是大清开国以来最了不起的女人——孝庄文皇太后，通常我们称之为孝庄太后。

关于孝庄太后，很多影视剧里有过描写，有宁静演的《孝庄秘史》，有斯琴高娃演的《康熙王朝》。宁静演的是孝庄太后年轻时候的事儿，斯琴高娃演的是孝庄太后中老年时候的事儿。这两部电视剧虽好，却并不等同于历史上真实的事。围绕电视剧，再加上仔细研究史料，我们发现孝庄太后给我们留下了几个谜团。

据说皇太极死后，孝庄嫁给了自己的小叔子多尔衮，她跟多尔衮、皇太极这个三角关系到底是怎么回事儿？这是第一个谜团。皇太极作为一位皇帝，自然是妻妾成群，其中一个老婆叫哲哲，是孝庄的亲姑姑；后来皇太极又娶来一个蒙古女人，叫海兰珠，是孝庄的亲姐姐；最后皇太极连孝庄也娶来了。两辈人侍奉一个丈夫，本来孝庄管皇太极叫姑父，最后姑父变成了老公，历史上到底有没有这种不伦之恋？这是第二个谜团。我们都知道，皇太极死后，孝庄抱着年幼的顺治皇帝忍辱负重下嫁多尔衮，到底有没有这回事儿呢？这是第三个谜团。

接下来，我们就结合电视剧来说说历史留给我们的这三个谜团。

在说这些问题之前，我们先得搞明白另一个小问题，就是孝庄姓甚名谁。孝庄不姓孝庄，也不叫孝庄，孝庄文皇太后是孝庄死后康熙给她封的谥号。且不说她活着的时候还没有孝庄这个谥号，就算有，也没有哪个敢这么叫。既然如此，《康熙王朝》里面斯琴高娃演的孝庄皇太后张口闭口“我孝庄，我孝庄”的，就是不对的，这是该电视剧的一个硬伤。

在《孝庄秘史》里，孝庄的名字叫大玉儿。其实这也有点儿小问题。大玉儿是汉族名字，而满族人和蒙古人起汉族的名字，是在清军入关之后，顺治、康熙两朝时才形成的传统。孝庄活着的时候清军还没有入关，在关外的孝庄不可能叫“大玉儿”这个汉族化的名字。有人说努尔哈赤看汉书，孝庄赶时髦起个汉名也未可知。实际上孝庄在关外并不懂汉语，她来自蒙古科尔沁部落，会蒙语和满语，满语没有大玉儿这个名字。而且，所有的史书上都没有记载孝庄原来名叫大玉儿的说法。

既不叫“孝庄”，也不叫“大玉儿”，那么孝庄叫什么呢？她的全名叫布木布泰·博尔济吉特，来自漠南蒙古科尔沁部落。这样一来又有了一个冲突，《孝庄秘史》中说孝庄跟多尔衮是有真感情的，两人小时候就认识，还曾一起在蒙古草原上骑马、射箭，是皇太极横刀夺爱，把孝庄抢走了。但是，当时的满族部落跟漠南蒙古部落距离很远，若孝庄真的来自漠南蒙古，那多尔衮又如何与她青梅竹马呢？不能青梅竹马，也就不能私定终身，那凄美的爱情故事岂不也就没有了吗？

实际上，这个凄美的爱情故事本来就没有。孝庄绝不可能跟多尔衮有私下会面的机会，至于一见钟情、私定终身就更不可能了。关于多尔衮和孝庄，史书上有明确的记载，在孝庄成为清朝的核心人物之前，她只和多尔衮见过三面。第一次见面，是孝庄的姑姑哲哲嫁给皇太极的时候，那是 1615 年，当时多尔衮 3 岁，孝庄 2 岁。要说这俩小孩儿能一见钟情，估计谁都不会相信。那是不是后来再见面时两人情窦初开了呢？两人的第二次见面是在 1623 年，当时多尔衮 11 岁，孝庄 10 岁，从理论上来讲，此时二人是有可能一见钟情的，但事实上根本不可能。因为这次是多尔衮结婚。结过婚的人应该知道有多累，更何况是皇室成员的大婚，新郎还是个11岁的少年。当时普遍结婚早，11岁结婚也属正常，多尔衮在自己结婚娶媳妇的时候跟孝庄一见钟情，这种桥段在电视中常见，在现实中并不靠谱。时隔两年不到，多尔衮13岁，孝庄12岁的时候，两人见了第三次面，这回轮到孝庄结婚。在孝庄嫁给皇太极的婚礼上，二人见了一面，多尔衮成了她的小叔子。与第二次一样，这次见面也只是在婚礼上的一个照面，不可能碰撞出爱情的火花。由此我们可以断定，孝庄、皇太极、多尔衮的三角恋只是电视工作者的艺术加工，历史上并没有这回事儿。

再来讲第二个问题，说孝庄和她姑姑哲哲、姐姐海兰珠三女共侍一夫，还差着辈分儿侍候皇太极，到底有没有这回事儿呢？有的。前面说过，1615年，哲哲嫁给了皇太极。嫁给皇太极之后，哲哲的肚子不太争气，一直不生养。我们知道，古代都是母凭子贵，皇帝死后有时还要有妃子陪葬，陪葬的都是没有生孩子的妃子。一直不生养，哲哲有点儿坐不住了，就跟娘家人商量，最终商定派个“替补队员”过来，于是科尔沁部落就把哲哲的侄女孝庄派过来了。孝庄倒是能生养，一连串给皇太极生了三个格格。后宫中都是母凭子贵，没有皇子，地位显不出来，而且科尔沁部落也跟着脸上无光。实在不行就再派个“替补”过来吧！于是，孝庄的姐姐海兰珠就来了。有意思的是，当时海兰珠已经嫁给了一个蒙古贵族，但是这蒙古贵族死了，海兰珠实际上是个年轻寡妇。不过毕竟是贵族出身，海兰珠颇识大体，既然大局需要，嫁给皇太极也没什么大不了的。海兰珠真争气，很快就给皇太极生了个儿子，虽然夭折了，但不要紧，这给孝庄争取了时间。孝庄12岁嫁过来，可能岁数小生不出儿子来，这时候缓了一缓，就给皇太极生了个儿子，也就是爱新觉罗·福临，大清入关的第一任皇帝——顺治皇帝。

说到这里，可能有读者不理解，清朝皇帝娶媳妇怎么能从蒙古娶呢？而且还娶差着辈分娶，这不是乱伦吗？在这儿给大伙儿解释解释。历史上，满蒙联姻是个传统。后人考证过，清朝时候的后宫后妃中大概有 10% ~20% 是蒙古女人，这跟这科尔沁部落的一个国家方略有关。科尔沁部落的首领认为他们无法承担兴复蒙古帝国的梦想，就想出了靠改造人种、曲线救国的办法。蒙古女人比较彪悍，满族男人能征善战，把自己彪悍的女人送到能征善战的男人那里去，让满族的后代身体里的血液有一半是蒙古的，将来满蒙联合到一块儿，再复兴蒙古帝国。有了这个指导方针，蒙古女人就一批接一批地来到了清朝的皇宫中。所以为了这个大方向，至于是不是亲姑姑、亲姐妹什么的，也无所谓了。而且去了之后，不管你皇太极跟谁好，只要你的孩子身上流着我们蒙古人的血液就行。所以，她们三人是为了一个大目标走到一块儿的。

《孝庄秘史》里还说姑侄三人共侍一夫，钩心斗角、争权夺利，说起来是要多阴暗有多阴暗，孝庄能够笑到最后肯定也是个心狠手辣的主儿。历史上的事实却并非如此。皇后在后宫可以说是大权在握，她得压着这些事儿，《孝庄秘史》关于这三个人在一块儿斗的事情，也是无中生有的。

我们接着说，孝庄生了皇子福临，也就是后来的顺治皇帝。但顺治他并不是皇太极的长子，排位也不靠前，登基时才 6 岁，他凭什么能够上位？有人说，福临的母亲孝庄，在皇太极死的第一时间下嫁多尔衮，忍辱负重，母子俩先活命，然后再保着顺治登基。

这个事情到底有没有呢？纪连海说有这事儿。皇太极死的时候，有资格即位的有两个人，一个是多尔衮，一个是豪格，这两人有得一拼。当时清廷的重臣分成两派，一派支持豪格，一个支持多尔衮，争皇位你死我活，那双方就得打一架，可是这些重臣包括多尔衮、豪格也知道，大清刚刚崛起，一旦这一仗要是打了，大清国瞬间就四分五裂了。

有些比较老成持重的臣子说，再怎么着咱也得通过和平方式选个继承人，你们不能打！可是双方势均力敌，谁也不服谁，这时候没办法，一开会，咱们各退一步吧，咱俩谁也别当皇帝，咱另外推选一个人。这样你豪格是亲王，我多尔衮是摄政王，再选个皇子当皇帝，选谁呢？爱新觉罗・福临，就是后来的顺治皇帝。

为什么推福临？这就看出孝庄和多尔衮的关系了。前面说了没有一见钟情的机会，现在怎么又要说多尔衮和孝庄有关系？说到这里，我们就得说一说多尔衮的形象了。多尔衮的形象，绝对不是电视剧中气宇轩昂的形象。准确说，多尔衮就是“男版的林黛玉”，精瘦精瘦的，身体差到了极点，而且有好多毛病，中风、咳血，等等。多尔衮的身体是在南征北战，东讨西伐，为大清开疆拓土的过程中累垮的。多尔衮为大清立下汗马功劳，身体却垮了，皇太极为表示关心，就派自己的妻子也就是孝庄过去照顾多尔衮。后人猜测，可能在照顾的过程中，二人产生了感情，因此，多尔衮会推福临上位。再说，把这个什么都不懂的6岁的孩子推上去了，他作为摄政王，不也是大权独揽吗？当然，这只是猜测，并没有事实根据。

所以咱们这么一分析，从历史的角度来看，这个“三角恋”事实上并不存在。满蒙联姻是传统，后来孝庄即使嫁给多尔衮也是出于政治目的。至于说姑侄两辈人侍候皇太极，这是当时的一种历史现状，这也说明当时关外的民风比较开放，文明程度还不够高，那为什么会形成谜团呢？

因为当时无论是蒙古的文字还是满族的文字，都很难像汉族文字这样博大精深；而且很难像汉族的王朝那样，一辈一辈都有史官记史的传统，民间野史也在一定的基础上大量补充了历史的真实。所以说，假如在关外的时候，努尔哈赤、皇太极就接受汉族的文化，有大量汉字来记载这些历史，可能今天关于孝庄的这些谜团就会一清二楚了。

解密多尔衮

这一节咱们来说说清朝历史上最为传奇的一位摄政王爷。这个人既和孝庄有密切的关系，又和努尔哈赤关系不浅，他就是摄政王爱新觉罗·多尔衮。

自古以来，多尔衮在历史上褒贬不一。有人说他和自己嫂子孝庄传出绯闻，以至于后来逼迫孝庄下嫁，到顺治年间成为摄政王，达到了人生的巅峰。可是，令人没想到的是，多尔衮仅仅活了 39 岁就突然间暴毙而亡，而且死后被侄子顺治皇帝掘墓鞭尸了。由此看来，多尔衮的一生是充满着争议的，而他也确实是一个很传奇的人物。这一节，就让我们来看看传说中的多尔衮和真实的他到底有什么不同。

多尔衮是努尔哈赤八个儿子中年龄比较小的，是倒数第二个儿子。努尔哈赤死的时候，多尔衮才 15 岁。1626 年，努尔哈赤死了之后没多久，也就是一天半左右的功夫，多尔衮的亲生母亲阿巴亥就自杀了。当时说的是为了殉葬，就是皇上死了，他的妃子要给殉葬。但是，“阿巴亥殉葬”这个事是非常不合当时的制度的，因为阿巴亥是努尔哈赤晚年最宠爱的一个妃子，被封为大妃，其实就是皇后的意思。而且，当时满清的祖制规定：如果皇上的女人有孩子，是不能殉葬的。阿巴亥总共生了三个儿子：大儿子阿济格，当时应该是 22 岁；二儿子多尔衮 15 岁；三儿子多铎当时才 13 岁。就现在来看，13 岁、15 岁的儿子和三儿子这都是未成年人，按照这个规矩她也不该殉葬。

那么，为什么努尔哈赤让她殉葬呢？据说这是努尔哈赤的遗言。有一本书叫《满文老档》，是清代皇太极时期以满文撰写的官修史书，后金改国号为大清前的一些旧事基本上都在这本书里。这本书揭露了当时一个惊天秘密：在外人看来，努尔哈赤宠爱阿巴亥，其实，努尔哈赤是很恨她的，因为阿巴亥给努尔哈赤戴了绿帽子。而这个让努尔哈赤戴绿帽子的人就是努尔哈赤的儿子——大贝勒代善。这个事努尔哈赤是怎么知道的呢？据说是努尔哈赤的两个妃子告的密，这俩妃子跟努尔哈赤说，只要他一出征，阿巴亥就往代善府上跑，一去还去挺长时间，有时候半夜才回来。两个妃子这么一说，努尔哈赤就起了疑心，觉得阿巴亥背着他干了一些苟且之事，可能和代善有着私通关系，于是努尔哈赤死前就留下遗言让阿巴亥殉葬了。

这么看，让阿巴亥殉葬应该是很正常的事情。但是这个事大家仔细琢磨琢磨，就会发现它有很大的疑点。首先，这两个妃子告密告的是谁呢？代善。当时代善是八大贝勒之首，自领两旗，权倾朝野，眼看就要接替努尔哈赤的位子了。而阿巴亥给老皇爷努尔哈赤生了三个皇子，被封为了大妃，也正是得宠的时候。这两个庶妃除非是吃了熊心豹子胆了，才敢告密。阿巴亥殉葬之后，又有两个妃子陪着殉葬，哪俩？就是“告密”的这俩妃子。大家把这些事情连在一块儿分析，就不难得出结论，假如这告密的事儿努尔哈赤信了之后有什么结果呢？一个就是把给自己戴绿帽子的大儿子打入冷宫，不再相信他；第二个就是处分给自己戴绿帽子的宠妃阿巴亥，而阿巴亥的三个儿子阿济格、多尔衮、多铎，谁也别想再染指皇位了。你这么一扒拉就明白了，谁是这么一出戏中最大的受益者？皇太极啊！因此，皇太极很有可能是这件事的幕后策划者。

据传说，当时由于阿巴亥受宠，努尔哈赤临死之前要把皇位传给多尔衮，而不是传给皇太极。而阿巴亥的三个儿子名下分别拥有镶红、正白和镶白三旗，倘若多尔衮当了大汗，阿巴亥再以国母之尊控制了其他儿子，就等于是控制了这三旗的力量，合起来的力量就超过努尔哈赤的其他任何一个儿子了。所以，有人推测，皇太极为了皇位，这才想要篡改遗言。但是皇太极想要假传圣旨、篡改遗嘱的话过不了阿巴亥这关，阿巴亥就在老皇爷身边啊！所以才有皇太极联合四大贝勒集体逼宫——逼阿巴亥殉葬，演绎了这么一场宫廷政变。而那两个庶妃之所以也跟着殉葬，有可能是皇太极在杀人灭口。有人还给这个事找了点儿历史史实作配合。据说，努尔哈赤把自己的长子褚英处死后，心里头对这个事儿很害怕，担心自己的几个孩子来争皇位。这对于老皇爷来讲是很残忍一件事：明明都是亲兄弟，却为了争夺皇位你死我活。努尔哈赤当时心里头害怕了，就想立谁呢？大贝勒代善！可是代善糊涂，死脑筋转不过弯来。比方说有人跟代善说要注意安全，最近皇太极正琢磨你呢！有可能威胁到你继承皇位！而代善知道这个消息后，竟然是在第一时间找到努尔哈赤，干吗呢？抱着自个儿爹的腿哭，说皇太极要害他。结果，就把努尔哈赤弄得很烦，觉得代善没有王者之气。时间一长，努尔哈赤就不喜欢代善了，这就意味着那些弟弟们都有机会了。

兄弟几个开始惦记皇位了，这个事儿是努尔哈赤更加不愿意看到的。他知道争来争去的结果一定是兄弟自相残杀，所以努尔哈赤就想了一个办法：把国家财产分成八份，他这八个儿子一人一份。但是努尔哈赤只立一个人为皇帝，而有什么国家大事，却是八个兄弟凑一块儿商量。说白了，八兄弟中一个是皇帝，那七个都是摄政王，这样的话就缓解了八个皇子对皇位的争夺，不再是封建社会的皇帝专权独裁制度，而是退回到了氏族公社时候的“共和制”。这是历史的倒退啊！这样搞的话，国家绝对强盛不了！所以，据说努尔哈赤晚年立遗嘱，立多尔衮为皇帝，立大贝勒代善为首席摄政王。那这可不可信呢？其实不可信。其实当时几个皇子，除了老大褚英有能耐被处死以外，剩下这些皇子里头最有能耐的是皇太极。努尔哈赤的弟弟，也就是皇太极的叔叔都说这皇太极了不起，既有心机而且能力也强。从争夺帝位的形势来看，多尔衮肯定争不过皇太极！你想啊，多尔衮那时候才十五六岁，年龄、资历、地位等各方面都不如皇太极，很难跟他哥哥掰手腕，皇太极即位是顺理成章的事儿。所以说，有人认为多尔衮当年应该当皇帝而没当皇帝，我看这是无稽之谈。

至于后来的事儿更是胡说八道了，说多尔衮跟自己的哥哥皇太极争女人，说多尔衮原先跟孝庄青梅竹马，其实两人不可能有这样的事。至于说后来是不是下嫁多尔衮，那是皇太极死了之后的事，多尔衮可能出于多重考虑，跟孝庄结成联盟，然后以此来保证自己的政治地位。所以不存在多尔衮跟皇太极争女人这个事儿。

多尔衮留给我们最大的谜团还不是这些，而是他的死——他的死因十分蹊跷。多尔衮好打猎。顺治七年（1650 年）农历十一月，清军已基本统一全国，多尔衮于是带领着手底下人去塞外打猎。看到一只鹿后，却不允许手下人跟着，而是自己去射杀这只鹿，结果一不留神从马上摔了下来。当时，多尔衮摔下来的时候就是膝盖擦破了点儿皮，想着回来抹点儿膏药就没事了，没想到没多长时间他就死了，年仅 39 岁。因为在这之前多尔衮是摄政王，扶持着顺治登基，但是顺治这时候已经亲政了，那么他这一死，很多人就琢磨是不是有人要害他。其实仔细分析一下倒不见得，因为多尔衮本来身体毛病就多，先天身子骨儿就不好，有中风的前兆，而且咳血，心脏还有毛病，所以他经常头晕目眩；后天常年打仗，身体损耗也比较大，所以由此看来多尔衮也不可能是暴毙，而是攒到一定程度“爆发”了。而且那时候医疗条件还不好，39 岁死也是很正常的事。

多尔衮死后，顺治皇帝表现得很好，让天下所有臣民都给他披麻戴孝。多尔衮由于死在塞外，所以要把灵柩运回来，让棺材从北京东直门进来。顺治皇帝出东直门外五里亲自迎接他的灵柩，还扶灵痛哭，然后追封他为“诚敬义皇帝”。就是说多尔衮是他的义父，虽说不是真皇帝，但是把他尊为皇帝，死后十分风光。可是没想到风光下葬不到半年，就有多尔衮的亲信向顺治检举，说多尔衮私底下做龙袍刻玉玺，时刻准备篡位，并且结党营私，祸乱天下。顺治就信了，把多尔衮的亲信都抓起来进行严刑拷打，搜罗证据，然后把多尔衮掘墓鞭尸。有人说顺治是故意的，因为他小的时候他母亲为了保护他，就下嫁给多尔衮，而且顺治要亲政时，多尔衮想独揽大权百般阻拦。于是，顺治为了给自己母亲报仇，发泄一下内心的不满，在多尔衮有病的时候害他；在他死后再哭天抹泪地假装一番，然后让下边人检举他，再掘墓鞭尸。不管这个说法是真是假，亲侄子把亲叔叔给弄成这样子，在平常人看起来也是很残忍的。

乾隆四十三年（1778 年），乾隆皇帝为多尔衮平反，恢复多尔衮的睿亲王封号，这距其去世已 128 年了。但乾隆帝为避免惹起宫廷是非，下旨说：“为后世征信计，将从前关于此事之上谕，均不得载入国史。”于是有关多尔衮的档案概行销毁，以致后人很难搞清楚多尔衮死后遭到顺治帝清算之事的本来面目。

我们只能说，皇族宫廷里的争斗确实不是咱们普通人能想象得到的。所以，你看崇祯十九年（1644 年），李自成打进北京，崇祯皇帝没招了，在煤山上吊而亡。他在赴死之前，为免家人受辱，挥剑砍杀自己的家人。

临到女儿长平公主时，他说："汝何故生我家！"这其实也就是说，子子孙孙辈辈千万不要生在帝王家啊！为什么呢？帝王家太残酷了！亲兄弟、亲姐妹为了权力和利益，也不得不将亲情抛之脑后。当然，这不一定就是绝情，而是环境造成的：我在政治斗争当中失败了，就只能死路一条！因为我活着一天就可能威胁到你的地位，你就得杀我，这就是为了争夺更大权力和利益而进行的残酷斗争。所以，你读一读崇祯皇帝那句话："汝何故生我家！"再看看顺治和多尔衮这关系，我们可能就会浑身打冷战地接受这句话了。因为这句话就是用帝王家庭的血泪写就的。

雍正之死

近几年，关于雍正的电视剧特别多。大家知道为什么雍正这么忙吗？这是因为雍正皇帝的谜团真的是特别多。除了我们大家通常说的雍正登基之谜外，还有死亡之谜。这一节，我们就来看看雍正是怎么死的。

关于雍正的死法，世人众说纷纭。有些人会说：这个恐怕不是什么大问题吧？为什么有人会发出这样的疑问呢？因为清朝离我们现在的时间也近，而且大家都知道清朝的每位皇帝在位的时候，宫里专门有人记录皇帝的饮食起居，譬如说皇帝今天吃了些什么，几点睡的觉，跟谁一块儿睡的觉，是哪个妃子侍寝的，接见了谁，等等，事无巨细，都有明确记载。历史上确实有这么一个档案资料，名字就叫《雍正朝起居注册》，就是专门记载雍正在位这13年每天的活动的。所以这才有人说想知道雍正皇帝怎么去世的很简单，只需要把这一年的起居注册找出来一查就可以了。这还真是一个办法，确实也有人这样做了。

按照那《雍正朝起居注册》上的记载来看，公元1735年，也就是雍正十三年10月7日这一天，雍正挪到圆明园办公。这天晚上雍正不知怎么的就觉得浑身不舒服，就把身边的大臣找来了。这些大臣来的时候，雍正还是觉得不舒服，就躺在床上没起来，直接跟各大臣说让爱新觉罗·弘历即位，也就是后来的乾隆皇帝。结果，令人想不到的是，雍正皇帝第二天就在床上暴毙而亡了。但是这个《起居注册》对于雍正是怎么死的没说，只说他死在这儿了。当时大臣张廷玉在自己的记录当中说雍正怎么死的呢？张廷玉说雍正死的时候“七窍”流血，鼻子、眼睛、耳朵、嘴，都在往外流血。当时张廷玉看到了都吓得够呛，惊骇欲绝。既然雍正是“七窍流血而死”，就有人推测说这是不是中毒呀？这我们就不知道了，反正是再也没有明确的记载。但是有一点是确定的，就是雍正确实是在1735年10月8日这天死的。但是死因有各种各样的说法，比如有人就琢磨说这雍正的死可能和女人有关。前几年热播的电视剧《甄嬛传》里就说的是这事儿，说雍正是个糊涂蛋，后宫里这些女人都是在利用雍正，最后雍正到临死了，甄嬛还在他床边气他。雍正本来身体不好，一听这个一命呜呼，活生生给气死了。

当然，说是让女人给气死的，这在大家看来也就是图一个乐，不可能是历史事实。还有人说连孩子都不是雍正的。大家想想，皇帝有那么好糊弄吗？可是，没想到的是，在一些严肃的作品里也是这么写的。譬如《雍正王朝》这本书，作者是二月河，很有名的历史小说作家。二月河在《雍正王朝》里写的雍正是最接近历史史实的。可是，在这小说里头，二月河写雍正之死也够狗血的了。书里边二月河是这么写的，说雍正当年下江南，碰上一个民间女子，这女子长得很漂亮，气质和宫里这些唯唯诺诺的妃子们很不一样，于是雍正一见钟情，跟这个女子好上了。当时，这个女人还给雍正生了个女儿，起名叫乔引娣。这乔引娣长大以后出落得如花似玉，没想到的是，由于流落民间，信息不对称，跟雍正的十四弟好上了。随后十四阿哥就把这个乔引娣娶进家门当自己小妾了。这是亲叔叔娶了自己的亲侄女啊！结果偏巧雍正在自己弟弟的府上看到这个女孩子了，就心想怎么这个女孩那么像当年他在江南的旧情人。于是雍正就对年轻时候的事情开始追忆了，突然又想追忆一把似水年华，就一动心思从十四弟身边把这女孩要进宫来，给自己当妃子了。大家想想，这自己爹娶了自己女儿，这不就是乱伦吗？所以，当这事真相大白了后，雍正和乔引娣两个人怎么面对这个事呢？两人羞愧无地，最后双双自杀而死。这是二月河小说里写的结局，大家现在听着都够扯的，而电视剧《雍正王朝》里头也没这么拍。因为要这么拍的话，就把前面雍正那些好事都给糟蹋了。一个皇帝天天这么用功，每天只睡 4 个小时，批折子、操心天下大事，最后因为乱伦自己羞愧死了，这有点儿不像话了。这些都是野史当中关于雍正死因的记载，因为只要跟女人拉上边儿，这个事儿就有无穷无尽的想象空间。

野史中还有一种流传最广的说法，也是说雍正死于女人之手，那可不是你情我爱而死的，而是被他的仇人吕四娘杀死的。吕四娘怎么跟雍正有这么大仇呢？据说，吕四娘他爷爷叫吕留良，是明末清初一个有名的文人。在小说《鹿鼎记》的一开篇，第一回“纵横钩党清流祸，峭茜风期月旦评”，写的就是吕留良一家在议论《明史》一案牵连的江南士人这一段。吕留良虽说没有明着说要复明，但是他是反清的。雍正朝那时候吕留良已经死了，那他死后又犯了什么事情呢？雍正朝的时候有个读书人叫曾静，这个人说雍正有十大罪：谋父、逼母、弑兄、屠弟、贪财、好杀、酗酒、淫色、好谀、任佞。后来查这个事儿的时候，牵连出了江浙一带很多读书人，也把吕留良一家牵扯出来了。有人汇报，说吕留良活着的时候说了很多反清的言论，现在吕留良虽然死了，但是不能饶过他的后人，于是就把他儿子吕毅中、吕葆中抓住，把吕家满门抄斩了。这个吕四娘就是吕留良的孙女、吕葆中的女儿，她那个时候怎么没被斩了呢？那时候吕四娘在安徽乳娘家寄养，就躲过这个事儿了。后来吕四娘家里人就告诉她，她父亲包括她爷爷的尸体都被人从那个坟里给刨出来了，这是雍正干的。所以，吕四娘对这事儿一直耿耿于怀，咬牙切齿的，心想不杀雍正她誓不为人！

后来，吕四娘就拜了独臂神尼为师学了一身武功，进出皇宫简直就跟进自己家似的。但是，她要杀雍正，有个很大的难题，就是这皇宫里的宫殿有很多，她不知道皇上住在哪儿。不过这吕四娘也不傻，她进宫后就躲在一个地方偷听，就听太监说雍正在圆明园办公，于是她又跑到圆明园，耐心等待机会。恰好有一天晚上，吕四娘看到有个太监扛着一个被窝卷儿就往前走，吕四娘知道这是皇上要临幸哪个妃子了。吕四娘一看这是个机会，在经过一个拐角时，她一伸腿把这太监绊了个跟头，这被窝卷儿也出去了。这时候趁着黑灯瞎火的，吕四娘迅速把被窝卷儿里的女人给拽出来。点上穴道扔一边去了，然后自己钻到被窝卷里。太监摔得浑身生疼，起来后骂骂咧咧的，一摸这被窝卷里这个女人还在，就扛起来给送里头了。雍正批完文件回来，看到床上有个女人，一掀开这被窝卷吓坏了，这不是个裸体女人而是一个全副武装的江湖女子。趁着这个工夫，吕四娘手里拿着匕首一下就把雍正给捅死了，接着把雍正的脑袋给割下来了。所以，后来有人说雍正死后虽然被装进棺材，但是棺材里尸体的脑袋是黄金做的，因为真脑袋被吕四娘弄走了。

不过，大家就把这当个故事来听听就行了，这不是真的。为什么这么说呢？因为这个事儿大家仔细琢磨一下，就会发现漏洞百出。就刚才说的“拌跟头”和“点穴”，这吕四娘当时的速度得多快，才能在电光火石之间，把那人就跟猫似的从被窝里拽出来，点个穴道扔一边儿，自个儿钻进去，再捂得严严实实的？完了，那边太监还要哼哼呀呀，除她和太监配合才行。所以这故事大家一听就是胡说八道，而且这件事不合常理在哪呢？首先，当年负责经办吕留良这个案子的，是雍正朝里一个独特人物——李卫。有一部电视剧叫《李卫当官》，电视剧里说这李卫一个大字不识，给雍正上折子和雍正给他回折子都是画画。这人虽然不认字但是官运还是一路亨通，就是因为他心思缜密，什么事考虑得都非常仔细，办案子滴水不漏。所以，以李卫这么一个仔细的人，在办“吕留良案”时怎么可能留下活口儿呢？要是钦差大臣都这么办案的话，整个朝廷不都得坏事儿了！所以，李卫不可能漏过吕四娘。再者，吕四娘进皇宫如走平地，这全是武侠小说里胡扯。就像《射雕英雄传》里面的洪七公，他要吃一碗“鸳鸯五珍烩”，老顽童周伯通就带着他进大内皇宫，一待好几个月。这不胡说吗？要真有这两下子，郭靖、黄蓉还跑到襄阳城守城干吗，直接杀进宫里把元朝皇帝杀了不就完了吗？大内守卫是非常森严的，可不是任何人都可以随意进出的。

还有人说雍正是让“林黛玉”害死的。虽然这说法让人挺想笑的，但是这些人之所以这么说，还是有一定道理的。话说这个“林黛玉”原名叫竺香玉，还说所谓的金陵十二钗就是曹雪芹的一种想象，其实就是竺香玉一个人。据说这竺香玉当年是曹雪芹的恋人，俩人正好着，后来有人看上竺香玉，把他送到宫里，给雍正当妃子了。这让曹雪芹十分嫉妒，他就想法混进宫里头，跟竺香玉合计好，俩人给雍正投毒把雍正害死了。这说法更扯了，但这个说法是红学家扯出来的，跟一般人说的不一样。大家都知道红学有两派，考证派和索隐派。20 世纪 80 年代从里面还分出一支叫“红楼解梦派”。这红楼解梦派代表人物是姐弟俩，姐姐叫霍国玲，弟弟叫霍纪平。这二人把《红楼梦》读得特别仔细，仔细到什么程度呢？大家都知道，林黛玉他爹没了，才到京城里投到荣国府家，这才有“宝黛初见”。可是林黛玉从她的家里头出来的时候才 6 岁，到了荣国府，王熙凤问林黛玉多大时，林黛玉却说她 13 岁了。这就有问题了，这路是多远啊，林黛玉都走了 7 年，不知道的还以为她这是上南极科考去了呢。这姐弟俩看书看得仔细，就从这儿断定这里头有事儿。

后来这姐弟俩看了俞平伯先生辑录的《脂砚斋红楼梦辑评》，就是他写的对红楼梦的评价。当时这姐弟俩也好奇，就把这 500 多页的评语，按照《红楼梦》里的章节对照，这本书评论了哪段，他俩就把哪段抄到书的扉页这边。写完了，抄完了，姐弟俩就对着看，才发现这里头有文章。脂砚斋的评论和这里面写的内容有关联，不仅仅是评论，还有往外延展的地方，由此看来这里头真有事儿。看来《红楼梦》的作者曹雪芹在里头蕴含着很多其他的东西，是对当时历史的一种另类的解读，隐喻说当时历史怎么样。姐弟俩根据这个，解读出来林黛玉当时有深仇大恨，说她进宫见了雍正，这是他们的研究成果，后来还写了好几本书。那么，是不是真有这么个竺香玉伙同曹雪芹害死了雍正呢？大家查查雍正的妃子就知道了。雍正的皇后、妃子里面没有一个姓竺的，所以竺香玉这个人物根本就没有，这等于是有人异想天开想出来的。倒是曹雪芹恨雍正是有根据的。因为曹雪芹一家就是在雍正年间被抄了家走向没落的，但是再没落，曹雪芹也没有造反的胆子。所以说雍正死于女人之手，无论是吕四娘、“林黛玉”，还是什么乔引娣，包括孙俪演的甄嬛，这全是胡说八道。

对于雍正死因的研究中，相对比较靠谱的是什么呢？因痴迷炼丹，服丹药过多而死。历史上有不少这样的皇帝，日子过得好了就想长生不老，怎么长生不老？听一些道士的话，炼一些“太上老君的金丹”，吃下去就能长生不老。现代人都知道那金丹里头是什么！有很多化学成分，如水银啊、黄金啊……这些东西对人体都是有害的，水银、黄金人要吃多了它就往下坠。过去有种死法叫吞金自缢，就是把金子吞到肚子里头，它直接往下坠，把人的肠胃壁全给坠开了，人就大出血而死了。有人说雍正吃丹药吃得太多了，这有证据吗？这在历史上确实是有证据的。雍正比不了他儿子乾隆，一辈子留下的诗不多，但是雍正有一首诗很显眼，怎么写的呢？这是一首五绝：

铅砂和药物，松柏绕云坛。
炉运阴阳火，功兼内外丹。

大家听听，这诗写的是什么？这边“铅砂和药物”，在中间是一个炼丹炉，旁边“仙风道骨”的松柏围着，然后这炉子里头“阴阳火”冒着，炼出来丹药能治内也能治外。这诗里描述的环境就跟一个活生生的化学实验场地似的，这说明雍正对炼丹是个内行。他能把这个场景描摹下来，说明他是经常干这个事儿的。

据说当初雍正用了两个道士，一个叫张太虚，一个叫王定乾，这两个道士专门负责给雍正炼丹。雍正那时候炼出过什么呢？炼出了一种丹药叫“既济丹”。为什么叫既济丹呢？原来这是八八六十四卦里的其中一卦，有阴阳易学思想在里头。这种丹炼完了，雍正还把它赏赐给臣子吃。

臣子们吃完了都说这丹药好使，它为什么好使呢？这里面它是有水银、铅、黄金的，对人体有害，但是道士们往里掺了点儿春药。这春药吃完了人精神头儿见长，所以雍正就误认为这个东西好，能使人提神。可是这怎么能推测出最后雍正是死于丹药呢？原来是有记账的。雍正的一本账本上就记了哪天进来 200 斤的黑铅，就是炼丹用的。这笔账记完之后过了 12 天雍正就死了，有人就怀疑这铅是有剧毒的，雍正用它炼完丹药吃下去最后把自己给毒死了。有人说这也不能算直接证据啊！还有别的证据，就是雍正暴毙之后，七窍流血。第二天乾隆即位了，头一件事就是把张太虚、王定乾那两个炼丹道士给撵走了。接下来乾隆又搞信息封锁，说整个朝廷里里外外谁也不能提炼丹的事儿，别让皇太后听着心烦。乾隆这么一弄，这里头就有文章可做了。有人说那要真是他俩炼丹把雍正毒死的，乾隆把他俩宰了不就完了吗？不能宰。乾隆把他俩杀了就相当于是坐实了这件事，说明这雍正肯定是服丹药死的。所以根据这些手段我们基本可以推测出，雍正是每天办公的时间长，也希望强身健体，长生不老，所以心里一急服丹药服多了，结果“化学药物剂量”积累多了，把自己的性命给断送了。

中国历史上像雍正这样的人不少，秦始皇、汉武帝都信这个东西，后来的唐太宗李世民、宋太祖赵匡胤也信这个。为什么中国历史上这几个有名的皇帝全信这个呢？因为他们能耐越大，他越觉得自己控制不住的事越多，他想干的事越多，就越希望自己可以长生不老。所以雍正有这样的心态不足为奇。但是他“服食丹药过量而死”这种说法也不是历史上的正史记载，所以今天对于雍正帝死因的探究，大家是众说纷纭。可是，正因为雍正怎么登基的不太清楚，他怎么死的也不太清楚，所以各种正史、野史混杂在一块儿都弄成一锅粥了，这就给影视剧提供了无穷无尽的素材。大家说这雍正爷能不“忙”吗？所以雍正很“忙”，不能怨别人，只怨他自个儿身上的谜太多了。

甄嬛，看上去很美

近年来，在电视剧领域，清宫剧越来越热。从《宫心计》到《步步惊心》，再到火得一塌糊涂的《甄嬛传》……有人将这些电视剧定义为“宫斗剧”，因为其剧情都反映了后宫你争我夺、尔虞我诈的那些事，十分引人入胜。清宫剧之所以广受欢迎，有很大的原因是因为剧里边那些贵妃、格格扮相端庄秀丽，观众看着十分养眼。可是最近，也不知道谁这么败兴，在网络上贴出了一组晚清时期清朝后宫一些贵妃、格格的真实照片。这些照片确实真实可信，但是，一看照片里这些“佳丽”的真实长相，就令很多人看惯了清宫剧的网友大呼“雷人”！完全难以接受。黑白照片中清朝宫廷女子相貌平平、面无表情，无论长相、身材、气质都与现代后宫剧中的美女相差甚远。影视作品中皇后的形象一般都端庄大气，而照片中真实的隆裕皇后却既清瘦又驼背，这种反差彻底毁了大家对“后宫三千佳丽”的美好想象，影视作品中美艳动人的“六宫粉黛”原来竟是相貌平平的普通妇人。

很多人由此就觉得纳闷，说难道真实世界里真就这样？不错，确实是这样。有人说，你看皇帝这是“家天下”，天下的这些女人都是他的，为什么清宫这后妃这么难看？

这其实是有历史原因的。首先，我们都知道清朝是关外的满族入关建立起来的。清朝立国之本是八旗制度，八旗为正黄旗、正红旗、正蓝旗、正白旗、镶黄旗、镶红旗、镶蓝旗和镶白旗。八旗制度是满族兴旺发达的根本。因为满蒙通婚、满蒙一家，所以随着兵力规模的扩大，在满八旗之外，又建立了蒙古八旗。后来，不少北方的汉族人也加入到了他们的队伍当中。所以，出于军队建制的需求，又分为满洲八旗、蒙古八旗、汉军八旗。按照清朝皇室规定，王公贵胄尤其是皇帝，娶妻纳妃都不能是汉人（汉军八旗视同于满族人）。那么，从满洲八旗、蒙古八旗、汉军八旗这里边选的老婆，基本上都是北方人，而且绝大多数是满族人和蒙古族人。据统计，清朝十二帝的后宫中大概有 187 名妃子，其中满族占 130 多名，蒙古族大概有 20 多名，可见剩下的就非常少了。这样一来，南方的女子就完全排除了。我们知道南方人显得秀气、纤小，而美女多出自江南，这也就是后宫女子看起来都较为魁梧的原因。

再一个原因，那个年月后宫吃东西吃得好，而且也没有哪个女的像今天说要减肥。吃得好还不减肥，那毫无疑问，这胖不就很正常了吗？

第三个原因，由于北方冬天天气寒冷，取暖手段又较为单一。只能多穿多吃，要不“扛”不过去啊！一多穿就会显得臃肿，多吃则会增加脂肪。所以，照片里清朝后宫那些妃子有的显得有点儿胖，这是非常真实的。

这样一来就好理解了，像《甄嬛传》这样的电视剧里面的那些女演员，比如孙俪、斓曦，等等，为了上镜好看，有哪个平常不得追求身材纤细苗条？要是女演员也有一张大脸的话，上镜绝对好看不了。而且，演员平时的生活习惯，与几百年前大清后宫的那些妃子们的生活习惯大相径庭。演员呈现的端庄秀丽的形态和真实的清宫妃子根本不是同一时代的，都是骗你的。

有人会问，除开演员不谈，《甄嬛传》里面演的那些事到底是不是真实的呢？当然不是。那是小说家和编剧编的，绝大多数剧情都不是真的。以后宫选妃为例，在《甄嬛传》里边，选妃的程序是骡马车先把选秀的秀女带到宫里来，皇上相中了，就给个香囊，意思是留下来进入下一轮，其实就相当于从海选晋级下一轮。要没看中的呢，给你花你走人吧。

然而，清朝后宫真实的选秀是不是这样呢？不是。真实的选秀女范围比电视剧里写的广泛得多，程序也复杂得多。它为什么这么重视选秀女呢？

首先，秀女也有严格的区分。根据出身的不同，秀女分为“八旗秀女”和“包衣三旗秀女”。八旗秀女，顾名思义，是出身于八旗（满洲八旗、蒙古八旗、汉军八旗）的秀女。这是由户部主持选拔的，每三年挑选一次。八旗秀女，除了作为皇上的后妃充实到后宫以外，还有的要赐婚给皇帝的直系亲属，比方说亲王、贝勒，等等。所以八旗秀女十分受重视。不过，八旗秀女在选择过程中受重视程度也不同，一般得按满洲八旗、蒙古八旗、汉军八旗这个顺序来选。还有一部分秀女呢，叫“包衣三旗秀女”，是包衣三旗的后代。包衣三旗秀女，每年挑选一次，由内务府主持，选的是正黄、镶黄、正白这上三旗包衣人家13~17岁的女子。选他们家的女子进宫干吗呢？主要是当宫女，承担后宫杂役的。当然这里头也有个别幸运的也能逐渐升为嫔妃，但数量极少。所以，这个选秀女的过程，是决定着清室这个系统婚姻的大事，丝毫马虎不得。

选秀女关卡重重，规模很大。凡是满洲八旗、蒙古八旗、汉军八旗13岁到17岁的女孩必须进宫参加秀女的选择。这24旗里面所有的姑娘在13岁到17岁都不能结婚。有人说为什么要到17岁呢？假如这次海选正好赶上身体不舒服，或者有病住院没工夫来了，那你就轮候着吧，所以轮到3年以后你就可能就17岁了。如果你没进过宫，那对不起，你就等到二十、三十都不准嫁人。要让皇上知道了还得罚你，就连一些大臣的孩子也不例外。乾隆年间，闽浙总督德沛上疏给乾隆皇帝，说请皇帝下旨允许我儿子娶两广总督马尔泰的女儿。但马尔泰的女儿还没参加选秀女呢！乾隆皇帝为此大怒，说这还了得，这个选秀女的规矩你不守，大清根基都要动摇了！为啥？这是整个种族延续的大事。所以说它的选择方式是非常严谨的。

在选秀过程中，皇上是看不过来的，主要是皇后带着手下的太监、宫女来进行挑选。这样一来误差就会很大。另外一个你记住，选秀女可不是选美，为什么呢？它规定了必须穿旗装，不能穿世俗的装束，这样就会使很多长得好看的人出不来。那个时候选秀女的主要标准是什么呢？给皇上或者王公贵胄选老婆看重两样，一个是门第，一个是品行。皇后的标准是母仪天下，妃子则要端庄贤淑，这是第一位的，不是长得漂亮就可以。当然你也不能太丑，母仪天下嘛，模样也得说得过去。而且清朝皇帝对于美色是很忌讳的，因为“红颜祸水”这个观念深入人心，怕天下这些读书人说闲话。所以这是大清时候选秀的一个传统。

品行这一条咱们说过了，再说一下门第。这门第特别关键。再以《甄嬛传》为例，华妃之所以飞扬跋扈的，是因为她哥哥是大将军年羹尧。有了这样的门第，一般来说都能选进宫，相貌只是所有因素中的最后一个。所以说，那时所谓的选秀女不是选美，不是光看你的模样，品行、门第等这些都非常重要。

顺便讲一下，清朝后妃总共有八个等级，最尊贵的是皇后，其次皇贵妃和贵妃，然后是妃，再之后是嫔，贵人，往下常在、答应。剩下的就是宫女了。

那么,《甄嬛传》中阴险毒辣的皇后乌拉那拉氏，在历史上是否真实存在呢？当然没有。为什么呢？

首先，皇后的选择特别重要。整体来说皇后必须性格温柔和顺，当然也不排除有个别心肠歹毒的。母仪天下嘛，是天下女人的榜样。而且皇后乃后宫之长，说白了领一大家子人过日子呢，你没个样子也根本不行，所以皇后很少有心肠那么歹毒的。你就说慈禧，当年咱们一提慈禧老佛爷就说她卖国，其实如果你从大臣眼里看慈禧，那几乎就没什么缺点，站有站相、坐有坐相，行事那绝对一碗水端平。你得让人说得出来，不能让人讲究你。

再者，皇后完全没有必要嫉妒哪个妃子生下了皇子。因为真正培养养这个孩子的任务，都是皇后来承担的，她没必要嫉妒下边一个妃子。历史上类似于“狸猫换太子”的事情少之又少。

在《甄嬛传》中，最常见的“宫斗秘诀”就是下毒。各种“毒计”的运用成为了后宫争宠的重要武器。剧中的代表药物就是麝香，这是导致甄嬛流产的首要原因。此外，剧中皇帝为华妃配置的“欢宜香”内含有大量麝香，长期闻香的华妃终身不孕。还有的说我嫉妒你，往你的汤里下药，让你痴呆，有没有这事？绝不可能出现。

且不说麝香的药用效果如何，首先，在皇宫里要想下毒，除非买通这个对手身边的宫女、太监。可是这谈何容易？每个妃子的宫女太监都是一跟跟了自己的主子许多年，想买通有一定的难度。并且，自己的主子死了，太监、宫女就得另外去适应其他主子，基本上升迁无望，还有可能遭到虐待。更严重的是，主子要死了的话有可能让宫女太监殉葬，谁能为那点儿钱豁出命去？不太可能。更主要的是，宫里警备森严，哪能说下毒就下毒？毒药怎么带进去？所以历史上很少有下毒的事情发生。

再看看雍正皇帝，在电视剧里整天忙着和后妃谈恋爱，历史上有没有这事呢？雍正在位13年期间勤勉朝政，"谈恋爱"的时间非常有限。并且，皇帝和妃子在一起有很多规矩。皇上翻牌子翻到谁谁来侍寝，来的时候都是脱光了，卷到被子里让太监抬进来，走的时候再抬走，避免嫔妃携带对皇上不利的东西。侍寝过后很快要回到自己的寝宫，这是因为怕皇上睡着了，妃子在旁边谋害皇上。并且，也是为了不影响皇上休息，耽误第二天上朝。总结下来就是，基本上妃子侍寝没有陪一宿的，所以妃子也没有那么多机会真正在皇上身边吹枕边风，什么这个妃子不行，那个不行，张家长李家短什么的，也没这么多事儿。

这样一分析就可以看出，《甄嬛传》里大多数反映后宫尔虞我诈的事儿都是骗人的。所以各位读者看这一类清宫剧，仅当娱乐消遣。如果把它当真正的历史，就有些可笑了。要想了解真实的历史，还是多读正史为好，千万别拿电视剧里的事儿当做真实的历史来接受。

一生为奴：恭亲王奕訢

这一节要说的这位历史人物很有意思，他有一身的能耐，前后伺候过四任君王，都是一开始得到重用，最后却被弃用的结局。这个人是谁呢？他就是恭亲王奕訢，为慈禧垂帘听政立了大功的人。

既然奕訢的能耐这么大，为什么最后都被这些君王给抛弃了呢？很简单，就是四个字，功高震主。其实，奕訢这一辈子不是不知道这四个字带来的危害，他平时为人处世也特别地小心。问题的关键在于，如果功高震主的这个"主"能耐很大，他可能不会在乎臣子的功劳、能耐是否过大，可是如果这个当主子的心虚，自己就觉得自己能耐不行，那稍微有些能耐的臣子一崭露头角，这主子就会觉得臣子是心腹大患。因此，凡是实力不行的皇帝都有些“迫害妄想症”，总觉得自己皇位不稳，而非常不巧的是，奕訢这一辈子遇到的这四位君主差不多都是实力不行的类型，所以奕訢才“一生为奴”，终究没有落得一个好下场。那么这一节，我们就来好好说说这位一身能耐的恭亲王奕訢。

奕訢绰号叫“鬼子六”，这是因为他是道光皇帝的第六个儿子，全名叫爱新觉罗·奕訢。道光皇帝总共有九个儿子，有三个早年夭折了，只剩下六个，其中的老四就是后来的咸丰皇帝，老六是恭亲王奕訢。道光帝去世的时候，四、五、六三个皇子年岁相仿，正好适合即位，但是道光帝不大喜欢五皇子，很早就把五皇子过继出去了，也就是把他送给自己兄弟当儿子了，所以最后实际上就是四皇子和六皇子争夺皇位。但是由于六皇子奕訢从小就是个文武全才的人，道光皇帝生前也最喜欢他，所以，正常情况下，四皇子是争不过六皇子的。

那么，在皇位竞争中完全占据优势的六皇子奕訢为什么输了呢？其实这里边大有文章，十分耐人寻味，这就体现了中国人处世的一些准则问题。你看道光帝非常喜欢奕訢，而奕訢继承皇位的可能性也非常大，在这个时候道光帝搞了一次测验。什么测验呢？因为满人是在马上打下的天下，十分重视军事武功，所以清朝皇帝考察自己皇子的一个重要手段就是打猎。道光帝也是想到了这点，于是带着他的这些皇子去北京南苑围猎场打猎，测试一下皇子们的马上功夫。对于打猎这种事儿，奕訢是十分高兴的，因为他打猎特别厉害，不仅射箭很准，功夫非常高，胆子也很大，不怕野外的这些猛兽。可是对于四阿哥奕詝来说，他就不怎么愿意打猎，因为他在“武功”方面没有多大能耐，而且自小儿身子骨就软，脚也有点儿不方便，打猎跟六皇子相比就不是一个档次。但是四阿哥奕詝人很聪明，会说话，打猎那天他一箭未发，毫无收获，而六皇子却收获颇丰，猎到了三只鹿、一只野猪、一只山鸡和一只野兔。于是道光皇帝就责问四阿哥原因，四阿哥是这样跟皇帝说的，说现在正值春天，是鸟兽孕育的时节，他不忍射杀这些飞禽鸟兽，更不想和自己的亲兄弟在弓马上比试高低。大家看到这儿就明白了，四阿哥是深谙中国人的为人处世之道的，用这番说辞告诉道光帝他是一个心存大度和宽容的人，将来若是能继承大业，定能泽被万民，乃是大清之福。

或许有人会说，这四阿哥虽然武功不怎么样，但是挺有脑子的，做了皇帝应该能治理好整个国家。错！因为这些说辞不是四阿哥自己想出来的，而是他的老师杜受田教给他的。杜受田是清朝时期很有名的一个文人，后来官至礼部尚书、协办大学士，深受咸丰皇帝敬重。他去世后，咸丰皇帝伏案痛哭，并提笔写道："呜呼！卿之不幸，实朕不幸也！"并追赠其为"太师大学士"，谥号"文正"。从个这个方面看，这个人深得咸丰皇帝敬重和信任。当然，另一方面也说明，这人是个很有本事的人。杜受田知道四阿哥，也就是后来的咸丰皇帝，在打猎过程中是赢不过六阿哥奕訢的，这才想出了这么一个办法，让四阿哥用他的仁慈仁爱、君王胸怀，以及不是太贪图皇位的心来打动道光皇帝。果不其然，这一招非常好使，道光皇帝本来是要责怪四阿哥的，你看老四你怎么这么差劲呢！但是听到四阿哥这样说，就觉得自己这个儿子有仁爱之心——你看他连动物都不忍心伤害，将来肯定会善待天下百姓。于是，在这次打猎的过程中，四阿哥完全占了上风。

等到道光皇帝身子骨儿越来越软，自知命不久长的时候，道光帝知道他必须要立太子了。他想来想去很纠结，在病榻上不知道该选择谁好。于是，道光帝就把四阿哥和六阿哥召进宫来，对他们进行最后的甄选。四阿哥和六阿哥接到进宫面圣的圣旨时，就明白这是对他们最后的考验，这二人就分别请教自己的老师。六阿哥奕訢的老师卓秉恬是一个少年得志、办事认真、好发议论的人，对于卓秉恬，清朝史书上记载："时九卿会议，一二王公枢相主之，余率占位画诺。秉恬在列，时有辩论，不为用事者所喜。"也就是说他性格耿直，办事认真，一直得不到上司和同僚的认同。他是这种性格。所以，他告诉奕訢，对道光皇帝的问话，要知无不言，言无不尽。四阿哥的老师杜受田却知道奕詝谈国事、政务是比不上六阿哥的，所以告诫四阿哥尽量少说国事，只要皇上说自己快死了，别等他问你说要把国家交给你你怎么办，你就只管趴在地上哭，说不舍得皇上离去。奕詝对他老师的话言听计从，他的一番表现使道光皇帝深感这个孩子仁孝。为什么给出这么个主意呢？四阿哥奕詝的老师是很了不起的，如果是平常的时候，道光皇帝身体硬朗，可能会觉得一个阿哥痛哭流涕的，会没有男子汉气概；但是人在身体软弱的时候恰恰是感情最丰富的时候，道光皇帝也不例外。这时候，道光皇帝已是风烛残年，眼看就要玩完了，所以，这个时候四阿哥奕詝一进来就对着皇帝痛哭流涕一番，一下子就把道光打动了。道光帝才下定决心，立四阿哥奕詝为继承人。

我们来看一看道光传位的清宫密档上是如何写的，这也是唯一保存至今的一组有关秘密立储的珍贵实物。匣中共有谕旨四份，立储谕旨一份，上面用满汉两种文字写着“皇四子奕詝立为皇太子”，又用汉文写着“皇六子奕訢封为亲王”。一般的皇子都封为郡王，但是道光帝立六皇子奕訢为亲王，封号和职称要比郡王高。由此可以看出，六阿哥奕訢还是深得道光帝的欢心的。但是也不得不佩服咸丰皇帝他老师给出的招儿是步步都踩到了点上，这才让有望身登大宝的六阿哥奕訢在最后关头败下阵来。

四阿哥奕詝虽然即位了，但是他知道自己的能力不如弟弟，所以他对自个儿弟弟处处设防。刚开始，这兄弟俩在一起太太平平地待了三年，咸丰也没重用奕訢。但是，到后来随着太平天国洪秀全起义，在全国各地势力都大得不行了，咸丰帝一看没招儿了，这才起用奕訢。当时奕訢也确实为国事操劳了许多，又是总理衙门又是军机处的，费挺大的劲儿才把太平天国运动压制住。这时候，奕訢羽翼已成，已经拥有一大堆跟随者了，所以太平天国起义过后咸丰帝就想着怎么除掉奕訢手中的权力。1951年6月底，奕訢的亲生母亲孝静皇后病重，快要死了，于是奕訢就求咸丰帝册封他的生母为皇太后。咸丰帝当时含含糊糊地“哦”了两声，奕訢很着急，想尽快尽孝，为他母亲讨要到这个册封，于是就跟所有人说册封这事已经定了，让军队处恭办“皇太后”的封号事宜。咸丰帝知道后十分生气，但事已至此，就不得已批准了。咸丰发泄心中怨气的时候到了。1855 年 9 月 1 日，孝静皇后的丧事操办完，9 月 2 日，咸丰皇帝便以办理丧事有疏忽的罪名将奕訢赶出军机处，并罢免了他的其他重要职务，从此再不重用他。

但是到 1860 年的时候，英法联军要进攻北京，咸丰皇帝担心自己的性命，就赶紧把北京的烂摊子又交给自己弟弟恭亲王奕訢，自己出逃了。奕訢虽是临危受命，但他确实有这样的能力。奕訢开始想着主战，在手里扣着几个英法的人质，但是他后来认识到双方实力相差悬殊，清军打不过人家，这才打开北京城门和英法联军议和。最后，奕訢主持签订了《中英北京条约》《中法北京条约》，才算把这事儿给压了下来。就在奕訢要把咸丰皇帝迎回北京的时候，咸丰皇帝由于在热河每天花天酒地的，导致纵欲过度，竟然驾崩了。咸丰皇帝驾崩之前，曾召见各路大臣到热河见驾，却唯独没叫奕訢。当时咸丰皇帝身边有个宠臣，叫肃顺。肃顺用谗言蛊惑咸丰帝，说奕訢这个人信不得，在北京议和时就和英法联军勾结在一起了，还说奕訢有可能在北京发动政变。咸丰帝把这些谣言听了进去，就更加不信任自己的弟弟了。咸丰帝的所作所为让奕訢当时非常伤心，之后对国家政事也没那么积极了，就赖在北京过闲散日子。

咸丰驾崩后，册立西宫太后慈禧生的儿子登基，这就是同治帝。同治帝登基的时候只有六岁，咸丰不放心，生前选派出以肃顺为首的八位顾命大臣来辅佐同治帝。没想到皇帝年幼，顾命八大臣借这个机会独揽了朝廷大权，这个消息让在北京休养生息的奕訢知道了。他还打探到两宫太后跟肃顺之间的关系不好，尤其是慈禧太后，野心勃勃的，也想要掌握朝政大权。奕訢就感觉自己的机会来了，于是在咸丰驾崩之后的第 14 天，披麻戴孝奔着热河去了。到那儿一进大殿，奕訢就“伏地大恸，声彻殿陛，旁人无不下泪”，让很多大臣看了都觉得伤悲。奕訢哭过之后，就想办法和两宫皇太后见面，明面上是让两宫太后放心，告诉她们京城已经平安无事，私下却开始和太后们商议两宫垂帘、亲王秉政之事。同时他告诉两宫太后，第一，我奕訢没有跟外国人勾结，我不是那样的人；第二，这事儿要想扳过来，非得把他们整回北京，在北京发动政变。为啥呢？奕訢的主要势力在北京，所以要尽快抬着咸丰的灵柩回京。慈禧这时候正是不想听从八大臣的时候，一看有奕訢这个强援相助，于是两人一商议对策，抬着咸丰帝的灵柩回到了北京。一进京，两宫太后就颁发懿旨，废除肃顺、端方这些人的职务，兵不见血刃地结束了这场政变。

接下来的事大家都清楚，两宫太后垂帘听政，奕訢被封为议政王，事实上就等于把持朝政大权了，奕訢重新回到了政治舞台的核心。在这段时间里，奕訢大展拳脚，实行了很多改革。可是这个时候，日益崛起的慈禧和他又形成了矛盾。光绪十年的时候，中法军队在越南打了一仗，结果大清军队输给法国了。奕訢当时是首席军机大臣，清朝政府就把过错都推到奕訢的身上，撤除奕訢的职务，但是仍保留世袭罔替亲王的爵位。

把奕訢彻底拿下后，慈禧独揽大权，更加无遮无挡了。但是慈禧太后对于政务并不精通，使得清朝政治更加腐败。大清晚期的财政开支本来就很紧张，军费也不够用，但慈禧太后为了给自己办 60 岁大寿，花费了许多银子。当时为了修北海、中海和南海，花费了 600 万两银子，其中就有 435 万两是来自北洋舰队的军费；后来修颐和园又花了 1000 万两银子，其中大约有将近 800 万两是来自海军的军费。正是因为军机大臣奕訢下去了，没有人能够挡住慈禧的所作所为，才会把海军军费大量抽出来私用，以至于最后李鸿章一手创建的北洋水师在甲午海战役中几乎全军覆没。

甲午战争失败后，清政府签订了丧权辱国的《马关条约》，赔了日本两亿三千万两白银，大清王朝因此也一步一步走向崩溃。因为这个事，奕訢短暂地得到了舆论界的拥护，他又跟李鸿章这些人一起搞洋务运动。但是，这个时候他已经很难再回到政治舞台了。所以，在 1898 年，奕訢带着一肚子遗憾离开了人间，谥号为“忠”。奕訢这一辈子一直也没捞到一个彻底掌握政权、大展雄图的机会。封建社会自古以来就是这样，你一个臣子再能干，上边也有层“天”呢！你没有最终的决策权，想干事儿太难！这就是一生为奴的恭亲王奕訢最大的悲剧。

‖晚清三杰‖

曾国藩的成功之道

在历史课本里，只要一讲到晚清的章节，曾国藩的名字是绕不过去的。而且，我们经常会在书店、书摊上看到有关曾国藩的书籍。这些书籍，大多是很厚的精装本，隔着层塑封，有个曾国藩头像，书名不是叫《曾国藩为官之道》就是叫《曾国藩逆境成功学》，等等。总而言之，在这些书中，曾国藩就是中国的"成功学教父"，他的著作就是中国最经典的成功学教材。然而，翻开我们的历史课本，就会发现这里面并没有这么"捧"曾国藩。在历史课本里，一提曾国藩就说他是血腥镇压太平天国起义和捻军的刽子手，人称"曾剃头"。虽然肯定了他在洋务运动中的作用，但是对于他镇压农民起义，历史课本上明显是贬的地方多，褒的地方少。可是呢，你再看看民间的评价，就大不一样了！

仔细研读《曾国藩传》你就会发现，很多名人，甚至一些伟人，都对曾国藩推崇备至。而且曾国藩死后，后人还为其拟了一副挽联，怎么写的呢？上联：立功，立德，立言三不朽；下联：为师，为将，为相一完人。什么叫"完人"？也就是完美的人，这人一点儿缺点都没有。实事求是地说，历史课本里边对曾国藩的评价有些过于苛刻了。然而，说曾国藩是一“完人”，又仿佛有点儿抬高了他。那么，曾国藩到底是个什么样的人？他的为官、成功之道，到底体现在什么地方呢？

曾国藩生于1811年，卒于1872年，湖南湘乡人，出生于一个地主家庭。普天之下，但凡是有一定功绩的人，都有一个共同特点——坚持不懈。曾国藩能获得成功，一个非常重要的原因是他坚持不懈地努力。曾国藩并非十分聪明之人，在这一点上，他遗传了他的父亲曾麟书。曾麟书当年考学十分费事。当时是乡试、会试、殿试，一级一级往上考，曾麟书光考秀才一考就是16次，直到第17次才考上，而那时他已43岁了。曾国藩也是从十来岁就开始参加科举考试，直到23岁那年，才考上秀才。由此看见，曾国藩的成功靠的是努力，而绝非天分。

有一个典籍里记载的一件事颇为有趣，当然这个记载有点儿夸张。曾国藩十八九岁的时候，在家里读书。过去不像现在这样人人都有夜生活，大家是天睡我睡，天醒我醒。曾国藩每晚是挑灯夜读。有一天，他在挑灯夜读的时候，家里进来个小偷。这小偷翻墙进院后，一看四下的情况，心想蹲窗户根儿下吧！等人都睡了，我再把门撬开，进去偷东西。然而曾国藩一直在挑灯读书，小偷就一直等着。而曾国藩那晚读的是范仲淹的《岳阳楼记》，看一会儿背一会儿，可是无论怎么背就是背不下来。翻来覆去地背第一段，记第一句忘第二句，第二句记住第一句又忘了，来回倒腾。小偷在窗子底下越等越着急，心中不停地默念：我的亲爷爷呦，你倒是赶紧背完呀，背完了，灯熄了，我好进去偷东西。结果，曾国藩一直磨磨叽叽，就是背不下来。最后，小偷实在没招了，从窗户底下愤然站起，猛砸窗户，骂道：“你这个笨蛋，这个破文章都背不下来，我给你背一遍：庆历四年春，滕子京谪守巴陵郡……”小偷都背下来了，曾国藩都没有背下来，可见他有多笨。当然这个故事在如今看来，肯定有夸张的成分，但这样的故事能够流传下来，也在一定程度上证明曾国藩绝非是天资聪颖之人。而且曾国藩后来位高权重，应该不会有人故意编出这么一则故事来诋毁他的名誉。不过，我们也从这则故事中，感受到了曾国藩坚持不懈的努力。

但是话说回来，光坚持不懈，能行吗？那当然不行。它只不过是成功的基础条件。你看曾国藩在当官以后，十年间连升了十级，最后升到直隶总督、武英殿大学士，封一等毅勇侯。官至封侯这种级别，就说明他并非只靠坚持不懈——当然也不是靠金钱贿赂，他靠的是“识时务”，知道因时而化。除此之外，他还对大时局把握得特别准。

1852 年，曾国藩刚刚担任江西乡试主考官就赶上了母亲病逝。在过去，为官之人，若碰到父母病逝就得回乡守孝，且一守就得三年，人称“丁忧”。所以，曾国藩必须回湖南老家守三年孝。不过，有一件事帮了曾国藩一把。当年恰逢洪秀全在广西金田发动太平天国起义，而且眨眼之间星火燎原，国内好多地方都闹起了起义。清政府闻讯，立即出兵镇压，但农民起义声势浩大，光靠八旗、绿营兵是不够的。这么着，清政府开始号召各地组织武装团练，打太平军，为国分忧。

曾国藩本是个文官，不擅打仗，但他一琢磨，觉得国家正是用人之际，虽说我是在家给母亲守孝，可我也要给国家分忧，不能闲着啊！于是，1853 年起，曾国藩以礼部侍郎的身份组织身边亲戚、朋友、同乡，紧锣密鼓地办起了团练。不过打仗可不是全靠一腔热血就能成事的，开始时曾国藩被打得丢盔弃甲，损失惨重。

曾国藩虽然知人善任，但自个儿上阵打仗不行。有一回带兵打仗打输了，他自己想我活着有啥意思？死了得了！要自杀。幸亏被部下劝下。那阵儿很多地方打仗打输了就不再组建地方团练了，但曾国藩不是，打败了继续坚持，再发展一批兵力。他这一坚持，很多人一看，要想打仗获得功名，要想发财，就得跟着他。所以他打了那么多败仗，反而越打败仗势力越大，最后组建了天下闻名的“湘军”。1864 年，曾国藩带着弟弟曾国荃攻灭了太平天国，成为清廷镇压太平天国起义的功臣。

这是曾国藩成功的第一条道——善于敏锐地把握时局。包括后来他提倡洋务运动，也是这样。当然，做官做得越大，往往盯着的你人就越多，你身上一点儿毛病就容易被放大。所以曾国藩到这个位置上，这么多人盯着他，还能够持续地升官，而且官位很稳，非常关键的一点就在于曾国藩本人不贪不占。怎么叫不贪不占？既不贪这个权位也不贪钱财。

镇压完太平天国之后，曾国藩手握兵权，权力大得吓人。这让当朝皇帝和太后很焦虑。毕竟曾国藩战功显赫，不升官无法向天下人交代；曾国藩本就自拥湘军，升官后更是拥兵自重，威胁到皇权也是极有可能的。所以，朝廷最后决定，派满八旗重兵在长江中下游驻防。万一曾国藩发动叛乱，随时可以收拾他。

曾国藩看明白了，这不就是针对自己的吗？他自认为是忠臣良将，整日为国担忧，到头来反倒让皇帝防范了起来。曾国藩手底下的人可气坏了，堂堂大帅，为大清的天下辛苦操劳，换来的居然是猜疑！甚至竟然还有人怀疑曾国藩把太平天国的天京攻陷之后，独占了钱财。

其实，曾国藩根本就不贪，从太平天国那里没收的钱财并不多，且全部上缴国库。此外，据野史记载，当年太平天国领袖之一——忠王李秀成，在兵败被捕之后提出要亲自见曾国藩。曾国藩就见他了，说你想说什么就说吧！李秀成对曾国藩说：我不怕死，我敢造反就证明我绝非贪生怕死之徒。我见你，是替你可惜。我们都错了！我拼死拼活保的，是一个注定长不大的婴儿；你拼死拼活保的，是一个行将就木的朝廷。我如今已经脱离了那个长不大的孩子，若是振臂一呼，不出江浙两省，拉出二十万人马不在话下；清妖在全国的军队加起来也不过五十万，而且是一触即溃的军队。如果我们两个人联手，何愁清妖不灭？何愁不能恢复汉家江山？

李秀成的话，对一般人而言绝对是一个很大的诱惑，曾国藩却断然拒绝了忠王李秀成。回到了自己的大营，他下边三十多个下级军官劝其答应李秀成参与造反，说皇上这么猜疑，咱们没好果子吃呀！狡兔死，走狗烹；飞鸟尽，良弓藏；敌国灭，谋臣亡。这大清是要过河拆桥、卸磨杀驴，咱不能再干了。

曾国藩说万万不能。他做了一个特别明智的举动——上报朝廷，把湘军解散，让自己的九弟曾国荃回湖南老家。不管你怎么猜疑我，根本原因是我手里握着军队呢！我把湘军解散了，然后剩下的这些辎重让皇上派人来接收了，这一下子朝廷所有的疑心都没了。为啥？朝廷最担心的就是军队，你把军队都解散了，还能对朝廷有什么威胁？所以皇上和太后一看，曾爱卿果然忠心耿耿！曾国藩首先是不贪权位，再一个不贪钱财，在这点上，他是非常了不起的。

有的人说，历史上但凡当大官的，都贪，其实不是。这里边有两种情况，第一种是力求在人格上完整，第二种是天生对钱就不感兴趣。曾国藩是第一种，他力求人格的完整。训练湘军时，他时刻不忘“不贪财、不怕死”这六字。当然，这六个字不是他创造的，岳飞在训练岳家军时就提了出来。那句原话是：“文官不爱财，武将不惜死，何愁天下不太平？”曾国藩不爱财到什么程度呢？自己的小女儿在家穿的裤子一般都是旧的，通常是姐姐穿完转给妹妹穿，嫂子穿完转给小姑子穿。曾国藩在家书中还告诫女儿：“衣服不宜多制，尤其不宜大镶大缘，过于绚烂。”有人听了这个觉得是笑话，说曾国藩当这么大官儿，还在乎这么点儿钱？这不是笑话，而是真事。

相对来讲，曾国藩对下级是很优厚的，而且只要是他能想得到的，他都尽量照顾到。有这么一个故事很有意思。曾国藩要提拔下级，一个是彭玉麟，一个是李鸿章。提拔这俩人时，他让大家推举。有人说彭玉麟最厉害，有人说李鸿章最厉害，曾国藩说，你们说说，他们俩为什么厉害？一幕僚说：“彭公威猛人不敢欺，李公精明人不能欺。”曾国藩一听，说既然一个威猛人不敢欺，一个精明人不能欺，那我呢？全场顿时鸦雀无声。不一会儿，曾国藩身后的小书记员说了一句：“曾帅，彭公威猛人不敢欺，李公精明人不能欺，而曾帅仁德人不忍欺。”这马屁拍得！曾国藩听后挺高兴。后来那书记员去了扬州，专门负责管理盐务，发财了。所以说，这叫“千穿万穿，马屁不穿”。不过这也说明，曾国藩一方面对下级很了解，另一方面还是很有仁德之心的。

除上述所及之外，曾国藩成功的奥秘还有一点，即时刻反省自己。

曾国藩给自己列了几条戒规，第一条就是戒色。人都有七情六欲，大多数的男人见了漂亮女性都会喜欢。那么，曾国藩是怎么约束自己的呢？曾国藩有记日记的习惯，从29岁那年起就开始记日记，一直记到死。所以，后人研究曾国藩，一个是读《曾国藩家书》，再一个就是曾国藩自己的日记。他在日记里曾多次提到怎么修身。

1842年，曾国藩的好朋友陈源衮纳了一房小妾，曾国藩应邀到他家喝酒。席间，陈源衮令其小妾出来会客，曾国藩一看陈源衮金屋藏娇，就忍不住跟她搭讪两句，一聊还聊出两人竟是湖南老乡。聊了一会儿，曾国藩回头看，突然发现陈源衮脸上一脸的不悦。正所谓朋友妻不可戏，曾国藩一看心里一惊，回家后就将此事写在了日记里："今日我见色起意，真禽兽也。"总之，在日记里，总能看到曾国藩对于自身的反省。

孔子的弟子曾参曰："吾日三省吾身——为人谋而不忠乎？与朋友交而不信乎？传不习乎？"吾日三省吾身，曾国藩就是按照圣人之道所教诲的，每天多次反省自己，而他的反省亦影响了后世人，比如蒋介石。蒋介石年轻时私生活也挺乱，先后娶过好几个老婆。根据解密的日记，蒋介石和宋美龄结婚后就写了这么一段，说我今天到哪儿哪儿，见到有漂亮女子，忍不住心动了，戒之戒之。总之蒋介石对曾国藩非常推崇。毛泽东青年时期，也曾潜心研究曾氏文集，得出了"愚于近人，独服曾文正"的结论。由此可见曾国藩影响之大。

谁冤枉了李鸿章

李鸿章是晚清重臣中名气极大的人物。然而，对于李鸿章的评价，我们可以用两个字形容，就是相当的"分裂"。很多人称他为洋务运动的先驱，夸赞他做了许多有利于维护大清统治的事情；然而，也有人说，李鸿章其实就是个卖国贼，他代表大清签订了《马关条约》《辛丑条约》等一系列丧权辱国的条约，所以根本没有尽到“中兴名臣”的责任。

其实，人们对于历史人物的评价素来褒贬不一，存在一些争议。可是李鸿章这个人身上的争议还是超出了正常范畴，人们不仅对他生前的种种行为各持己见，甚至对他自身能力的评价也是各执一词。例如，在甲午中日战争的时候，日本首相伊藤博文对他评价甚高，曾夸赞说李鸿章是“唯一能与西洋列强一较长短的人”。那么，这样一位能力堪与西方列强抗衡的人物，他身上的种种争议到底从何而来呢？要回答这个问题，恐怕不得不追根溯源，从头说起了。

李鸿章出生于1823年，老家在合肥，家庭条件还算优越。爷爷李殿华是一个小地主，但由于不会过日子，花钱大手大脚习惯了，所以家庭日渐衰败。宗族中的其他长辈纷纷出面劝说李殿华，让他少些挥霍，省点儿酒钱出来供孩子念书。因为读书人将来还有希望做官，这样家族复兴也就有了希望。李殿华虽然不务正业，但还不算糊涂，所以欣然接受了这个建议，开始筹备资金供儿子读书。后来，李鸿章的父亲果然考中了进士，刚好与曾国藩是同科，又一起进京做了官。所以，等到李鸿章出生的时候，李家的状况已经有所好转。再加上父亲是读书人，所以李鸿章在还没出生的时候就接受了很好的“胎教”。等到稍大一点儿的时候，李鸿章就开始读《三字经》《百家姓》《千字文》，接着又学《论语》《大学》《中庸》《孟子》再到“五经”，以及各家文集，可谓是满腹经纶。

1843年，李鸿章入京参加来年顺天府的乡试时作《入都》诗十首，以抒发胸臆。我们来看其中一首：

丈夫只手把吴钩，意气高于百尺楼。
一万年来谁著史，三千里外欲封侯。
定将捷足随途骥，那有闲情逐水鸥。
笑指卢沟桥畔月，几人从此到瀛洲？

一万年以来，是哪些人书写了历史？这得说是英雄好汉、能够改变历史的人。我守在家靠父母有什么本事，三千里外也是我的家乡，只有凭我自己的本事打出一片天地，成就一番事业，才能让皇上赏识我，得以封侯。“一万年来谁著史，三千里外欲封侯”这句话充分展示了李鸿章作为一个男儿的远大抱负，体现了其鸿鹄之志。1847 年李鸿章凭借自己的才华考取了进士，名列二甲第 13 名，并当上了翰林。用今天的话来说，就是进入了“国家公务员序列”。在一般人看来，李鸿章走到这一步已经非常厉害了。可是胸怀壮志的李鸿章并不甘心做一个成天给人抄个文书、写个文件，帮助皇帝处理琐碎事务的“小人物”，他期待的是更广阔的天地、更大的作为。

可是，心有所向，机遇难得。一晃的工夫，李鸿章就这样庸庸碌碌地混到了 29 岁。这一年是 1852 年，太平天国运动爆发，而李鸿章等待多年的机遇似乎也终于有了一点儿苗头。这次席卷了半个中国的农民起义，不但摧毁了大清赖以生存的八旗精兵，也为被压制已久的汉族士人提供了一次崛起的机会。中国的政局开始出现了深刻的变动，一批出色的政治人物从此登上了风雨飘摇的晚清政治舞台，这其中就包括李鸿章。

太平天国运动爆发后，李鸿章的老师曾国藩回到湖南老家组织家乡地方武装势力，并且亲自出任团练，也就是地方武装的首脑。李鸿章看见曾国藩在下面干得如火如荼，自己“心痒难耐”，于是也想效仿老师，回老家合肥组建淮军。当时正值大清兵力欠缺，所以李鸿章的想法得到了皇上的支持，就这样，他风风火火地干了起来。

李鸿章从此开启了“翰林变绿营”的坎坷岁月。早期李鸿章辗转作战，始终没有像他的老师曾国藩一样脱颖而出。他面对太平军主力，作战时由于缺乏经验，缺少章法，所以连吃败仗，曾有过被太平军一连攻破十几个营寨的记录。有一次差点儿性命不保，多亏当时的安徽巡抚和春及时赶到，这才保住了性命。连吃败仗的李鸿章看见自己的顶头上司，赶紧拍起了马屁，说自己能耐不够，总吃败仗。他还特意做了副对联来吹捧上司，说和春是“威震三军，以军门为最”。“军门”的意思就是巡抚等长官。李鸿章这句话的意思就是说巡抚威震三军，最为厉害。可惜，对于李鸿章的奉承，和春只是冷笑了一下，给了一句“贪生怕死，以阁下当先”的下联作为嘲讽，弄得他是颜面尽失。

在自己的顶头上司跟前讨不到好处，李鸿章干脆转头投靠了曾国藩。他给曾国藩去了封信，表面上是表达对老师的钦佩之情，但是敏感的曾国藩察觉到了李鸿章打算投奔其门下之意，于是主动要求他加入到湘军的幕僚队伍中。所以他跟着曾国藩混了。此后的四年里，从政务到军务，李鸿章全面接触，获益匪浅。

那个时候曾国藩对他特别的信任，有什么事情跟他商量完了就说“这个折子你起草吧”。而李鸿章学识甚广，表现也非常出色，所以这两人的“组合”还算愉快。一晃 30 多岁了总这么跟下去，也不是个事儿啊！等着等着机会又来了——这个机会不是李鸿章自己找的，而是机会自己找上门儿来了。

那几年太平天国运动闹得很凶，太平军沿着长江中下游推进，先后攻下了安徽、江西、江苏，马上就要攻占上海了。众所周知，上海当时是大清的钱袋，有钱人海了去了。这些有钱人吓坏了，为什么呢？“太平军打来了，我们还有好吗？烧杀抢掠的，我们的钱都保不住了。”越有钱的人越爱惜钱，“这太平军来了我们的财产都没有了！干脆大家一起出钱雇个人帮我们打太平军”！这个时候大家想，找谁呢？曾国藩的湘军搞得好，战斗力强，找曾大人吧！可是此时，曾国藩正在南京一带与太平军作战，自顾不暇，于是便想起了李鸿章。他说：“我是腾不出手来了，李鸿章你在这儿闲着呢，正好你跟我时间长了，得出去干一点儿事业去，你愿不愿意去上海组建军队？我特许你先回老家组建军队再去上海。”

早年的带兵生涯，尤其是跟着曾国藩几年的历练，李鸿章成为了带兵的行家。他组建淮军时把湘军的编制照搬过来，排兵布阵也仿照湘军的套路来。结果很快，他的淮军的力量就起来了，很快 14 个营变成了 50 个营，没几年成为了拥有 7 万多兵力的强大的淮军，而这支军队也成为了李鸿章最初起家的政治资本。所以说，这些机会有的是李鸿章自己找的，也有的是机会砸到他的身上了，但是他能够审时度势，毫不犹豫地抓住了。

可是，为何他后来会沦为“卖国贼”呢？其实，这也是受当时形势所迫，李鸿章才不得不签下一系列丧权辱国的条约。当时清政府腐败无能，外国列强又咄咄逼人，李鸿章夹在中间也只能委曲求全。因为就算他能力再大，最多也就能搞搞洋务运动，开个招商局什么的，但是外交、军事上的大事他做不了主。你想想那时大清“一把手”是谁？光绪皇帝都是二把手，慈禧老佛爷才是一把手！而且除了皇上、太后，还有几位亲王呢。李鸿章充其量也就是第四五把手，没有绝对的决策权。所以，后人以此来诟病李鸿章，实在有失公允。

但是又有人说，虽然李鸿章在外交上没有决策权，但是他一手组建的北洋水师在甲午战争中惨败给日本，这个责任他总该承担吧！可事实上，这场战争的失败原因也是错综复杂。当一个体制腐败到一定程度的时候，靠个人的力量是很难改变什么的。李鸿章当时在那个位置上也算是耗尽了自己的心血。北洋水师就是他一手组建的，你说一个甲午战争打光了他不心疼吗？他是最心疼的。李鸿章那个时候打败仗有多种原因，首先是腐败原因，其次是大清内部的失和，这些都是李鸿章无法控制的。你这边打仗，那头儿是军机处还有南洋水师在看热闹，看笑话，恨不得你输了才好！这时候海军军费紧张到什么程度呢？慈禧太后1894年为过60岁大寿，修建北海、中海、南海，花费了600万两银子，其中435万两是挪用海军军费；到后来慈禧太后修颐和园，花费1000万两银子，其中将近800万两又是挪用的海军军费。海军军费一点点都被上头刮净了，还有战斗力吗？而慈禧太后要办寿，李鸿章敢说什么？当时有一位大臣说，应当把这个钱省下来用在海军上，慈禧太后说了一句狠话——“今天谁让我不高兴，我就让谁一辈子不高兴！”直接把他给革职了。所以，在这种大环境之下，就算李鸿章有心“强国”，恐怕也没有什么办法。

这一仗打败了，你就说他是卖国贼，我认为还谈不上，为什么呢？

结合当时的处境分析，如果大清亡国了，他的利益会受到很大的影响；再加上他也深受儒家思想教化，骨子里还是有忠君爱国之心的，他也不愿意这样。有人说没准儿他与日本人有勾结呢！这个可能性不大。因为日本，包括英、法等国，虽然打败了大清，但他们决定不了大清的朝政。外国人再支持李鸿章，李鸿章也不可能真正掌权。慈禧说外国人支持你，我就给你扶植起来，那是慈禧有病，绝不可能。而且李鸿章在跟日本谈判的时候，虽说没有多少决策权，但是他还是要力争将大清的损失降到最低。当时到了什么程度呢？中日双方进行第六轮谈判，李鸿章费尽唇舌，向伊藤博文哀求将战争赔款减至1.5亿两，并希望以“少许之减额，赠作回国的旅费”。但国力如此，也只能空费口舌。

日本人曾评价李鸿章是“唯一能跟西洋列强一较长短的人”，这种说法其实也是对李鸿章外交能力的一种认可。不过可惜，就算李鸿章能力再强，也无法逆转国家战败的局面。所以，不管再费心费力，一场谈判下来，还是得割地、赔款，而他自己也只能无奈地背上卖国贼的骂名。你想不赔那接着打吧，人家水师强大，你的北洋水师已经没有了，你已经没有跟人叫板掰手腕的能力了。李鸿章没有办法，他已经在他那个位置上尽力了！

当然他也收受贿赂，也溜须拍马，也结党营私，但李鸿章是那个时代的历史人物，你能去苛求他吗？他这样做可能很大限度上是想保留和维护自己的权威。有的人是什么情况？这个事没有达到我的目的，我不干了！李鸿章不是，李鸿章的想法是“留得青山在，不怕没柴烧”——我先忍着，只要我的权力在，我就有办法，我就能够成事。你要从做官的角度来讲，有的人办事是为了当官，有的人当官是为了办事。我觉得李鸿章是这两点兼顾。他有所作为，是为了自己保官；他做一天官就要有所作为，这是李鸿章自小到大的一种政治追求。所以说，李鸿章能力是有的，但个人的力量实在有限，在那样的年代他也扭转不了大局。我想李鸿章如果生在一个比较贤明的朝代，以他的能力应该能够大有作为。所以说，咱们只能感叹李鸿章四个字——生不逢时。

李鸿章曾经对自己的所为进行总结："我办了一辈子的事，练兵也，海军也，都是纸糊的老虎，何尝能实在放手办理，不过勉强涂饰，虚有其表，不揭破，犹可敷衍一时。如一间破屋，由裱糊匠东补西贴，居然成一间净室，虽明知为纸片糊裱，然究竟决不定里面是何等材料。即有小小风雨，打成几个窟窿，随时补葺，亦可支吾对付。乃必欲爽手扯破，又未预备何种修葺材料，何种改造方式，自然真相破露，不可收拾，但裱糊匠又何术能负其责？"这也是李鸿章一生的写照。

草根逆袭的祖师爷：左宗棠

现在电视里边很多选秀节目有个特征，就是往往光鲜亮丽的人不大容易脱颖而出，倒是一些"草根"容易逆袭成功。这是为什么呢？因为我们都有这种心理，不太喜欢那些走得太顺的人，觉得他们身带光环，离我们很远。而那些草根，一看跟普通人没什么区别，再加上演得又好，和我们心理距离就会比较近，所以草根选手往往在比赛当中容易完成逆袭。这节我们要讲的这个人算是草根逆袭的祖师爷，他从很平常、甚至很低的位置一路坎坷走来，才成为了当时的一名重臣。这个人就是晚清的名臣左宗棠。

左宗棠 1812 年出生于湖南，1885 年逝世，活了 73 岁。左宗棠是个大器晚成的人，他一直到 50 岁前后才算掌握重权，出任浙江巡抚，任职到了省一级干部，后来官至东阁大学士，入主内阁。大清朝是不设宰相的，大学士就等于是宰相了，用现在的话说，这就是"国务院副总理"或者"总理"。左宗棠 61 岁的时候才出任"总理"，69 岁的时候出任军机大臣掌管兵部，这才算是连兵权带日常事务一起都管了。到后来慈禧太后还让左宗棠跟各国的使臣打交道，掌管外交事宜。那时候也是他的巅峰时期，可以说是总揽内政、外交大权。

左宗棠是汉人，而清朝立国的根基是满人立国，在这个满汉之间有很大鸿沟的朝代，一个汉人如果想要得到慈禧太后的信任，不外乎两点：第一个就是他必须得对慈禧太后忠心耿耿；第二个就是他能做别人做不了的事，立别人不能立的功。清朝注重军事武功，从康熙时开始，大清朝军功的奖赏一直都是最高的。左宗棠这一辈子之所以这么成功，是因为他办好了一件非常著名的大事，就是在 19 世纪 70 年代末 80 年代初的时候，左宗棠带领自己的部队，加上当时满八旗的部队，远赴新疆与沙俄支持的分裂势力阿古柏展开激战，最后维护了国家统一，赶跑了沙俄侵略者。

这具体是怎么一回事儿呢？让我一一道来。1865 年，中亚地区的浩罕汗国一个叫做阿古柏的军官，带着自己的部队入侵了中国新疆天山南北的广大地区，并宣布在这里成立一个独立的国家——哲德沙尔汗国。6 年以后，俄国出兵侵占了西北的重镇伊犁。1875 年 5 月，这时已经 65 岁的左宗棠被任命为钦差大臣督办新疆军务，而西征新疆的主力军就是他当年裁撤湘军的时候留下来的队伍。左宗棠带领他的军队按照先北后南的路线展开进攻，他们先是攻占了乌鲁木齐等地，迅速结束了在北疆的战斗，接着又在将近 1 年的时间里陆续收复了南疆的各个城市，最后逼迫在新疆统治了 13 年的阿古柏自杀身亡。1881 年，俄国把伊犁还给了中国，至此，新疆 160 万平方千米的土地全部被收复。如果按面积算，左宗棠收复的这些失地等于 8 个湖南省那么大，等于现在全国 1/6 的国土。所以说，左宗棠是中国历史上通过一场战争收复领土最多的将领，可谓是创纪录了。左宗棠的盖世功勋还被人写成诗句传颂至今：

大将筹边尚未还，湖湘子弟满天山。
新栽杨柳三千里，引得春风渡玉关。

这首诗就是夸赞左宗棠的。左宗棠的功勋不只是收复失地，他在西北工作的时候，兴修水利、修路、造桥、农垦、开荒，把一些军事工业也引到当地，做了很多好事。此外，左宗棠还是洋务运动中非常出名的一个领袖，在当时和曾国藩、李鸿章、胡林翼并称为“晚清四大名臣”。

前面我们讲过，左宗棠是草根的祖师爷，因为他早年落魄不得志，将近50岁的时候才掌握重权。而和他并称的晚清名臣李鸿章、曾国藩等基本上是30岁上下的时候就已经得到了一个重要的位置，都不像左宗棠这样大器晚成。

左宗棠家庭出身很贫寒，用咱们现在话说就是没“根儿”、没有背景。他父亲是个穷书生，以务农为主，在农村一边种地，一边开个私塾教学生。

但是左宗棠小时候表现出来的特点，就和很多孩子不一样。左宗棠小时候就是神童，拥有过目不忘的本领，四书五经基本上看一遍就能背，而且他不只是能背，在对对联方面也很厉害。如果有人临时给左宗棠出个对联，那么左宗棠马上就能把这个对联对出来。所以，村子里的大人们一看左宗棠这样聪慧，都说这孩子将来了不得，是个人才。后来，左宗棠发现只有科举考中了，他的能耐才能有地方发挥，而在乡下无论多大的能耐都只能用来种地。所以，左宗棠意识到科举是自己晋身的一个阶梯。

1833年，21岁的左宗棠第一次进京赶考。当时八股文考试的试卷评判带有主考官的主观倾向，譬如说字迹是潦草还是工整，开头结尾的文字是否准确，思想道德上有无瑕疵，等等。这些问题都看完后，主考官再看是否扣题，文笔是否优美，立意是否高远，然后再进行评分。一般有大能耐的人看法可能跟多数人不一样，左宗棠在答完卷子后觉得自己写得挺好的，可这考卷拿给考官一看，考官就觉得左宗棠太标新立异、哗众取宠了，一肚子歪理邪说，于是左宗棠这次就名落孙山了。回去后，左宗棠总结了一下自己失败的原因，知道自己写的东西不受主考官的欢迎，于是他在1835年第二次进京赶考的时候，写了一些符合主流价值观的东西。左宗棠文笔本来就好，这次考卷递上他更是胸有成竹，觉得自己肯定没问题，不是状元、榜眼、探花，至少得是个进士。结果，左宗棠在旅店里等了两天，他在黄榜的进士栏里没找到自己，却在誊录里看到了自己的名字。说起誊录，或许大家不知道是什么意思。誊录是说一个人有点文化，但达不到高水平，于是朝廷让这些人到各个官府做个类似于秘书的工作。左宗棠很生气，觉得造化弄人，于是回家去准备参加第三次科举考试。一转眼 3 年过去了，左宗棠又去参加科举考试，可是不知道为什么这次阴差阳错地又没考上。这一次，左宗棠觉得无颜见江东父老，于是就从老家搬到附近的醴陵县居住，在那里开了个书馆教书。

左宗棠在当教书先生的时候，还给自己起了个号叫“今亮”，就是“今世之诸葛亮”的意思。左宗棠这是以诸葛亮自比，同时也是告诉别人他不是没有雄心壮志，而是在等着识货的伯乐认出他这匹千里马。果然不负左宗棠的期望，他等着等着就有机会了。那时醴陵县当地出了个名人——两江总督陶澍。有一年，陶澍回家探亲，醴陵当地的县官赶紧安排厅堂馆驿，做好接待工作，还打听到陶总督这个人不好吃、不好喝、不好色，专爱探讨学问，和人吟诗答对。说到文人，众人就说起左宗棠来，说他有“今世之诸葛亮”之称，对联对得很好。醴陵县官便投其所好，派人请来了左宗棠，让左宗棠先在厅堂馆驿这两边写副对联，让陶总督感受一下醴陵县的文化气息。左宗棠向别人了解了陶总督的情况后，就提笔刷刷点点写下了这么一副对联，上联是：春殿语从容，廿载家山印心石在；下联是：大江流日夜，八州子弟翘首公归。这副对联写得很有技巧，从词句上看十分文雅，而且内涵丰富，把陶澍怎么得皇上赏识等写了出来，道出了陶澍一生最为得意的一段经历；同时也把家乡欢迎他的劲头儿也给写出来了。陶澍是个行家，这副对联里的典故他一眼就看了出来，顿时乐得手舞足蹈，说老家真有能人，文化水平很高。于是，陶澍就向人打听这是谁写的，就知道了左宗棠这个人。两人推杯换盏之后，结成了忘年交。左宗棠凭借着自己的能力，在这时候一“冒尖儿”，就和权贵结交上了。

后来，左宗棠在胡林翼的引荐下又见到了林则徐。林则徐在虎销烟之后挺失意的，路过醴陵跟左宗棠见了一面，和他谈论了一下天下形势。当时林则徐问左宗棠大清的隐患在哪里，左宗棠说海上隐患最大。首先日本隔海相望，虎视眈眈地注视着中国；其次，英、美船坚炮利也在威胁着中国。简而言之，就是“近忧在沿海，远患在沙俄”。林则徐听后感触颇深，夸赞左宗棠是一个人才。所以早在左宗棠收复新疆的20年前，林则徐就已经预言西定新疆非左宗棠莫属，而当时左宗棠只有38岁。林则徐于是将自己在新疆多年搜集的宝贵资料、制订的战守计划全部交付给了左宗棠。左宗棠上任得掌大权后，之所以那么重视北边的沙俄，就是因为他知道其他国家想打到这儿还要隔着太平洋，而沙俄若是打过来了，一路南下，清王朝就很危险了。

左宗棠后来又结交到了很多权贵，但是这些权贵在当时没有发挥太大的作用。到了1852年，那些机会就来了。太平天国洪秀全起义，从广西起义就近打到湖南来了，吓得当时的湖南巡抚张亮基急如丧家之犬，不知如何是好。这时，有人给他出主意找左宗棠，说此人文韬武略天下少有，乃今世之卧龙。于是在1852年，也就是咸丰二年的时候，左宗棠出山辅佐湖南巡抚张亮基，终于正式进入了官场，这一年他40岁。张亮基把左宗棠请来后，让他担任秘书、师爷这一类的工作，负责想办法、出主意。借此机会，左宗棠终于有机会施展自己的才华，全权包揽整个长沙城的防御工事。在左宗棠的指挥之下，所有事宜均被安排得井井有条，太平天国的起义军围困长沙整整三个月，直至后勤补给不上，主动撤兵。

长沙一战，左宗棠声名大振。1854年3月，左宗棠又应湖南巡抚骆秉章之邀，第二次入湖南巡抚幕府，长达6年之久。那时候清王朝在湖南的统治已岌岌可危，长沙周围城池多被太平军占领，各地农民起义又此起彼伏，左宗棠殚精竭虑，日夜策划，辅佐骆秉章稳定局势；同时左宗棠开源节流，大力筹措军械粮草，终于使湖南形势转危为安。所以当时朝廷里流传着这么一句话，叫“中国不可一日无湖南，湖南不可一日无左宗棠”。

有句老话叫“锥之处囊中，其末立见”。左宗棠的才能在湖南得到了展现，那么，他又是怎么得以在朝廷上脱颖而出的呢？这主要归功于另一位晚清名臣曾国藩的推荐。曾国藩比左宗棠大一岁，但是他的飞黄腾达远早于左宗棠，那时的曾国藩已经是朝廷说一不二的重臣了。曾国藩和左宗棠是好朋友，而左宗棠名气起来之后，曾国藩就向朝廷极力举荐左宗棠：先让他在自己麾下襄办军务，随后又将其派往湖南招募湘勇，再后来又借机将左宗棠举荐为浙江巡抚——这是相当于浙江省省长兼军区司令员的重要职位。这个时候左宗棠已经 49 周岁，快 50 岁了。从那以后，左宗棠的仕途才一帆风顺，掌握重权。

虽然曾国藩对左宗棠有举荐之恩，但是左宗棠却没有因为这就事事听从曾国藩的。左宗棠在朝廷大政方面曾经多次跟曾国藩的意见不统一，只要他自己认为有理，就不会同意曾国藩的意见，还说“公事论不得私交”。为此，有副对联还专门反映这事儿，说当时两人因为某个问题争得面红耳赤的，曾国藩很不乐意，说左宗棠比他资历浅，却跟他争。由于左宗棠字季高，于是曾国藩就用“左季高”三个字作了副对联：“季子敢言高，与吾意见常相左。”意思是说左宗棠自认为挺高明的，跟曾国藩的意见不一样也不改。左宗棠可是对对联的高手，于是他马上给对上了：“藩臣徒误国，问尔经济有何曾？”针锋相对地回击曾国藩。

大家从这小事上就能看出来，虽说封建社会腐败，常有官僚结党营私、各立山头，其实也不全是那样的。但凡说到一代名臣，如果他只会贪污腐化，如果他的能耐不够、人格力量不够，不可能有那么多人跟随他，尤其是像左宗棠、曾国藩、李鸿章这样的重臣。我们今天把左宗棠的奋斗经历重新理一遍，也许会使一些读者朋友对晚清重臣的偏见，多多少少得到一些纠正。

‖民国才女‖

民国女神：林徽因

现在大家都喜欢追“男神”、“女神”，这一节，我们就来讲讲“民国第一女神”——林徽因。林徽因有什么了不起呢？怎么管她叫“民国第一女神”呢？这得看围绕在她身边这些男人：有个男人为了她成了中国历史上第一个正式宣告离婚的人；有个男人为了她都能容忍她精神上出轨；还有个男人为了她紧紧跟随她的步伐，她走到哪那个男人就跟到哪儿，还不破坏她的家庭。有人会觉得这仨老爷们儿也够奇葩的。其实，若不是“女神”级的人物，也难以吸引到这些奇葩的男人，因为这几个男人都不是一般人。这三位，一位是很有名的大诗人，一位是第一流的建筑学家，一位是顶级的哲学家。他们是谁呢？分别就是徐志摩、梁思成和金岳霖。能让这样三个男人拜倒在她的石榴裙下，这个人可以说是无愧于“民国第一女神”的称号。

林徽因出生于1904年，她的出身虽然不能说是绝对高贵，但确实是书香门第，而且家里还算有势力。林徽因的爸爸叫林长民，是晚清著名的政治家，曾担任北洋政府的政治部部长。说她爸爸或许大家不知道，若是说起她叔叔，大家肯定都知道。林徽因的两个叔叔，一个叫林尹民，一个叫林觉民。一说林觉民，很多朋友可能想起来了，他就是黄花岗 72 烈士之一，追随孙中山先生参加黄花岗起义，最后以身殉国。林徽因家里头有很多出名的人物。后来林长民因公到英国任职，就把自己的小女儿林徽因带上了。那个时候是 1920 年，林徽因当时 16 岁，长得亭亭玉立，特别漂亮。而且林徽因打小儿家教特别好，琴棋书画、诗词歌赋、医卜星相，基本是样样精通。所以后来大家在给林徽因定位的时候，是著名的女诗人、作家、建筑学家，等等，给了她诸多的头衔。包括现在北京天安门广场的人民英雄纪念碑，还有中华人民共和国国徽，林徽因都参与设计制作了。这些都毫无疑问地说明，她是个真正的大才女。

林徽因小小年纪就学贯中西，由此可见这个女人了不起，称得上是奇女子。其实，她真正传奇的一部分在于她的感情经历。我们前面说了，徐志摩很喜欢她。提起徐志摩，很多人都很熟悉，他在民国时候是屈指可数的几位大诗人之一。那么，林徽因是什么时候认识的徐志摩呢？就是在英国的这段时间。

徐志摩出生在浙江海宁这个灵秀的江南之地，父亲徐申如是浙江有名的富商。1922 年，25 岁的徐志摩从英国剑桥大学回国，两年后在北京大学任教授。他主张诗歌要讲究音乐美、绘画美和建筑美，提出了“新月派”诗歌的概念。徐志摩后来写了不少诗，其中有一首最有名的诗《再别康桥》，不少朋友肯定记得：“轻轻的我走了，正如我轻轻的来……我挥一挥衣袖，不带走一片云彩。”《再别康桥》就是在英国写的。那么徐志摩是怎么认识林徽因的呢？

当时，徐志摩想长点儿见识，于是到英国游学。徐志摩在英国的时候，想拜访英国这些顶级的、了不起的人物，比方说哲学家、教育家罗素等。要拜会这些人，可能就需要中国官方给予引见，所以难免三天两头要往林长民的宅子里跑，这么一来二去地就认识林徽因了。徐志摩一看这丫头太漂亮了，慢慢就喜欢上林徽因了。林徽因喜不喜欢他呢？肯定喜欢。大家想，哪个少男不钟情，哪个少女不怀春？尤其是身边站着这么一个有学问的大诗人，所以当时林徽因也喜欢上徐志摩了。有人说两个人就搭着肩膀到伦敦各大景点游玩儿去了。那有没有这回事儿呢？应该是没有。徐志摩和林徽因虽然互相欣赏，但是两人也不敢搭着肩膀在伦敦逛街，为什么呢？徐志摩没那么大胆。这时就有人说了，这是恋爱，有什么，何况西方也很开放，他俩为什么不敢呢？因为徐志摩这时候已经有老婆了，而且他老婆也在伦敦。在徐志摩19岁那年，家里包办婚姻，给他找了个门当户对的老婆，叫张幼仪。张幼仪也是大家闺秀，知书达理，挺了不得的一个女人。结果这徐志摩看上林徽因了，跟喝了迷魂汤似的，为了能够跟她好，一咬牙一跺脚离婚了。

现在看离婚，大家会觉得这不是个事儿，家常便饭似的。可是在那年月，尤其在国内，等于是平地一声惊雷！然而徐志摩为了得到林徽因的芳心，便向她表决心，跟自己老婆离婚了。等回到国内的时候，还在国内一家大报——《新浙江》的副刊直接登报，名字就叫《徐志摩、张幼仪离婚通告》，正式向全社会通告他们俩离了。为什么说一般人就不这样？因为徐志摩有名，张幼仪她娘家也有势力，所以两人很正规地就这么离婚了，这也是中国历史上依据《民法》执行的第一桩“西式文明离婚案”。徐志摩也因此成为中国近代史上第一个以西方形式正式离婚的人。所以你看林徽因的魅力有多大。但是，徐志摩婚是离了，他是不是跟林徽因就能好上呢？没有，林徽因没跟他好。徐志摩虽然向林徽因求婚了，但是林徽因说自己岁数还小，不能跟他结婚，就把徐志摩给晾这儿了。

为什么会出现这个情况呢？林徽因不是傻子，别看她小小年纪，考虑这些问题是非常周全的。第一个原因，林徽因琢磨着：现在徐志摩跟她好，但是“三分钟热血、两天半新鲜”的，谁知道以后是什么情况呢！而且他妻子对他那么好，可是他最后说离就离了。林徽因就觉得跟着这样的人没有安全感，所以她说要找一个稳稳当当、值得她托付终身的男人。而徐志摩略有点儿轻浮，不是林徽因理想中的男人。你看一块儿出去游玩，吟个诗对个对儿这行，真要在一块过日子，不靠谱儿。从这件事上，我们可以看出林徽因有一定的主见。但是这个事情最主要的原因是在林徽因自己的经历上。

大家或许不知道，林徽因并不是“正出”，也就是说她不是大老婆生的。林徽因的爸爸林长民原来有个老婆，后来他老婆死了，就续弦娶了何氏。何氏就是林徽因的母亲。林徽因的母亲进了林家后，给林家生下了林徽因。可是林长民想要个儿子，林徽因的母亲偏偏就生了这一个女儿，所以她爸爸林长民又娶了一房妾——唐氏夫人。大家都听说过“由来只有新人笑，有谁听到旧人哭”这句话，这个唐氏进门后，林徽因她母亲何氏就受到冷落了，给弄到偏院住去了，她爸爸也不常来。林徽因打小儿就看到了这种情况——她妈妈等于被她爸爸给抛弃了。虽说他们还是两口子，但是彼此都不闻不问的，这等于是家庭“冷暴力”。所以林徽因心里头就对男人喜新厌旧这一点特别排斥，因此林徽因没跟徐志摩好，徐志摩算是“赔了夫人又折兵”。

林徽因没有选择徐志摩，那么她选择谁了呢？她选择的是后来的丈夫梁思成。这梁思成也不是一般人，后来是国内第一流的建筑学家。他爸爸更有名，是近代的国学大师、思想启蒙家、戊戌变法的倡导人梁启超。梁思成是梁启超的公子，也是出身于书香门第，琴棋书画学了一大堆，但是他后来怎么成了建筑学家呢？这个事就是受林徽因的影响。梁启超跟林长民的关系很好，梁启超说咱们彼此关系好，干脆再攀点儿亲吧！而且梁启超在林长民家里见到林徽因后，觉得这个丫头漂亮，很有才华，挺不错！于是就跟林长民说，让林徽因给他当儿媳妇吧！林长民一问林徽因的意见，发现林徽因对梁思成印象也挺不错的。虽说梁思成看着岁数不大，却少年老成，稳稳当当的，挺好。这两家家长也挺开通的，说不能像旧社会时一样直接把他俩人摁一块儿去，还要让这小两口儿培养感情，这么着，双方家长 就决定让他俩到美国留学。当然，两个人家里也都有这条件。于是 1924 年，在父辈的建议下，梁思成与林徽因双双赴美国宾夕法尼亚大学留学。

这留学学什么呢？梁思成当时很迷茫。林徽因就给他出主意，建议他学建筑学。林徽因跟他说，这门学科了不起，它既有艺术，又有工程学，算得上“文理兼备”。这么一开导，梁思成说也是啊，就学这个吧。后来，梁思成就成为了一代建筑学大家。当年，政府要是听梁思成的，不至于把北京城的古建筑给毁成这样。当初政府把北京城那一圈城墙给拆了，梁思成伤心得不得了。而且梁思成当年就提出，北京不能把国家各部委都弄到城墙里头，否则将来人一多，车一多，大伙一上班都上这儿来，一下班都出去，这道路交通压力太大了。说这话的时候离现在六七十年了，现在想想是不是金玉良言？要是北京城真按他说的那样来建，哪会像现在堵车堵成这样了？所以梁思成是一个挺有见识的人。他跟林徽因两个人在国外待这一段时间培养了感情，后来回国就结婚了。

虽然结婚了，但是梁思成是一个非常大度的人，当然他大度的前提也是因为林徽因魅力强。能到什么程度呢？大家别看当时林徽因跟徐志摩分开了，但是她心里还惦记徐志摩，当然徐志摩也总找机会来，两人也见面。结果后来出了这么一回事：1931 年 11 月，徐志摩想见林徽因，从上海坐着飞机往北京飞，半道飞机失事，徐志摩死了。林徽因听到这个消息当场就哭昏过去了。这个时候，我们就能看出梁思成是非常爱她的，也是一个很大度的人，知道自己老婆心里想什么。梁思成就说他去看看徐志摩，于是就从北京出发，来到飞机失事的地点，帮助徐志摩的家人料理后事。这个时候徐志摩原先的老婆张幼仪来了，也帮助料理后来。由于这是飞机失事，有很多残骸，料理后事过程当中，他就拣了一块拿回去了。林徽因看到这个残片，睹物思人啊，就把这个残片挂到自己卧室墙上。一直挂到什么时候？ 1955 年林徽因去世，这残片还在她卧室挂着。之所以能做到这一点，第一说明梁思成大度；第二，也是最关键的，他爱自己的老婆，不能让自己老婆受一点儿委屈。其实林徽因的这些行为，从严格意义上讲，也是出轨——精神出轨。从这点就看出梁思成很了不起。

当然，这还没完，往后还有比这个更令我们感到惊叹的事。林徽因身边的追求者不仅仅是这些人，即使她跟梁思成都结婚了，还有一位对她爱得死心塌地的——这个人叫金岳霖，是清华大学的教授。金岳霖比梁思成大六岁，他曾经在哥伦比亚大学和伦敦大学学习政治学、哲学，后来成了逻辑学家，回国后创办了清华大学哲学系。他可以说是中国第一流的哲学家和逻辑学家，完善了中国现代哲学主题，是一位很了不起的学者。但是，金岳霖偏偏爱上了林徽因。什么时候呢？其实已经很早了。当初撺掇徐志摩离婚追林徽因的就有他一个。金岳霖当时也在伦敦，从那个时候起，他就对林徽因有点儿念念不忘了。

后来，林徽因跟梁思成结婚了，金岳霖又是一个很内向的人，比较恪守道德规范，也不可能再有什么别的想法，但是他还是把家搬到了林徽因家附近。林徽因和梁思成住前院，他住在后院，还隔三差五地送点儿林徽因喜欢吃的点心，偶尔还到她家里跟林徽因喝喝茶，聊聊天。我们前面说了，林徽因是一个很有能耐的女人，她跟人聊诗书礼仪没问题，聊建筑学没问题，聊艺术没问题，聊哲学也没问题，金岳霖这才能经常跟她聊天。后来有一回梁思成出差，到别的地方看古建筑，也就出去那么四五天。回到家里，林徽因就跟他说出事儿了。梁思成就问她什么事。然后，林徽因说自己很矛盾，她爱自己的丈夫不假，但是她也爱上了别人，就是金岳霖。梁思成当时一听脸都绿了，一晚上想来想去的，第二天早上却这样跟林徽因说："金岳霖是个很有才华的人，也确实很爱你，对你很痴情。你要心里真爱他，咱们就离婚吧。不是我不爱你，我依然爱你，可是我不能让你受委屈，我得为了你好。"林徽因回过头把这个事跟金岳霖说了，金岳霖这个人虽然对林徽因很痴情，可他有自己的底线，就是"我爱你是我自己的事，我不能影响你"。所以，金岳霖一听林徽因说怎么回事儿，就直呼"太好了"。不过，他可不是说林徽因可以离婚太好了，而是说梁思成太好了，不肯让林徽因受一点儿委屈。将心比心换过来，金岳霖觉得自己做不到梁思成那样，自己不如梁思成，于是主动退出了。

看到这儿，大家或许会说这三个人全是神经病吧？其实这样说的人才是一个俗人！为什么这么说？因为人到了一定境界，有的时候自己坚持的东西是非常重要的，所以金岳霖的行为是值得人尊敬的。而且，金岳霖虽然说退出了，可是他并没有离开，而是一直跟着林徽因。林徽因家搬哪儿，他就跟到哪儿。游牧人是逐水草而居，他金岳霖就是“逐林家而居”。这种情况一直持续到1955年林徽因去世，而且金岳霖终生未娶，没有再跟别的女人在一块儿过。有一年金岳霖突然间把好友聚到一块儿，请大家吃饭。这金岳霖挺抠门儿的，从来不请大伙儿吃饭，所以大伙儿都问他：这是什么日子啊，请大伙儿吃饭。几杯酒下肚，金岳霖站起来说，今天是林徽因的生日。金岳霖如此痴情，林徽因死了这么多年还念念不忘。所以咱们说这个林徽因是“民国女神”，值得这些男人这么念念不忘。

所以说女人，要美貌、智慧、才情，缺一不可。大家看林徽因的照片，可以看出她长得很漂亮；智慧，这就不用说了；才情也不用说。有人说智慧、才情不是一回事儿嘛！不是一回事儿！有的女人很有才华，业务能力很强，可她不见得有这种智慧，就是“我既不伤害你，同时也能让我的感情世界丰富起来，我同时又不出大格”。这个能耐很多女人都没有。有的女人说很多男人对她好，她也很爱他们，但是她得选择一个！结局往往就是伤害到别的男人，甚至双方弄得只能终生不再往来。可是林徽因不一样，她能左右逢源，所以这个是她的智慧。当然，没有才情，没有美貌，恐怕她这个智慧也没用。所以这三样结合在一块儿，我们才说林徽因不愧为“民国第一女神”的称号。

陆小曼：成也自由，败也自由

说完林徽因，我们接着说陆小曼。陆小曼也是民国时期另一位名气很大的传奇女子，而且她和林徽因之间还有很深的缘分，因为这两个人都和大诗人徐志摩之间发生过感情纠葛。实事求是地说，陆小曼要比林徽因有个性，因为陆小曼是个“万事不由人计较”、不听别人劝的人。她这样的性格就容易出现问题。我们生活当中有的女孩子什么事都听家里的，由父母给她做主，这样的女孩子不见得有多好，但是她也绝对差不了。可是如果是一点儿也不听父母的，不听老人言，必定会吃亏。但陆小曼就是这么一个人，谁的话也不听，就按自己的意愿来，她最终的结局比林徽因要惨不少。

陆小曼出生于1903年，江苏常州人，是20世纪20年代初北京的一位风云人物。她喜好跳舞，擅长交际，师从画家刘海粟、陈半丁、贺天健等名家，画得一手好丹青。她的书法和绘画在当时北京颇有名声，是社会公认的才貌双全的女子。当时的北京流传着这样一句话，说陆小曼是北京城一道不可不看的风景。其实陆小曼的出身不得了。她的父亲叫陆定，很早的时候就留学日本早稻田大学，成了后来日本首相伊藤博文门下的得意门生，回国之后曾经任过中华民国政府的赋税司长和财政司长，办过中央储蓄银行。所以这种出身、这种才华，她不可能嫁人嫁差了。在“父母之命，媒妁之言”的约束下，父母给陆小曼找了个好人家，这个人就是王庚。用我们现在的话来讲，王庚这个人不仅是“高富帅”，还是精英里的精英。王庚家里头条件好就不说了，他自己先念的清华大学，毕业之后又去美国西点军校留学。这是当时了不起的青年才俊！而且王庚这个人不像一般军队里的大老粗，不拿别人当回事儿，而是个温文尔雅、知书达理的人，既有军人铁的纪律性，同时又有文化人的绅士风度。就这么着，陆小曼19岁那年，在双方家长的撮合下与王庚结婚了。

按照常理来讲，这是好事儿啊！可是陆小曼还是不满意。为什么不满意呢？陆小曼有她自己的道理。原来王庚这个人是个工作狂，陆小曼就想他这么爱工作，是不是不爱她？如果她丈夫爱她的话，就应该陪着她玩儿，一切以她为中心。可是，王庚不是这样，他觉得自己得工作。这样一来，陆小曼就觉得完了，我这理想坍塌了，我怎么找这么个人？这一辈子幸福都完了。人有时候就是这样，总觉得得不到的就是最好的。这时候陆小曼就不会想到，她老公事业发展得好，让她衣食无忧的，还专一，不跟别的女人眉来眼去的，可这时候陆小曼看不到这个，她看到的都是“不懂浪漫”。

其实，我们为什么说陆小曼有个性呢？大家想啊，现在的年轻人压力这么大，所以这男的一定得自己努力，认真干事业，哪有那么多工夫陪女朋友、陪老婆。他要是都陪着你，他在事业上还怎么奋斗？天底下没有齐全的事儿。所以，陆小曼选择了这么一个“潜力股”和“绩优股”，就偷着乐去吧。她偏不！我啥都要，啥都得得到！这个时候陆小曼就看不到这个王庚身上的优点了，她就觉得他不陪着她，不以她为中心，就觉得天塌下来了。

在这种情况下，两个人就有了裂痕了。而有了裂痕之后，由于男女之间的感受不同，这个男人对细腻的感情不敏感，女人就特别敏感。比方说两口子过日子，女的天天抱怨：“我跟你这日子没法过了，你就爱你自己，你根本不惦记我，家里啥你也不管，也不做家务，也不带孩子。”有的男人就觉得，女的吗，天天磨叨，不用拿她当回事儿。可是，假如有朝一日这女的突然跟他提出来，说不能过了，这时候男同胞可要注意了，她不是瞎说的，而是深思熟虑之后才提出来的。所以，当陆小曼觉得这日子没法过了，不能跟自己的丈夫在一块儿了的时候，王庚就觉得这不是个事儿。偏偏在两个人僵持的时候，他俩中间出现了一个人物，把这个缺口打破了，这个人就是徐志摩。

徐志摩在林徽因那儿受了伤，为了追林徽因跟结发妻子张幼仪离了婚，结果林徽因也没跟他好，跟梁启超的儿子梁思成结婚了，徐志摩这下是赔了夫人又折兵。有的时候，一个人情感上一下子进入一个低谷，被打击了，往往特别需要一份新的感情来填补，所以这时候徐志摩就看上陆小曼了。有人说陆小曼有丈夫——可是她要没丈夫，他们俩还走不到一块儿去呢！怎么回事呢？这个王庚不只是军事上厉害，学问上也不差，当年在清华就拜了梁启超为师，这么算他跟徐志摩还是师兄弟。这两个人相差极大，徐志摩是个大文豪，是个诗人，人又长得风流倜傥，英俊潇洒；而王庚是个搞军事的，纪律性强，相对刻板点儿。这两个人虽然是不同的脾气，可由于是师兄弟，经常有一些礼节性的往来。徐志摩本来不怎么愿意跟王庚往来，后来看到陆小曼了，一下子喜欢上了。尤其是徐志摩看上陆小曼后，心里就暗暗盘算，王庚这朋友我交定了！大家看看，徐志摩的心思就不正。就这么着，徐志摩隔三差五地就到王庚家里去，说是叙师兄弟之谊，其实是心怀鬼胎，另有打算。去多了，这王庚心里也别扭：因为徐志摩一来就跟他天上地下地白活，又是什么罗素、泰戈尔的！王庚也不愿意跟他扯文学艺术，就让徐志摩跟陆小曼聊去，而他接着办公事去了。这下正中徐志摩下怀。这一聊陆小曼就发现，她在王庚那儿得不到的，在徐志摩这儿都能得到。这个徐志摩会陪女孩唠嗑儿，什么花容月貌，什么国色天香，反正什么好听说什么。陆小曼也是用耳朵谈恋爱的，看对方尽给她说甜言蜜语，晚上回去做梦她都笑。

就这样，一来二去的，二人互相心生爱慕，就好上了。其实这事怨就怨王庚引狼入室，把大好机会让给徐志摩了。刚才说了，陆小曼是新时代女性，而徐志摩也是新时期的人，他们觉得应该大胆追求婚姻自由，追求爱情自由，就这么着俩人跟王庚摊牌了。

这王庚一听，顿时觉得五雷轰顶，怎么就赶上这事了呢？不过，王庚难受归难受，他也是个有文化、有见识的人，也知道事已至此，无法挽回，索性就成人之美吧。就这么着，陆小曼不顾所有人的反对，和徐志摩在 1926 年走到了一块儿，办了婚礼。婚礼那天恰好是农历七月初七，中国的“情人节”。这婚礼办得挺隆重，请的是大学问家胡适当主持，梁启超当证婚人。当时梁启超在婚礼上说，徐志摩这个人生性浮躁，以至于学无所成，做学问不成，做人更是失败；还说希望陆小曼今后恪遵妇道，检讨自己的行为和个性；最后，祝这次是他们两人最后一次结婚。大家说这是好话吗？跟踢场子差不多。其实梁启超的这些话，代表了当时很多人的一种看法。当时，有两种说法：一种是说他们大胆地追求爱情自由，突破封建礼教；还有一种是觉得这俩人是“窝头掉地下踩一脚”——都不是什么好人。

那么，这样冲破层层阻难最终在一起的两个人幸福吗？一开始很幸福，可算是“广阔天地，大有作为”了。两人聊天，一起出去玩儿，吟诗作对，没事儿画个画儿，看个戏，这日子过得挺美，可时间一长这矛盾出来了。为什么呢？陆小曼是个挥金如土的女人，这时候家里跟她基本断绝往来了，而徐志摩家里头也因为这事来气，不给他钱了。徐志摩就剩下教书、写文章挣这点儿钱，陆小曼一天却得花这又得花那的，时间长了两人在经济方面就跟不上了。不光这个，陆小曼身上还有一些不好的习惯，听戏时捧戏子，花钱；再一个好打牌，打麻将。打麻将就得动钱啊！没事儿谁跟你白磨手指头。最可气的呢，她认识了个蓝颜知己。这人叫翁瑞午，是个花花公子。陆小曼跟这个蓝颜知己学会了什么呢？抽大烟。两人往床上一躺，烧个烟泡，烟枪一点，"咕嘟咕嘟"地对着抽，把这徐志摩给气得不行。徐志摩心想：陆小曼啊陆小曼啊，咱俩结婚以前你可挺好啊！你不是喜欢诗词，喜欢画画，喜欢戏剧吗？怎么现在打上麻将、抽上大烟了？你的高尚爱好都哪儿去了？两人就这样吵得不可开交。陆小曼又来气了，说徐志摩爱她就得以她为中心，得事事顺着她。陆小曼这就是不讲理了，不肯为对方退任何一步。大家想啊，如果一个人处处都指望别人让着她，她早晚得倒霉。两个人过日子这陆小曼分毫不让，徐志摩可倒了霉了，日子越过越难受！还没等难受到分崩离析的时候，他就先走一步了。1931 年 11 月 18 日，徐志摩坐飞机到北平，半道儿上飞机失事。

这下陆小曼瞬间感觉像万丈高楼上踩断了钢筋，一下子踩空了一样。而且这时候在经济上也没有人供她吃、供她喝、供她花了，人生陷入了低谷。那么她和谁往来呢？就是那个蓝颜知己翁瑞午。虽然这个人行内都不认可，可是这时候陆小曼已经离不开翁瑞午了。为何呢？一个是这个翁瑞午会点儿中医推拿，能帮助陆小曼调理身体；第二个翁瑞午跟陆小曼一块儿抽大烟，也是因为这个事两人轻易分不开；第三个是翁瑞午家有点儿钱，而且还真给陆小曼花。所以陆小曼一看，找到这么个男的顺着她太好了，就这么将就着过吧。但是两人就是同居，一辈子没有再谈到结婚。

可以想见一个女人，年轻的时候风风光光，到岁数大了，年老色衰了，门前冷落鞍马稀的感觉很不好受。这个时候她就想到，得有个家拖着她了，有个男人爱她，对她知冷知热的，在家里头享受天伦之乐。但陆小曼这时青春不再，家也没有了，其他的啥也没了。所以我们为什么说陆小曼这个事儿有嚼头？这对年轻女孩特别有启示意义。夫妻相处之道，一定得互敬互让，不能什么事都从自己的个性出发，自己高兴了想怎么着就怎么着。可惜，现在有很多女孩在家里娇生惯养，被惯得不行。若女孩子不懂得这些人伦道理，到最后怎么谈婚论嫁？所以大家一定要吸取陆小曼的教训，可以在自己的爹妈面前当公主，绝不要跑到喜欢的男人面前当公主。若是女孩子太过公主范儿的话，在现在的社会可没有什么驸马能接得住。

张爱玲的滚滚红尘

2013 年是台湾著名的电影奖项金马奖 50 周年，在纪念活动上有一首歌给很多人留下了深刻的印象，那就是《滚滚红尘》。这首《滚滚红尘》是那部曾经获过台湾金马奖八项大奖的电影《滚滚红尘》的主题曲，写的就是民国才女张爱玲的爱情故事。而真实世界里，张爱玲的这段爱情比电影里写的还悲惨、还不堪。这一节我就结合着《滚滚红尘》这部电影，给大伙儿说说这个“民国第一才女”张爱玲。

说起张爱玲，大家都知道她是了不起的作家，小资文艺女青年。她本名张瑛，出生在 1920 年，在战乱年代。到 20 世纪 40 年代的时候，张爱玲刚二十出头，在上海已经是很有名气了。当时报纸、杂志上关于她的文章有很多，但是很多人不知道她长什么模样，因为她深居简出，一直闭门谢客。张爱玲的恋爱对象叫胡兰成，这个人 1906 年生，比张爱玲大 14 岁，也是年岁不大就文采很好，很早就当上了《中华日报》《南华日报》的主笔。到后来，也就是三十多岁的时候，胡兰成成了汪伪政府的宣传部常务副部长，专门替汪精卫效力，替日本人办事。胡兰成这个人毫无疑问是个遗臭万年的大汉奸，可是他确实很有文采，人长得也很英俊，文质彬彬的。

我们再看张爱玲。张爱玲出身也不一般，出身于名门贵族。张爱玲的亲奶奶是晚清重臣李鸿章的女儿，书香门第，从小也是家庭条件不错的，在诗书礼仪等各方面受的教育也很完善。她和胡兰成两个人年龄差了 14 岁。当然，现在这个社会不在乎这个了，可那个时候不多见！那么，这两个看起来是两个世界的人怎么就能到一块儿了呢？他俩怎么就发生了爱情故事了呢？这得从 1943 年这个时候说起。

前面我们说了，胡兰成是汪伪政府的宣传部常务副部长。有一天，他翻杂志、看报纸的时候，在杂志上看到一篇八千字的短篇小说，这个小说的名字叫《封锁》，写的是一对男女在电车上偶然邂逅，然后就好上了。别看这只是一则爱情故事，可是在短短八千字里面，作者把对人生、人性的思考写得非常完美。胡兰成当时读了这篇文章说了不得啊！这个作者是谁啊？一看落款是张爱玲，他就记起有编辑跟他说过张爱玲才二十出头，胡兰成就感慨："年纪轻轻的，对人生能思考到这程度，这可不是一般的才女。"于是胡兰成就给这家杂志打电话，说自己是宣传部副部长胡兰成，觉得写这篇文章的作者张爱玲很有才华，就想跟她认识一下。宣传部副部长发话了，杂志社社长哪有不听的道理？就这么着，胡兰成见到了张爱玲。

胡兰成一见张爱玲，愣了。怎么愣了呢？大家都知道，胡兰成是一个情场老手，他没见张爱玲的时候，脑子里就在想象这么有才华女人得是什么样，是丑得不像样，还是漂亮的不像样。结果，他见到张爱玲才发现，这个人谈不上多漂亮，可是身上偏偏有一种说不出来的吸引力。在胡兰成的认知里，张爱玲对男女感情、对人性能思考到这个程度应该挺成熟了。而且她这个岁数，23 岁，可是仔细一接触就发现她比女学生看着还幼稚、腼腆，但是一张嘴的那些谈吐又绝对不像女学生那么纯朴，讲的东西头头是道的。胡兰成心中暗想："此人乃天生一朵奇葩，跟我见过所有的女人都不一样。"

张爱玲从小就自认为是天才，她 3 岁能背唐诗，7 岁写了第一部小说。她有着所有早慧而有才华的孩子所具有的特点：敏感、孤僻、情绪化。同时，许多特殊经历不正常地加速了她的成长，以至于后来有人评价她说是“还未成熟就已经苍老”。

胡兰成是情场老手，见过很多女人，可以说是阅人无数，这个时候他已经琢磨了，要想办法把张爱玲弄到手。大家想想，按胡兰成的年纪，那就是一个心怀鬼胎的成熟大叔在引诱一个小萝莉。所以，两人聊天的时候，胡兰成有年龄优势在，而张爱玲跟他这么成熟的人是不能比的，基本上这胡兰成一看张爱玲，就知道她在想什么，然后投其所好。这男女搭讪有技巧，男人要想获得女人的芳心一定得先自我抬高，要知道男人会因为怜悯产生爱情，而女人却只会爱她崇拜、羡慕的男人。所以，胡兰成就先让张爱玲感觉他有学问，觉得他了不起，然后再跟张爱玲套近乎，说久慕张爱玲的才华、谈吐，觉得张爱玲很了不起，像她这样的女孩子很少，等等，尽是说些好听的。女人是用耳朵谈恋爱的，甜言蜜语对女人最好使。这时候，张爱玲整个人就觉得这胡兰成怎么这么可爱呢，而且看着就那么英俊、那么风流倜傥、那么文质彬彬的。胡兰成接下来又套口风，问张爱玲是否有男朋友，然后先跟张爱玲以兄妹相称，叫来叫去就叫“媳妇”了。俩人认识没多长时间，就坠入了爱河，如胶似漆地好上了。

好上归好上了，可是两人要想谈婚论嫁的话，胡兰成这儿有障碍。这时候，胡兰成已经有三个老婆了：第一个老婆去世了；第二个老婆给他生了四个孩子，但是两人还没有离婚；第三个老婆是个舞女，说白了等于他的一个妾。这个时候俩人好上了，怎么办呢？胡兰成当时对张爱玲还真挺够意思的，回到家里先跟有四个孩子的老婆离婚，然后又跟那舞女断绝往来，而这边张爱玲孤身一个，也没有什么障碍了，于是两个人很快就结婚了。

婚姻一开始，两个人整天腻在一起哥哥妹妹的，甜得不得了。张爱玲曾经送给胡兰成一张自己的照片，照片后面写了一行字。我们有很多人肯定都听过，这句话是这样写的：

见了他，她变得很低很低，低到尘埃里，但她心里是欢喜的，从尘埃里开出花来。

这说的是什么意思呢？在胡兰成面前，张爱玲是仰之弥高，很崇拜胡兰成，要不她不能这么喜欢他，不能让自己的姿态摆得这么低，就仿佛低到尘埃里还能开出花来。有的人就纳闷，张爱玲那个时候已经写了不少爱情小说，她没有复杂的爱情经历吗？那个时候胡兰成基本就是她初恋。大家看她写的小说，比如说《红玫瑰与白玫瑰》，里面说一个男人一辈子有两个女人，一个是红玫瑰，一个是白玫瑰。他要是娶了红玫瑰，时间长了这红玫瑰就成了墙上的一抹蚊子血，那白玫瑰就是床前明月光，永远忘不了；他要是娶了白玫瑰，时间长了这白玫瑰就是衣服上的大米饭粒，那红玫瑰就是胸口的一颗朱砂痣。张爱玲就这样形象地把男人一辈子远了近了女人的这种感觉写出来了。她怎么能有这种认识呢？其实张爱玲对男女之情一多半靠想象，她并没有那么丰厚的生活阅历。她在跟胡兰成好的时候就跟天真少女一样，飞蛾扑火一般投入了这段感情。她当时也知道胡兰成在外面拈花惹草的，可是还是义无反顾进来了，为什么呢？就是胡兰成给她带来的东西让她难以抵抗，让她在这种感情的包围之下觉得甜蜜。现在生活当中也有不少女孩分不清好人赖人，觉得只要对方对她好就行，不用管他是好人坏人，其实这是大错特错的。大家想想，一个男人他为什么对女孩好？是因为他现在爱着那个女孩，有朝一日他不爱了怎么办呢？这个人要是坏人可不得了，他不仅伤害别人，可能也会害她的。所以，女孩们交朋友的时候一定要记住，要结交好人，这个人要走正道。张爱玲当时是犯了天底下几乎所有女人都可能犯的错误，非常盲目，没有认清好人赖人，盲目地一头扎到人家怀里去了。

1945年，两人好了没有多长时间，日本鬼子倒台了。在这之前，胡兰成曾经去了武汉一趟，武汉那个时候正在打仗，也挺危险的。去武汉的时候，两个人结婚也就两个多月。走的时候张爱玲还嘱咐，那边有危险，夫君在那边一定要注意安全，若有危险即使改名换姓也要跑回来。而且还非得要改名为“张牵”或者“张招”，意思是说张爱玲在这边牵挂着你胡兰成，召唤你回来。张爱玲想得挺好的，她哪能想到胡兰成到了武汉没有几个月就跟当地一个小护士勾搭上了，俩人还海誓山盟的。而这段时间张爱玲不仅非常牵挂他，还经常给他寄钱。到了 1945 年，日本人投降了。由于胡兰成是汉奸，大家都要抓他，胡兰成就跑到了温州一带。结果他在那儿认识了一个寡妇，跟这个寡妇又好上了。后来胡兰成在回忆录里都承认了，说他跟那个寡妇好的目的就是用她的身份做掩护。而这个过程中，张爱玲在上海天天想着他，给他写信，给他寄钱。要知道，胡兰成是汉奸，张爱玲是他的女人，情况一点儿也没比胡兰成好到哪里去。没有哪个报社、杂志社敢用张爱玲的稿子，所以张爱玲的经济来源都断了，可就是在这种情况下，张爱玲还天天砸锅卖铁地给胡兰成寄钱。而胡兰成则花得心安理得，在那边跟那寡妇还过得很好，你说这个人浑蛋不浑蛋吧。

大家看到这儿，肯定会有人说这胡兰成怎么这么浑蛋呢？而张爱玲也太下贱了！她又不是不知道胡兰成的德行，怎么就如此地不管不顾呢？其实，张爱玲的这种心理并不难理解，有心理专家在这方面给予了解释：但凡是这样的人，一定是小时候极端缺乏关爱，突然间碰到个男人对她好，就蒙了，这辈子就认定他了。如果说胡兰成这个时候有一点儿不愿意，露出一点儿意思说张爱玲对他不好，他要离开张爱玲，那对张爱玲来说，就相当于天塌地陷。从心理学来讲，极端缺乏关爱的人像抓住救命稻草一样把这个人抓住，就容易干出一些违背法理伦常的事。所以，对于张爱玲来说，只要能把胡兰成留在身边，让她干什么违法犯罪的事情她都干。或许有人会问，张爱玲不是出身于书香门第的大家族吗？那她就是一千金大小姐啊？为什么还会缺爱呢？其实，大家不知道的是，张爱玲的父亲和母亲打结婚那天起就没有好过，天天穷吵恶斗的。张爱玲 10 岁那年，她母亲受不了她父亲，连孩子也不管，直接去法国了。就这么着，她父亲又娶了一房太太，这个继母跟张爱玲的关系搞得非常差。俩人到什么程度呢？经常大打出手。而且张爱玲的爸爸是一个简单粗暴的人，也不听这个是是非非，不问青红皂白，一回来看到女儿和自己老婆打起来了，他太太一哭说张爱玲把我打了，他爸爸气得上来噼里啪啦地把张爱玲一通暴打。大家想想，张爱玲那么点儿岁数能受得了这个吗？可是她年纪小，也不能像成年人一样和她爸爸沟通，因此她就恨上家里人了，经常反驳她爸爸。张爱玲的爸爸越看这丫头这样他越不喜欢，张爱玲顶撞他几句就“关厢房去”，一天给点儿吃的别饿死就行。那个时候，张爱玲得了严重的痢疾，半年都不给治，都落下后遗症了。

因此，张爱玲青少年时期极端缺乏爱，导致她一点儿安全感都没有。所以她成年之后，心里头非常封闭，信不了这个，信不了那个，她要一旦爱上谁，那这个人就是她的救命稻草。所以张爱玲对胡兰成这种态度不足为奇，从人性角度来看不难理解。

好不容易熬到了 1946 年，张爱玲是真受不了了。她知道胡兰成在温州，于是变卖了一切家当去了温州。我们都知道，温州属于浙南，那里山山水水的，挺不容易走的。张爱玲一路走走停停，总算在温州乡下见到胡兰成了。胡兰成看张爱玲来了，就把张爱玲带到家里了，跟那个寡妇说这是他上海的妹妹。张爱玲一看，那寡妇对胡兰成也不错。张爱玲顿时就觉得这算哪门子的事儿啊？我是原配呀，可怎么我成第三者了？我还成客人了！那寡妇一出来：“哎呦，大妹妹来了，屋里请，在这多住两天，可别着急走啊！”张爱玲说，这哪儿跟哪儿？这是我的爷们儿！可是这个时候，作为一个有文化、有自尊的女人，张爱玲一看，不行，待不了。

她在那前后待了 20 天，本来想跟胡兰成好好叙叙旧，一看这种情况怎么待啊？于是很难过地回到了上海。回到上海张爱玲想明白了，也死了心了，这事不能再继续下去了。就这样，张爱玲把一处房子卖了，大概是攒了 30 万左右，把这钱都寄给了胡兰成，然后跟胡兰成离婚了。张爱玲的这次婚姻对她的打击特别大，虽然前后也就三年时间，但是给张爱玲带来的是一辈子的伤害。

后来两个人的结局也挺有意思的。胡兰成是汉奸，在大陆待不下去，就去了日本，20 世纪 70 年代的时候又去了台湾。在日本，他碰上一个叫佘爱珍的女人。这个女人是原来上海滩青帮大流氓吴四宝的老婆，吴四宝后来死了，这个佘爱珍就嫁给了胡兰成，这两个人倒是白头偕老了。1981 年 7 月 25 日，胡兰成因心脏衰竭死于日本东京。这胡兰成一辈子风流债欠那么多，身边始终女人不断。张爱玲呢？后来去了美国，有过一段也不怎么幸福的婚姻。1972 年开始，张爱玲定居在洛杉矶，开始一个人的幽居生活。到 1995 年 9 月 8 日的时候，她的邻居给警察局打电话，说她这屋可有几天没有动静了。警察进屋一看张爱玲已经死了，据说是死于心血管病。她死的时候孤零零的，身边一个人都没有。

有人说张爱玲一辈子真是不幸，其实她跟胡兰成的这段孽缘到最后来看是不幸中的万幸。她最终虽然说不是从“汉奸”这个高度认识的胡兰成，但是对胡兰成的负心薄幸，她最终还有了清醒的认识。在经过三年的坎坷之后，她毅然离开了胡兰成，总算保持住了自己作为现代女性的尊严。她也因此在自己的后半生当中没有再出现类似的波折。所以今天我们能在好多场合提张爱玲，看她的著作并且去爱戴她、佩服她的才华。如果当年她再跟胡兰成继续下去，在民族大义问题上陷入万劫不复的深渊，恐怕今天我们也不可能如此全面地欣赏、了解张爱玲这个才女了。

民国奇女子赵四小姐

说起民国奇女子，还有一位不得不说，她就是赵四小姐。一提起这四个字，大家可能自然而然地想到，这赵四小姐不就是跟张学良好的女人吗？没错。有很多人用现在的观点翻过去的事，说赵四小姐不怎么样，人家张学良有老婆，她这等于是第三者插足；还有的人说张学良因为赵四小姐，有点儿不理军务政务，所以赵四小姐是“红颜祸水”。其实这些说法都有偏颇。赵四小姐跟张学良在一起待了72年，尤其是中间有那么几十年，张学良被国民党当局给软禁起来了，那个时候，赵四小姐陪着张学良“蹲监狱”，而赵四小姐本来有机会可以不过这样的日子。所以我们说这两个人称得上是情比金坚，那么他们的爱情是怎么发生、发展的呢？

赵四小姐是1912年生人，张学良是1901年生人，张学良比赵四小姐大11岁。张学良的来历大家都清楚，他爸爸是奉系大军阀——“东北王”张作霖。而赵四小姐本名叫赵绮霞，在家里头排行第四，所以人们都管她叫四小姐，在外面叫赵四小姐。赵四小姐还有个名字叫赵一荻，这是来源于她的英文名edith。赵四小姐她爸爸叫赵庆华，在当时也是个挺了不起的人物，曾经当过津浦、沪宁、广九等铁路局的局长，担任过民国的交通次长，换现在话说就是交通部副部长。而且他还曾经做过整个东三省的外交顾问，跟张作霖很熟悉。大家可以想一下，赵家在民国时期可是大户人家，赵四小姐打小儿琴棋书画、诗词歌赋样样精通，为人又知书达理。

刚开始，赵四小姐喜欢张学良其实是小女孩儿似的喜欢。而且第一次见张学良的时候，她才16岁，在天津见的面。那时张学良到天津公干，而当时赵四小姐家就在天津。天津当时有一个上流社会交往的地方叫蔡公馆，当时有许多人到这个公馆里头吃吃自助餐，喝喝红酒，跳跳舞。天津那时候洋东西非常多，当地人的思想也很“洋化”，赵四小姐的几个姐姐就说要到那儿玩去。赵四小姐说她不去，说自己才16岁，未满18岁，被父亲知道了会挨骂的。赵四小姐的几个姐姐就忽悠她，告诉她说今天她的偶像张学良来了。赵四小姐一听，心想这她得去，于是就在家简单收拾了一下，跟着几位姐姐出门了。结果到了蔡公馆，赵四小姐挺失望的，因为她没见着张学良，一屋子里面都是一些油头粉面的少爷，还有一些浓妆艳抹的太太、小姐。赵四小姐没怎么打扮，就是以小女孩的形象出现的，在这些胭脂俗粉里面是“清水出芙蓉，天然去雕饰”，虽然称不上素面朝天，反正也是淡扫蛾眉的。不少的花花公子看着这女孩，觉得她挺漂亮的，身材也好，姿态婀娜，便纷纷请她跳舞。可是赵四小姐都拒绝了，一个人躲在一个角落里面，喝着茶水坐着，看大家跳舞。

正在这时候，外面一阵骚乱，原来是张学良来了。张学良一出场，所有人都在看他。张学良当时年纪轻轻就是少帅了，人还长得帅气，怎么能不是万众瞩目的中心呢？这时候赵四小姐一看，就觉得这人真潇洒、威风，而且骨子里边不像军阀，透露出那么股儒雅劲儿。什么叫一见钟情呢？赵四小姐这就是一见钟情。原本只是听说过这个人，仰慕他，这时就是神魂颠倒了。张学良在屋里转悠了一圈，跟各位打了招呼，然后一曲舞罢，下来四下一看，就看到赵四小姐了。有人问，赵四小姐有那么漂亮吗？其实不是。赵四小姐谈不上美艳绝伦，不过是中等以上资质，但她的模样总的来说比一般人强。还有一样，这赵四小姐体态婀娜，身材好，而且知书达理，腹有诗书气自华，往这儿一站，和那些浓妆艳抹的庸脂俗粉完全不一样。张学良一看，觉得这个姑娘不错，就走过来邀请她跳舞。赵四小姐很激动，本来很娴熟的舞步都有点儿错乱了，直踩人脚。两人一支舞曲下来，就对上眼儿了。后来，张学良还有别的事，就匆匆忙忙走了。本来他这一走，两个人今后可能就见不到了，可是这老天爷给安排的缘分推都推不开。没过多久，这两个人就又见面了。那时，北戴河有不少度假别墅，张学良正好到那儿度假，偏巧，赵四小姐的父亲赵庆华也带着全家到那度假去了。

在北戴河两人就如胶似漆的了。打那之后，张学良不管是在北戴河还是在天津，经常来找赵四小姐，两人还经常挎着胳膊出入各种公共场合。这个事在当时可是大新闻，赵四小姐别看才 16 岁，人长得亭亭玉立的，那照片都上了《天津画报》的封面了。而张学良是何等人物？那是民国的风云人物。所以这两个人好上，当时轰动了整个天津。赵四小姐的爸爸赵庆华一听气得是暴跳如雷啊！有人会说，他有什么可暴跳如雷的？人家张学良的门第多好啊。其实单从门第来讲，赵庆华挺愿意攀这门亲的，少帅张学良乃大帅张作霖之子。那为什么她爸爸来气呢？因为张学良这时候是结了婚的，人家在奉天，也就是现在的沈阳，有一房太太叫于凤至，也是名门闺秀。大家想，赵庆华这个家庭也不差，也是达官显贵的，那他的女儿肯定得明媒正娶，到谁家都是做太太的主儿啊。结果，张学良已经有夫人了，还让他女儿给做小，这哪行呀！赵庆华坚决不同意，还对自己女儿说，再跟张学良往来就打死她。紧接着，赵庆华就给赵四小姐找了一个门当户对的官宦子弟，准备让这两人完婚。赵四小姐正在热恋期，当然不同意了，但是她爸爸是“一言既出，驷马难追”，不让自己的女儿反悔。

偏偏在这个时候，发生了个大变故。这件事说起来大多数的朋友都知道，1928 年，日本人跟张作霖有了矛盾，在皇姑屯把张作霖给炸死了。本来，1927 年的时候，张作霖出任中华民国政府海陆军大元帅，事实上也就是北洋政府的最后一任总统。张学良为了跟赵小姐偷偷摸摸往来，在北京和天津这儿待着，结果张作霖这一出事儿，张学良没法在北京和天津待了，赶回东北去了。一回到东北，千斤重担压在张学良身上。结果，张学良一操劳，累病了，这一病还病得不轻。到了 1929 年 9 月的时候，赵四小姐跟张学良通过几封信，知道了这情况，她就坐不住了。大家都知道，为什么说“一日不见恋爱当中的人，如隔三秋”呢？这不见面就会抓心挠肺地想。于是赵四小姐一想，她的如意郎君远在奉天遭着罪，自己在这儿什么忙也帮不上，哪怕到他身边侍候侍候他也是好的啊。于是这赵四小姐一咬牙一跺脚，私奔！1929 年 9 月，赵四小姐从天津家里偷偷溜出来，坐上火车跑去东北了。

赵四小姐前脚刚走，她爸爸马上知道了，把老爷子给气得不行。赵庆华生气归生气，这老头也不简单，转过天想了一个主意，在天津第一流的报纸上连续登五天启事，说家门不幸，出此逆女，背家私奔，有辱门风，从今以后，与赵绮霞断绝父女关系，永不往来。

他这一招儿太漂亮了！为什么这么说呢？当时军阀混战，张作霖为奉系，手下的军队是东北军，张作霖一死，跟东北军有矛盾的各系军阀开始重新洗牌。在军阀混战过程当中有种种说不清道不明的危险，假如说赵四小姐跟张学良这个事儿赵庆华同意了，那他跟东北军就是亲家，张学良成他姑爷了，那么军阀混战他能好过吗？所以，赵庆华登报表示他跟张学良没关系。在登报的同时，他也表示自己年岁大了，就辞官不做了，要回归故里，借这个事保全自己的家小。所以赵庆华第一个用意，断绝父女关系，也就是表明他跟军阀混战没关系。第二个用意，我们前面说了，赵庆华已经答应把闺女许给一户官宦人家的儿子了，如今他女儿私奔了，他没办法向人家交代。于是他登报，与赵四小姐断绝父女关系，这算对儿女亲家有一个交代。最绝的是这第三个原因，赵四小姐还不到 20 岁就跟张学良跑了，而赵庆华也跟赵四断绝了关系，就相当于断了赵四小姐的后路——她回不来了！张学良这么的大腕儿，这么大的名头，总不能弃一个孤女于不顾吧？张学良得对得起赵四小姐吧？所以说，赵庆华这样做就等于是反过来把千斤重担压在张学良身上了，就是逼迫张学良必须得对赵四好，否则他张学良就比陈世美还不如！这真是一箭三雕啊！天底下父母疼儿女有各种各样的办法，这老头儿是真厉害。

果不其然，赵四小姐到了沈阳后，本来只是想见见张学良，以慰相思之苦，结果听到自己父亲登报与她断绝关系了，顿时后路没了。而且，当时整个奉天城里吵吵嚷嚷都传遍了，说赵四小姐来了，不知道张学良要怎么办。要知道，张学良帅府里还有大太太于凤至呢！大家想想，哪个太太不得捍卫自己的领地？于是这于凤至马上就站出来了，跟张学良说了两点：第一个，赵四小姐虽然来了，你张学良可以跟她在外头好，但是她不能踏进帅府一步；第二个，赵四小姐不能有任何名分，就是把她纳为妾也不行。否则的话，于凤至就一哭二闹三上吊。张学良一看自己老婆提的也没什么不对，就点头答应了。其实于凤至也不是真有这么狠心，她是想通过这个事逼一下赵四小姐，因为这赵四小姐也是大家闺秀，知书达理的，文化水平也很高，作为一个现代女性能接受得了这么屈辱的条件吗？赵四小姐到这儿来看朋友，不让进家门，这也罢了，任何名分也没有，不黑不白、不清不楚的，这赵四小姐可能一听心里难受，感觉到羞辱，就知难而退，一转身就回去了。于凤至打的是这个算盘，可是她没想到赵四小姐这一个弱女子，现在举目无亲，有家难回。赵四小姐本来就爱张学良，俗话说“嫁汉嫁汉，穿衣吃饭”，赵四小姐也得生活呀！再说两人有感情，张学良看到赵四小姐也不舍得她受苦。张学良在沈阳北凌附近有个别墅，他把赵四小姐接到那儿。然后自己白天到外边办事，晚上也不回大帅府了，就回到别墅住，二人过起了日子。这可把于凤至给气坏了，她本来想把赵四小姐逼走，不仅没逼走，自己老公也不回家了。这可怎么办呢？于凤至也聪明。大帅府东墙外有个私宅子，二层小楼，于凤至出钱把这宅子买了下来，然后和张学良打个招呼，去接赵四妹妹来住。虽然于凤至姐姐妹妹地叫上了，还把赵四小姐接过来住，但是她并没有打破当时给张学良说的那几点，没让赵四小姐进大帅府，而是让赵四小姐住在了帅府东墙外的二层小楼。同时，这还表现了于凤至的大度。

赵四小姐住在那之后，虽然于凤至心里不痛快，但是她也不是个生事儿的人，于是这一妻一妾相安无事。张学良跟赵四小姐算是踏踏实实地在沈阳度过了人生最幸福、最快乐的一段时光。后来，到了1931年，“九·一八”事变爆发，日本侵略者妄图侵占全中国的狼子野心昭然若揭，东北军在这个时候何去何从呢？当年张学良采用的是“不抵抗政策”，带兵退到了关内。当时社会上说什么的都有，报纸上都在骂张学良，说日本人打过来的时候张学良还到处应酬、跳舞，带着赵四小姐，跟着朱五小姐，又跟着影星胡蝶怎么着，还形成了一则顺口溜：

赵四风流朱五狂，翩翩胡蝶正当行。
温柔乡是英雄冢，哪管东师入沈阳。

张学良也承受着很大的压力，当然，他的“不抵抗”有些特殊历史原因。后来是1936年的“西安事变”，张学良、杨虎城兵谏蒋介石，要求停止内战，一致对外，促进了国共两党的合作，自此有了八路军、新四军整编，全国各方面的力量团结起来一起打日本鬼子。但由于张学良兵谏，事后蒋介石派人把张学良和杨虎城给抓起来了。新中国成立前，杨虎城被蒋介石秘密处决。张学良呢？被长期非法幽禁。据说先是被送到了贵州，幽禁起来；后来囚禁在重庆；等到蒋介石败退台湾以后，张学良又来到台湾新竹，被软禁到那儿。反正自西安事变后，张学良开始了漫长的被囚禁的生涯。

而这个过程中，赵四小姐始终对张学良不离不弃，张学良走哪儿她跟到哪儿。大家想一想，张学良这时候早就没当年的威风了，赵四小姐在这时候还能不离不弃，这是患难见真情啊！而且难得的是，到这时候赵四小姐还没名分。那么后来这事有什么转机呢？20 世纪 60 年代的时候，张学良要皈依基督教，可是神父说基督教要求一夫一妻，张学良这没法儿算啊！当时，张学良的老婆于凤至还在美国呢。这时候张学良才想起自己跟于凤至还没有离婚，于是提起笔给于凤至写了封信，意思是说这么些年不见了，是不是该有个了断。于凤至马上给回信了，同意离婚。

就这样，1964 年 7 月 4 日，张学良、赵四小姐两个人正式结婚。赵四小姐这才正式成为张学良的夫人。这个时候赵四小姐已经 52 岁了，张学良 63 岁，两个人在这个岁数才有了一个正式名分。到了 1990 年的时候，张学良才算脱离了被软禁的生活。两个人一开始在台北有一段很安静的田园生活，后来定居到夏威夷。2000 年是张学良 100 岁寿辰，两个人最后一次在公众场合露面。2000 年 6 月，就在张学良 100 岁诞辰之后的一个月，赵四小姐在家里溜达，“啪”地摔了一跤。这一摔没多长时间，赵四小姐就与世长辞了，享年 88 岁。第二年，101 岁的张学良与世长辞。这对苦命鸳鸯，一直相依相偎了 72 年，这才走到了人生的尽头。

今天来看，民国那个时候，旧的封建礼制还没有完全去除，男人们三妻四妾是常有的事儿。男女感情在和平时代都不稳定，何况在风雨飘摇的乱世之中呢！而难得的是，赵四小姐跟张学良相濡以沫 72 载，不离不弃，这个精神太令人感动了。如果说民国年间那些爱情的花朵大多经历雨打风吹而悄然凋零，或是黯然变色，而张学良和赵四小姐的爱情就如同玫瑰一般历久弥新！我们直到今天都被这种精神所感动，他们称得上是模范夫妻。

《老梁说天下》系列节目包罗万象，囊括社会杂谈、文娱评论、历史解密等方面内容。在节目中，老梁以其犀利的语言，独到的见解，获得广大观众的喜爱与赞扬。

梁宏达在活动现场

OCUS ON

搜 狐
SOHU.com